道德学堂

杨 坤 主 编

王伟伟 陈 杰 副主编

人民邮电出版社

北 京

图书在版编目（CIP）数据

道德学堂 / 杨坤主编. -- 北京 : 人民邮电出版社,
2011.9（2018.8重印）
中等职业学校教材
ISBN 978-7-115-26261-5

Ⅰ. ①道… Ⅱ. ①杨… Ⅲ. ①道德修养—中等专业学校—教材 Ⅳ. ①B825

中国版本图书馆CIP数据核字(2011)第173610号

内 容 提 要

本书用生活中的实例，指导学生在学习、生活及工作中怎样提高自己的道德品质，实现自己的理想。全书共包括4个单元，包括爱与同情，待人处世，自律与自强，责任与事业。本书所遵循的编写逻辑是案例引发道德思考，榜样激起道德情感，实践转化道德行为，感悟实现品质升华。

本书可作为中等职业学校教材，也可供其他相关人员学习参考。

中等职业学校教材

道德学堂

◆ 主　　编　杨　坤
副 主 编　王伟伟　陈　杰
责任编辑　马晓霞

◆ 人民邮电出版社出版发行　北京市丰台区成寿寺路11号
邮编　100164　电子邮件　315@ptpress.com.cn
网址　http://www.ptpress.com.cn
北京虎彩文化传播有限公司印刷

◆ 开本：787×1092　1/16
印张：11　2011年9月第1版
字数：272千字　2018年8月北京第8次印刷

ISBN 978-7-115-26261-5

定价：24.00元

读者服务热线：(010)81055256　印装质量热线：(010)81055316
反盗版热线：(010)81055315
广告经营许可证：京东工商广登字20170147号

《道德学堂》编委会

序

吸引力强的道德教育

青岛市城阳区职业教育中心多年来坚持道德教育与实践相结合，针对学生特点，通过道德学堂精心设计了一系列内容鲜活、形式新颖、吸引力强的道德实践活动，每项道德实践活动以体验教育为基本途径，让学生在体验的过程中得到感悟。道德实践活动注重寓教于乐，与丰富多彩的社会实践、兴趣活动和文体活动相结合，使学生在自觉参与中，思想感情得到熏陶，精神生活得到充实。城阳区职业教育中心引导学生寻找自身发展与道德规范的接合点，在道德内化方面有所创新。这本书是学校配合道德学堂系列实践活动，为学生参加实践活动做准备编写的。

对于未成年的学生，实效高的德育应该是吸引力强的德育。因为只有能吸引他们的德育，才有可能感染他们，才有可能在他们的心灵深处留下烙印。学生的道德教育，既要与中华民族传统美德相承接，体现优良传统，又要反映时代特点；既要与培育“四有”新人的目标相一致、与社会主义市场经济相适应，又要采用学生喜闻乐见、生动活泼的方式进行。这本书从一开始就改变了“道德先生”板着脸灌输的老面孔，从学生对父母要有孝心入手，从怎样赢得他人的接纳和尊敬的角度，谈及爱心、责任、感恩，由近至远地让学生从家庭、学校，推及社会，在学生感到亲切的事例和活动中体验，感悟心存爱心、懂得感恩，对自己被别人、团体关爱与接纳的作用。

这本书不仅突出了诚实守信、敬业爱岗、廉洁自律和责任感、团队精神，而且把宽容友善、文明行为、保护环境、勤俭节约等待人处世的道德行为放在了重要位置。

道德教育与政治、思想、法治、心理以及职业生涯教育密不可分，相互作用、相辅相成。道德学堂及其德育系列实践活动，从学生的思想实际和生活实际出发，以道德教育为主，把多种德育内容融为一体。既遵循了道德教育的普遍规律，又适应了学生身心成长的特点和接受能力；既以促进学生全面发展为出发点和落脚点，反映了时代和社会进步的要求，又体现了对学生的尊重与信任。道德学堂运用鲜活通俗的语言、生动典型的事例、喜闻乐见的形式、丰富多彩的活动，吸引学生自觉实践、自主参与，让学生在道德学堂的活动中体验，引导他们在学习道德知识的同时，自觉遵循道德规范，养成道德行为习惯。

《国家中长期教育改革和发展规划纲要（2010-2020年）》要求我们“创新德育形式，丰富德育内容，不断提高德育工作的吸引力和感染力，增强德育工作的针对性和实效性”。道德学堂及其德育系列实践活动，为提高“两力、两性”做出了创新型探索，以其独具特色的感悟式道德教育模式，为落实“树立以提高质量为核心的教育发展观，注重教育内涵发展”“坚持德育为先”，做出了实实在在、令人鼓舞的探索，取得了发人深省、令人欣慰的成果。

本教材重实用，更重实效。青岛市城阳区职业教育中心长年组织以体验、感悟为特色的德育实践活动，现在又编写出一本配合德育系列实践活动的教材，发挥了德育工作实验基地学校的示范作用。在拜读杨坤老师主编的《道德学堂》初稿以后，既为学校多年来把德育为先落在实处，坚持创新、不断探索而高兴，也十分钦佩杨坤老师及其编写团队的水平。反复拜读，大有收获，感慨良多，欣然命笔，为之序。

蒋乃平

2011 年 6 月 30 日

前言

Preface

你想与他人友好相处吗？

你想成为一位受人尊重的人吗？

你想在学习和未来的工作中取得佳绩吗？

你想让自己自信地面对生活、自强地面对挫折与磨难吗？

你想靠自己的勤奋、挑战、敬业、创新精神，提升自我价值吗？……

本书就是用生活中的实例，告诉同学们怎样实现这一切，在学习、生活及工作中，怎样提高自己的道德品质，实现自己的理想，铸就自己的辉煌。本书所遵循的编写逻辑是案例引发道德思考，榜样激起道德情感，实践转化道德行为，感悟实现品质升华。

全书共包括四单元的内容。第一单元让我们懂得：人不是孤立的，而是生活在群体中，人的感情世界丰富多彩，人的一生都在自觉与不自觉地渴望被别人或被团体关爱、认可与接纳。同学们只有心存爱心、懂得感恩和甘于奉献，才能赢得他人的接纳和尊敬。

第二单元让我们懂得：每个人每一天都在与人、与事的接触中生存、生活，总要解决待人处世的问题，这是人们的现实需要，也是社会发展、科技进步的需要。要掌握与人交往的艺术、与人合作的技巧，明确提升诚信、文明、关注环境等个人素养的标准，努力做到待人宽容友善、懂得团结合作，注重诚信做人、做事，讲究公共文明，实现人与人、人与社会及人与环境的和谐相处，从而满足人的安全、交往及尊重的需求和愿望。

第三单元让我们懂得：人的生活是不断变化的，人的发展是可持续的，人只有靠提高“自信、自强、自律”等自我管理能力，才能适应变化和发展。要调整自己的心态，克服自负与自卑心理，树立健康的自信心；要克服挫折和困难，坚持不懈地追求自己的目标，做到自立自强；要在社会生活和职业生涯中做到不贪、不占、不损公肥私，懂得用勤劳的双手和节俭的理财方式去积累自己的财富，以此提高自身的社会竞争力。

第四单元让我们懂得：一个人要想提升自己的职业竞争力，成就一番事业，实现自我的不断超越，需要强烈的事业心、责任心。要具备强烈的进取心，要有对知识与技能的渴望，塑造自己的事业心；要在实现理想的过程中，自觉地增强责任感和使命感，做到遵章守纪，对工作兢兢业业、踏踏实实，力求把工作做实做好，提升自己的责任心。唯有具备勤奋、进取、求知乐学、敬业爱岗、开拓创新，才能走到成功的彼岸。

本书的第 1 课由孙喜凤编写，第 2、17 课由王伟伟编写，第 3 课由王林编写，第 4、13 课由赵翠萍编写，第 5、6 课由赵淑翠编写，第 7 课由万坤编写，第 8、16 课由栾秀萍编写，第 9 课由季峰编写，第 10、11 课由孙丽娜编写，第 12 课由焦美芹编写，第 14 课由孙中华编写，第

15 课由管晓英编写，王伟伟、陈杰负责统稿，杨坤负责选材、定稿和整编。全书由盛瑞波主审，由青岛市职业技术教育教研室刘其伟给予指导。

自 2007 年以来，我们在发挥德育必修课主渠道的同时，致力于德育选修课程的创新研究，形成了我校独具特色的感悟式道德教育模式，制作完成了全书配套的教案、课件、学案、视频等教学资料，该课程在全国中职学校引起极大的关注，受到了教育部领导和专家的一致好评。

由于编写者水平有限，书中难免存在不足及错误之处，恳请广大读者及专家批评指正。

编者

2011 年 6 月

目录
Contents

第1单元

爱与同情

人不是孤立存在的，而是生活在一个群体中，人的感情世界丰富多彩，人的一生都在自觉与不自觉的渴望被别人或被团体关爱、认可与接纳。

作为新时代的中职学生只有心存爱心、懂得感恩和甘于奉献，才能赢得他人的尊敬。通过本单元的学习与实践我们要认真体会有孝心、有责任、有爱心及能感恩才能得到他人、社会的认可和尊重，并在日常生活中恪守孝敬父母、尊老爱幼的做人本分，端正自己做人、做事的态度，认真履行为人处世的责任，用实践行动证明自己是一名孝顺、懂得感恩、善解人意、甘于付出的好人，这是丰富人的精神世界，提升人的价值，最基本的道德修养和道德准则。

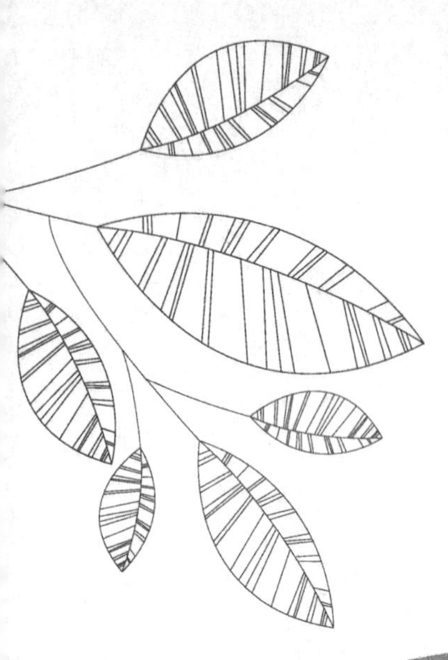

第1课

孝心无价

Chapter 1

于丹《论语感悟》之《孝敬之道》片段

我们总在说，孝敬是一种美德，它好像不是一种本能。但是，我们反过来说一个命题：父母对孩子的爱。有人说过这是一种美德吗？它是本能。有这样一个故事：有一个小男孩，从小就在一棵大树下玩，大树长得十分高大，硕果累累，是一棵大苹果树。孩子天天围着树玩，有时爬到树上去摘果子，有时在树底下睡觉，有时也用小刀子在树身上乱刻乱划。大树喜欢这个孩子，从来不埋怨他，天天陪他玩。孩子后来长大了，有一段时间他就不来了。等孩子再来的时候，他已经是一个少年了。大树就问孩子："你怎么不来跟我玩了？"孩子脸上开始有了忧伤，有点不耐烦，说我已经长大了，我不想跟你玩了，我现在需要更多的高级玩具。大树说："真对不起你，孩子，我也变不出玩具。这样吧，你就把我所有的果子都摘了，拿去卖了，你就可以去买高级玩具了。"孩子一听，高兴坏了，就把树上的果子全摘了，欢欢喜喜地走了。小男孩走了，好长时间没来。等他再来到树下的时候，已经长成一个青年，大树已经变老了。大树说："你怎么这么长时间不来玩？"孩子说："我现在要安家立业，哪有心思玩啊？现在我连安家的房子都没有，我没有钱盖房子。"大树说："孩子，你千万不要不高兴，你就把我所有的树枝都砍了，拿去盖房子吧！"孩子脸上露出了笑容。他把树枝全砍了，盖了房子，成了家。又过了若干年，孩子再来时，心事重重地徘徊在大树下，对大树说："我得到世界上去做大事，可是，世界的海洋这么浩瀚，我连条船都没有，我能去哪儿呢？"大树说："孩子你别着急，你把我的树干砍了，就可以做条船。"孩子特别高兴，他把树干砍了，做了一条大船出海去了。这样，过了很多很多年，大树只剩下一个树根，快要枯死的时候，孩子回来了。这个时候孩子的年纪也大了。当他回到树底下的时候，大树跟他说：“孩子啊，真对不起你，我现在没有果子给你吃了，也没有树干让你爬了，你一定不愿意跟我玩了吧？”孩子对大树说：“其实我也老了，有果子我也啃不动了，有树干我也爬不上去了。我从这个世界上回来，就想找个树根守着歇一歇，我累了。这一次，我回来就是来跟你玩的。”老树根高兴得不得了，它好像又看见了孩子小时候的情景。这个故事，听起来好像很残酷，其实儿女的一生，不就是从父母身上获得那么多的机会吗？父母付出的，就是用自己的生命，对子女的提携。

父母对孩子的爱，是无私的，是全部的，是永远的，是不计回报的，是说不完道不尽的。这也许就是中国传统文化如此注重孝道的原因吧！作为儿女，应该如何对待给予我们生命、呵护我们成长的父母呢？

在一生的成长中，孩子会长大，长大后会与父母有矛盾、有冲突。孩子对父母，从小就有逆反心、有代沟；而长大以后，作为做人的标准，也不是天下父母都正确。当父母做得不对，真有冲突的时候，应该怎么做呢？《论语、里仁》言：子曰，事父母几谏，见志不从，又敬不违，劳而不怨。作为儿女辈，对自己的父母，如果意见相左，甚至你的父母有什么做错的地方，你可以去建议。就是你要用克制的、轻微的、柔和的方式，去进谏，去说明一个道理。道理本身是什么不重要，但是表达方式很重要。要用一种最好的表达方式，把一个很好的道理说清楚。我们在看人际交往准则的时候，会讲到你跟同事、跟朋友怎么说话，但几乎没有一本社交宝典教你怎么与父母说话。因为大家觉得父母是亲人，跟父母讲话还要讲究方式吗？但是，往往是最亲的人成了你情绪发泄的垃圾筒，有的时候会让最亲的人受伤害。其实，你最亲的人，最伤不得……

中国民间有一个说法，叫孝顺。孝顺孝顺，顺者为孝。很多时候，我们的孝心就在于不违背。当然，也有一些儿女跟父母的冲突属于大是大非。但是，我们每个人心里做个统计，父母与儿女之间产生的冲突，有多少是属于大是大非，是关乎国家大义的？用老百姓的话来讲，绝大多数都是为了鸡毛蒜皮的小事而发生冲突，父母心里不高兴，儿女心里觉得有委屈……

真正爱父母，就要包容和尊敬他们的习惯。我们不是说对一些大是大非的问题，一定要儿女去放弃原则；但是，对一些非大是大非问题，在可以不计较的时候，儿女是不是可以对父母多一点理解、多一点宽容，让他们按照自己的方式过快乐的日子，这，也许是最好的。

心灵启迪

父母对子女无微不至的关爱与呵护的故事比比皆是。于是，子女们理所当然地认为是应当的、自然的，而忽视了对父母的回报。想一想，一年365天中，你有多少时间是陪父母共度的？爸妈生病的时候你在身边吗？逢年过节你都陪他们庆祝了吗？是不是通个电话问候一声，就以为自己尽了孝道了？是不是父母说“要是忙就不用回来”，你就当真了？是不是经常把学习工作不顺、身体不适等烦恼都推给父母，让他们为你担心、分忧？对父母，我们真的有太多的过失，让我们痛心。

1. 为了这个小男孩，苹果树先后奉献了什么？带给你什么感受？

2. 在我们成长的过程中，父母为我们付出了很多很多。他们做的好多事都让我们感动，让我们难忘。请在你的记忆中搜寻那些令你感动的点点滴滴，谈一谈父母所做的令你感动、令你难忘的事。

3. 有人说：爸爸妈妈是一盏明灯，让我在黑夜里不再害怕。在你的眼中，爸爸妈妈是什么形象呢？请以“爸爸妈妈是……”的形式，形容一下自己眼中的父母。

4. 作为两代人，父母与子女之间难免有意见不一致，甚至产生矛盾的时候。你有过类似的经历吗？你是如何处理的？

5. 现代社会里，你认为什么是真正的“孝”？你会用什么样的实际行动孝敬父母？

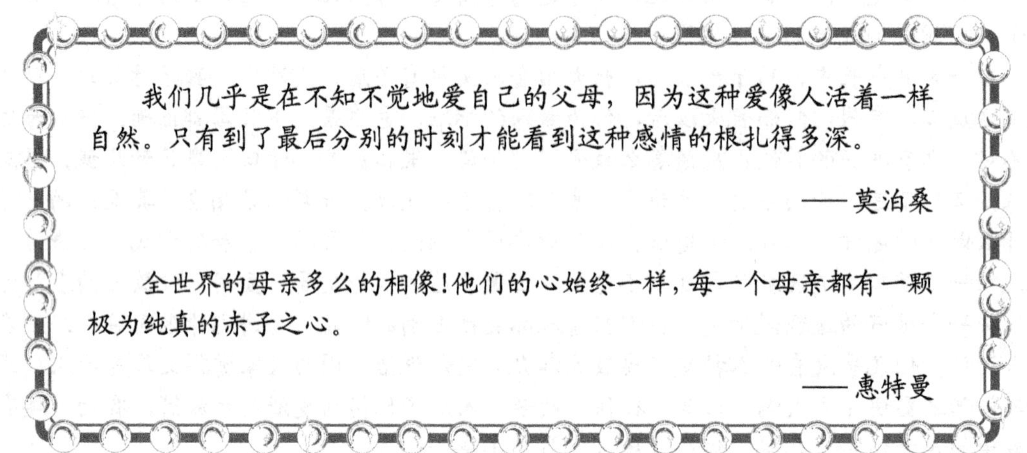

我们几乎是在不知不觉地爱自己的父母，因为这种爱像人活着一样自然。只有到了最后分别的时刻才能看到这种感情的根扎得多深。

——莫泊桑

全世界的母亲多么的相像！他们的心始终一样，每一个母亲都有一颗极为纯真的赤子之心。

——惠特曼

学习目标

作为儿女，我们要了解父母之爱，感受父母之情，体验亲情的伟大与无私；要学会理解父母、尊重父母、与父母和谐相处，懂得怎样去孝敬父母；要了解父母养育自己的不易和培养自己的良苦用心，不能把父母的养育之恩看做应尽的义务，应该心怀感恩，懂得回报父母。

行为目标

日常生活中，尊重父母，就要听父母的劝告，体谅家长的辛苦，扬父母之志；体谅父母就要帮父母做家务，花时间陪他们；理解父母就要不提额外要求，顺从父母意见；关怀父母就要在家人生病、遇到困难时给予关心和照顾，父亲节、母亲节等节假日需记得庆祝等。

亲情是一个人善心、孝心、良心的综合表现。孝敬父母、尊敬长辈是做人的本分，是天经地义的美德，也是各种品德形成的前提，因而历来备受人们称赞。

一、感受父母情

在人的一生中，父母的关心和爱护是最真挚、最无私的。可以说，父母为养育自己的儿女付出了毕生的心血，这种恩情比天高、比地厚，毫无疑问是世界上最伟大的爱。

母亲为割肝救子坚持日行 10 公里

“只要我多走一步路、少吃一口饭，离救儿子的那天就会近一点。”母亲陈玉蓉动情地说。这是一场命运的马拉松，她忍住饥饿和疲倦，不敢停住脚步。上苍用疾

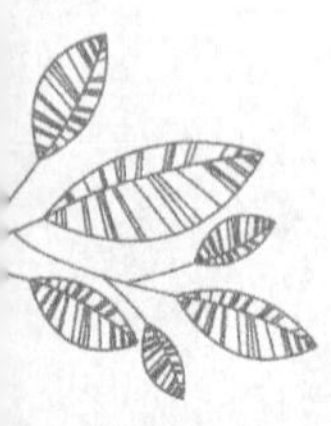

病考验人类的亲情，她就舍出血肉，付出艰辛，守住信心。她是母亲，她一定要赢，她的脚步为人们丈量出一份伟大的亲情。

为了救活儿子的生命，她就这样暴走了七个月，这是一个多么惊人的数字！世界上没有一种爱可以与母爱相提并论，世界上没有一种情可以与亲情一较高下。为了孩子，母爱的奉献到底有多少？这是一个永无止境的回答。母亲的爱到底有多深？这是一种深不可测的情感。每个母亲都希望自己的孩子能过得好，能活得好，当自己的孩子遇到生命危险时，每一个母亲都会用自己的生命来捍卫孩子的生命。就像陈玉蓉一样，相信每个母亲在遇到这种情况时都会做出同样的选择。爱子之情感动天地，她用自己的行动和努力创造了奇迹！她真的用七个月的时间减去了脂肪肝！她真的救了自己的孩子！那是一个母亲用努力换来的结果，她用意志感动了上天，感动了每一个人。母爱齐天，母亲永远是世界上最伟大的人！

父母的养育之恩是永远也诉说不完的：吮着母亲的乳汁离开襁褓，在父母的呵护下迈开人生的第一步，在熟悉的儿歌中渐渐入睡，在无微不至的关怀中成长，灾灾病病使父母熬了多少个不眠之夜？读书升学费去了父母多少心血？立业成家又铺垫着父母多少艰辛？

身为儿女，经常把父母的爱当做理所应当的付出，享受爱，却不知道感激，做事先考虑自己，漠视父母而浑然不觉。这世上，我们最容易忽视的就是父母的爱，只有遭受伤害和挫折时，我们才会想到父母。与父母的爱相比，我们的爱太过自私。

别欺负那世上最爱你的人

母亲不识字，说话高嗓门，爱生吃大蒜……凡此种种，让我觉得母亲素质太低。因此，我从不跟母亲一起出门逛街，怕她影响我的形象。在单位，我怕别人知道我有这样的母亲。我的这种态度终于激怒了母亲，有一天母亲忍无可忍地说："你那么烦我，就别来看我了。看你的眼神我就气饱了！"我一跺脚，转身就走。出门时，我回头看了一眼母亲，母亲的眼中泪光闪烁。从此以后，我就再也没去看望过母亲。倒是母亲，常常托人给我送来她亲手做的食物。我咬牙切齿地不想吃，还托人转告母亲，不要再送东西给我，送了我也不吃。后来熟人告诉我，我的话让母亲伤心了许久，哭了许久，眼睛都哭肿了。

我生病了，重感冒，昏睡在床上，心里想的是喝一碗小米粥。睁开眼睛，母亲就坐在床边，手里端着一碗热气腾腾的小米粥，说："听说你病了，我急得不行。就熬了一锅小米粥送过来。路滑，还摔了一跤。还好，粥碗我抱在怀里，还热着呢。"我的心一瞬间湿了，心中那冰雪般坚硬的部分，瞬间融化成温情的溪水。这就是我的母亲。她怕我训斥她，怕我赶她出去，只是因为她爱我。

我想说的话：________________
____
____

父母对孩子的爱是无私的，是全部的，是永远的，是不计回报的。无论我们怎样对待母亲，母亲永远只有一种态度，那就是爱。父母敞开的怀抱包容着我们的任性与错误。善待父母，不要欺负这世上最爱你的那个人，这样我们的心才不会疼。父母就是我们家里的宝，无论何时何地都能让我们感到那份牵挂。正是有了这份疼爱和牵挂，我们才不会放纵，才会更好地把持自己的人生！

二、理解父母心

父母是世界上最爱我们的人，他们能尽全力地付出，不计回报地给予。作为子女，千万不要试图改变父母，应尝试接受和理解父母，因为最疼我们的人，最伤不得。

（一）接受与父母之间产生的代沟

现实生活中，父母多强调继承而忽视创新，而子女却不太讲传统规矩，强调跟上时代的潮流，认为父母的许多想法和做法古板，跟不上形势。于是两代人在观念上会产生分歧，情感上和心理上难以交融，导致不少年轻人认为："父母不理解我，不接受我，不体谅我的想法，总要求我用他们的价值观和理念去做事、读书、求学，所以我应该避开他们。"结果往往是伤透父母心，同时使自己陷入孤独无助的境地。

父母与子女的成长环境不同，因而他们的思维方式和期望值会与子女存在差异。作为子女千万不能为此排斥他们，应该问自己：我理解和接受过父母吗？我体会出父母的良苦用心了吗？子女应该在要求父母理解自己之前，先尝试理解他们，和父母坦诚地沟通，相互了解，达到共识。

（二）化解与父母的矛盾

在人一生的成长中，难免会与父母有矛盾、有冲突。矛盾发生时，作为子女，一定要与父母和睦相处，耐心听父母的话，不能中途打断，更不能在亲朋好友面前顶撞他们，否则，会让父母感觉威严扫地，羞愧、窝火，严重地伤害父母的自尊心。我们可以采纳于丹教授的建议：儿女对父母，如果意见相左，甚至觉得父母有什么做错的地方，可以去建议，但是要用克制的、轻微的、柔和的方式，去说明道理。正如于丹所说：道理本身是什么不重要，但是表达的方式很重要。不要让最亲的人成了你情绪发泄的垃圾筒，有的时候会让最亲的人受伤害。很多时候，我们的孝心就在于不违背，顺从父母。真正爱父母，就要接受他们所有的习惯。

（三）尊重和忍让父母的唠叨

子女从小到大令父母操碎了心，过多的担心和操劳让父母养成了"唠叨"的习惯。我们要善于聆听，让他们畅快说出自己的担心和喜怒哀乐。作为子女，要理解和体谅父母，每次都要认真地听父母"唠叨"，不要嘲笑或打断他们，这样可以确保他们心情愉悦，有益于父母的健康；同时，他们的话对我们也是一种警示。父母对子女有益的唠叨，做子女的为什么要那么厌烦呢？

家中有老人是我们的福分，他会和我们唠唠叨叨，讲我们小时候的事，讲自己经历的事，讲他人的故事，这些可以让我们跟随他的讲述走进时光隧道，体会童年的纯真，借鉴别人的生活和事业。老人是宝，让我们无论何时回家都不会孤单，永远都有一份温馨在等候着我们。若一个人能接受并喜欢、理解并接近父母，就会感受到亲情的魅力。

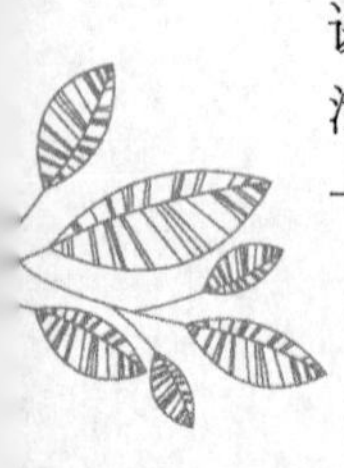

三、报答父母恩

（一）学会关爱父母

每个人的生命，都源自于父母的赐予。是父母给了我们生命，是父母哺育我们成长，父母的养育之恩，我们应该终生报答。

作为子女，要发自内心，真正地像父母关爱我们那般关爱父母。他们累了，需要一把椅子坐坐；他们渴了，需要一杯清茶解渴；他们的心疲倦了，需要一颗真诚的感恩之心去安慰。我们不应觉得父母为我们所做的一切都是理所应该的；我们更不要对父母的艰辛付出和无限关爱视而不见、无动于衷，甚至怨气冲天。因为我们懂得了父母的需要，所以我们现在就要行动起来：动一动手，搬一把椅子给父母歇歇，倒一杯水给父母解渴；动一动口，说一句真诚温暖的话语给父母听听，解除他们的疲劳，驱散他们的心病；动一动心思，揣测父母的念头，实现他们的一个小小的心愿……孝敬父母原来就这么简单。如此容易做到的事情，却能让我们的父母感到欣慰、快乐，我们何乐而不为呢？

（二）父母遇到困难应该竭尽所能的帮助

孝，是对父母长辈的责任，这是一种以回报父母养育之恩为核心的责任，是无私、无怨、无悔的，一片赤诚的回报。父母爱子女胜过爱自己，作为子女，也应该用父母对待子女的态度回报父母。

曹于亚家住邻水县一个贫穷而又偏僻的小村庄。小时候，父母南下福建打工，她和外婆相依为命。2006 年 11 月的一天，正在上课的曹于亚突然接到电话，得知父亲因患尿毒症已送至重庆西南医院抢救。第二天，心急如焚的曹于亚向学校请假，赶往医院看望父亲。看着被病痛折磨的父亲，曹于亚无法接受眼前的事实。当母亲告诉她即便卖了房筹够了钱，没有肾源也救不了父亲时，曹于亚毅然决定要用自己的肾救治父亲。但按规定，捐肾最少要 18 岁，医生一口回绝了她的请求。曹于亚长跪在医生面前请求救父。手术时，曹于亚没有一点犹豫。在生与死的决战中，曹于亚成为重庆市西南医院女儿向父亲成功捐肾的第一人。

手术成功了，但每个月 4000 多元的医疗费让这个家庭难以承担。曹于亚“带父上学”回到了校园，一边照顾父亲，一边专心备战迎接高考。每天放学后，她都要买菜、煮饭，为父亲洗衣。在高考中，曹于亚考取了成都纺织高等专科学校。

“谁言寸草心，报得三春晖？”面对这个被追问了千年的问题，曹于亚用身体做出了坚定的回答，她把生命的一部分回馈给病危的父亲。小羊有跪母之意，乌鸦有反哺之恩，从古代的“黄香温席”到现代的“捐肾救父”，演绎的都是人间的正道——孝。

（三）赡养老人是儿女应尽的义务

孔子曰：孝，天之经，地之义，民之行也。孝敬父母是天经地义的事。“孝”是人类文明的标志，是人禽之别的界限，是“人性”的体现。然而，在现实生活中，有这样一些人，他们为了追求所谓小家的“幸福”，不愿意对父母尽赡养义务，他们的所作所为令人唾弃和不齿。

老人忙碌一生，含辛茹苦将6个儿女养育成人。老伴去世后，由6个儿女轮流赡养。如今78岁高龄的她本该颐养天年，享受天伦之乐，却被儿女遗弃在医院的走廊里。2005年12月，老人意外摔伤瘫痪在床，6个儿女因为医药费用分摊问题矛盾丛生。近日，大女儿未与任何人商量，强行将老人送到医院，然后一走了之。这期间，没有一个子女来看望老人。目前，医院护士和护工暂时担负起了照顾老人的责任。

谁都会老，试问，当你年老时，身边没人照顾，你会做何感想？作子女的遗弃了自己的父母，你的子女会不会上行下效，以同样的“礼遇”待你？孝敬父母既是应尽的义务，同时也是为自己的孩子做出了榜样。遗弃父母，最终遗弃的是自己。

这位老人是不幸的，养了这样不孝的儿女；老人也是幸运的，遇上了一家负责的医院，遇上好心的医护人员。其实，我们的周围，有很多人不仅孝顺自己的父母，还照顾着一些无依无靠的老人，发扬着尊老爱幼的传统美德。孝是一种人间普遍存在的情感，它以爱为基础，可以延伸和辐射为博爱。

30年来，林秀贞夫妇先后义务赡养过6位老人，虽然他们与这些老人原本非亲非故，但他们没叫过累、嫌过烦，把他们当做自己的老人对待。冬天，他们给老人买煤、生炉子；夏天，他们不忘在雨季来临之前给老人修房子；冬春时节，老人想吃羊肉暖身子，林秀贞就抽空赶集去买；天凉，老人易闹肚子，她就买来红糖让老人暖胃。1983年10月，86岁的朱书贵老人不小心摔了一跤，卧床不起，老伴也因操心过度而病倒，林秀贞夫妇抱着铺盖搬进了老人简陋的小屋，进行照顾。炕太小，他们就在炕边加一条木板，凑合着睡，一住就是两个半月。

十几年来，除了义务照顾孤寡老人，林秀贞还捐款给学校修建校舍，资助十多名贫困家庭子女走入大学校园，帮助8位残疾人实现就业……考上大学的贫困家庭的孩子筹不齐学费，林秀贞送去了学费；残疾职工要结婚，她一下子“赞助”了3000元。

一个孝顺父母的人才是值得交往的人，才是值得信赖的人。试想，一个人如果连自己的父母都不孝敬，连报答父母的养育之恩都做不到，他的人品又如何让人信得过呢？又有谁敢和他打交道呢？孝顺父母是我们的美德，也是做人之本分。

所谓“百善孝为先”，“孝”是人类最美好的感情。可是今天，种种不孝的行为令人发指，老而无所养、养而无所敬的现象屡见不鲜。今天的孝道沦丧到了何种程度？“身患多病、儿子不孝，七旬老翁跳桥自杀”，“不孝之孙忘恩负义，百岁老人被逐出门”，“投毒弑父母，缘起游戏机”……无数的例子令人唏嘘不已、痛心不已。

【案例一】不孝，也是一种犯罪

2009年4月9日，通州一位80岁老太太被发现饿死在家中。数日后，法医解剖室外，一名见惯了生死的法医冲了出来，满脸写着愤怒。他朝着死者的儿子大吼：“你们这儿子是怎么当的？你妈那胃饿得像纸一样薄啊！这不是一天两天的事，这是长期处于饥饿状态，

胃才可能磨成这样啊!”尸检报告分析，死者的死因不排除重度营养不良致多器官功能衰竭死亡，而死亡时间应为尸体被发现前的15天之内。一年后，老人的三个儿子因涉嫌遗弃罪，被通州区人民检察院提起公诉。2010年4月27日，这起案件最终在通州区人民法院落判，三个儿子被判处2～3年不等的有期徒刑。

人性本是善的，为什么有那么多的人不好好孝敬自己的父母，让他们老无所依？不孝，也是一种犯罪。

我想说的话：____

思考交流：如果你是一名记者，让你采访上述老人的儿女，你会问他们什么问题？你会对他们说什么，以唤起他们的良知呢？

【案例二】冷漠也是一种不孝

每顿只准双亲吃一碗饭，甚至双亲患上绝症后也不愿回家探望……这一切行为竟然发生在一个大学教师、一个女博士身上!《重庆青年报》收到一封读者来信。信中，一位自称“进城打工者”的读者详细叙述了姐姐对待母亲的冷漠，最后非常痛苦地提出自己的困惑：“一名堂堂正正的大学教师、博士，这样的姐姐，我还要不要维护她的名声，保全她的声誉呢？”

不孝并不是个别事件了，然而，一个博士，按理说，书读得够多了，竟然能如此“绝情”，如此道德沦丧，难道不是我们社会的悲哀吗?

如果你认为不孝只是不赡养父母、不照顾父母，那你的理解就太狭隘了。生活中不孝的现象还有很多。很多年轻人把父母当成出气筒，动不动就对父母发脾气，嫌父母这不好那不对；有的人瞧不起父母，嫌父母这不懂那不懂，丝毫无尊敬可言；有的人整天不与父母说一句话……这些都是不孝的表现。

思考交流：谈谈你认为不孝的表现有哪些？你如何评价那些不孝之人的行为？

实践与体验

1. 回家后尝试做到以下10件事。

（1）主动交流：找时间，比如饭前或饭后，和爸爸妈妈主动谈谈自己的学校、老师和朋友，谈谈让自己高兴或不高兴的事，与家人分享你的喜怒哀乐。

（2）创造机会：每周至少跟爸妈一起做一件事，比如做饭、做家务、打球、逛街或看电视等。

（3）认真倾听：当被父母批评或责骂时，不要急着反驳，试着平心静气地先听完父母的想法，搞明白父母大发雷霆的原因。也许是父母过于劳累或工作生活中遇到了麻烦的一种发泄。

（4）控制情绪：与父母沟通不畅时，不要随意发脾气、顶嘴，避免不小心说出伤害父母的话。感觉自己要发怒时，可以深呼吸或先离开一会，想法让自己冷静下来。

（5）承担责任：在做好自己事情的同时，主动分担家务，承担家庭的一些责任，比如洗碗、倒垃圾、擦窗、干些杂活等，还可以趁机跟父母聊聊天。

（6）讨论问题，达成协议：学会遇事多与父母讨论，并就如何行动达成协议。例如父母会担心子女沉迷于网络而荒废学业，如果能就上网的时间和学业的平衡与父母进行讨论并达成协议，问题便解决了。

（7）主动道歉：如果你做得不对，不要逃避，不要沉默不理，应主动道歉，这样更容易得到父母的谅解。

（8）善于体谅：如果错不在你，即使感到很委屈也不要急于争辩。换个时间和地点与父母沟通，会有意想不到的效果。

（9）表达感情：说出或写出自己对父母的感情。比如："爸爸妈妈辛苦了"，"爸爸妈妈我爱你们"……如果觉得说不出口，那么用制作爱心卡或写信的方式同样可以表达你的爱。一句简单的话语，一句深情的问候，一封满含感情的信，一定会令父母幸福无比。

（10）写封家信：给父母写一封家书，汇报自己在校的学习、生活情况。

2．配乐朗诵

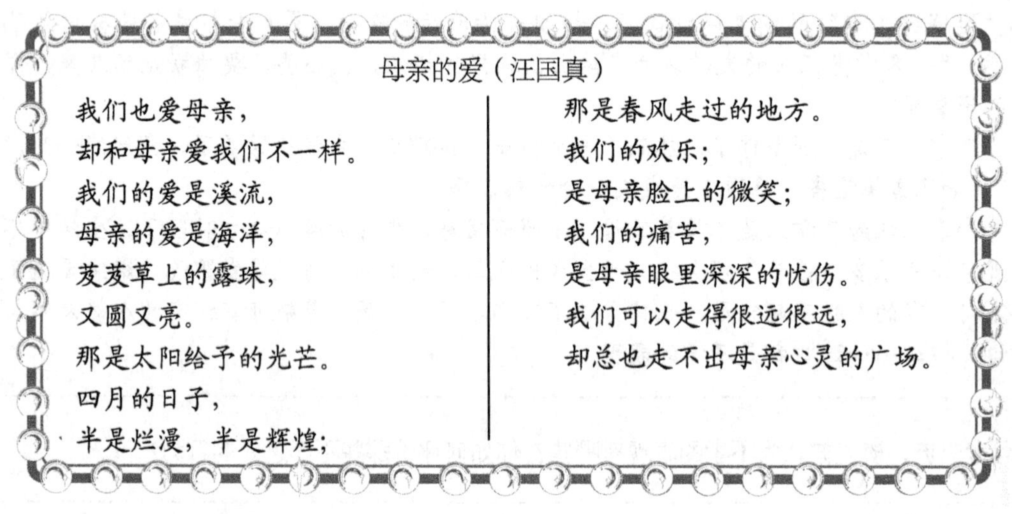

母亲的爱（汪国真）

我们也爱母亲，
却和母亲爱我们不一样。
我们的爱是溪流，
母亲的爱是海洋，
芨芨草上的露珠，
又圆又亮。
那是太阳给予的光芒。
四月的日子，
半是烂漫，半是辉煌；
那是春风走过的地方。
我们的欢乐；
是母亲脸上的微笑；
我们的痛苦，
是母亲眼里深深的忧伤。
我们可以走得很远很远，
却总也走不出母亲心灵的广场。

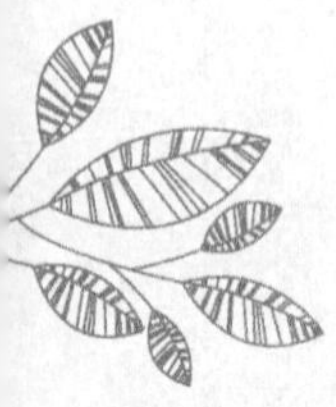

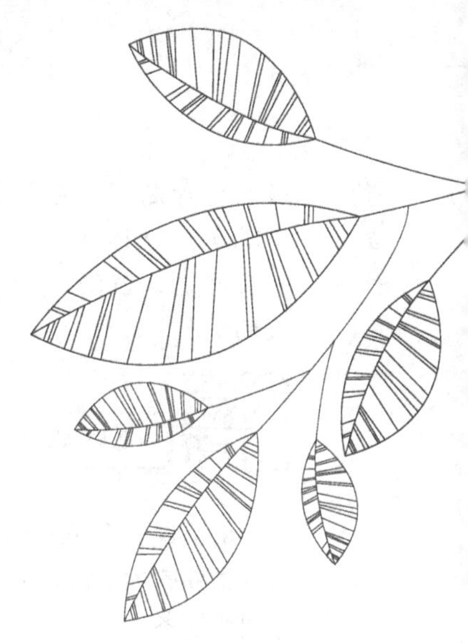

第2课

爱与责任

Chapter 2

案例分析

安琳的责任故事

安琳是青岛市胶南滨海街道中心中学初二的一名学生。在她6岁那年，妈妈的腿突然感到剧烈的疼痛，爸爸带她去过青岛、北京的大医院，病情都没有一点好转，却欠下十几万元的巨额医疗费。为了能多挣点钱给妈妈治病，爸爸经常早出晚归，从此照顾妈妈的重任，就压在了小安琳的肩上。为了照顾妈妈，每天天刚蒙蒙亮，别的孩子还躺在热被窝里，等着被妈妈一声声唤起的时候，小安琳早就起床了，把煮好的面条端到妈妈的床头，再给妈妈倒好水、放好药，等妈妈醒来后吃饭、服药。星期天是同学们玩得最开心的日子，小安琳却过早地失去了这美好的时光。她要收拾家、做饭、洗衣服。为了改善生活、减少开支，她学会了蒸馒头、包水饺、炒小菜，让爸爸在门前种菜，她负责管理。每次做点荤菜，她总是仔细地把肉片挑出来给妈妈吃，妈妈舍不得吃，常常是母女俩推来让去。一有时间她就和妈妈聊天，学校的新鲜事、趣事都和妈妈说说，妈妈听了她讲的故事，有时问这问那，有时哈哈大笑。看到妈妈那张开心的笑脸，她心里甜滋滋的。邻居们都夸她是个孝顺的孩子，妈妈也感到无比的自豪，对生活有了信心和希望。

困难并没有让小安琳屈服，反而让她更坚强和乐观，对未来充满了希望。为使家务料理与学习两不误，她学会了科学合理地安排时间。当其他的同龄人正在妈妈的陪伴下，甜甜地进入梦乡的时候，劳累了一天的小安琳却刚刚刷完碗筷，整理好屋子，服侍妈妈喝完药或给妈妈洗完脚，然后开始写作业，预习第二天的功课，直到深夜。可安琳从来没有因为家务劳动而影响学习。在学校组织的知识竞赛中她多次得奖，还代表学校参加全市小学生古诗竞赛，获得第二名的好成绩。

小安琳的事迹感动了邻居，感动了同学，感动了老师。在2007年度青岛市妇联组织的青岛市“春蕾之星”评选活动中，她的演讲《做一棵珠山顶上的红杜鹃》感动了观众，也感动了评委，被评为青岛市“春蕾之星”，成为青岛市义务教育阶段的唯一获奖者。2008 年度，安琳被评为“全国十佳春蕾女童”、“2008 年度感动青岛十佳人物”。

心灵启迪

年仅 6 岁的安琳过早地挑起了家庭重担。在逆境中，小安琳从未因家务劳动影响学习，成绩一直名列前茅。小安琳身上体现出来的强烈责任感和对家人深深的爱让她赢得了社会的广泛认可。俗话说：责任重于泰山。个人的健康成长、人与人之间的友好交往、社会的和谐发展都离不开责任感的支持。强烈的责任感是人们获得成功的必要前提，也是实现中华民族伟大复兴必不可少的条件。

思考导航

观看录像后回答以下问题：

1. 谈谈观看录像后的感受：（1）14 岁的安琳都做了哪些事情？（2）安琳做的哪件事儿最感动你？
2. 你在社会上都扮演着哪些角色？你所扮演的每一种角色都承担着哪些责任？
3. 谈一谈发生在自己身边的负责任的榜样故事。
4. 列举校园中不负责任的现象。
5. 在本班针对校园中不负责任的现象做问卷调查，统计不负责行为的反感指数，并排序。

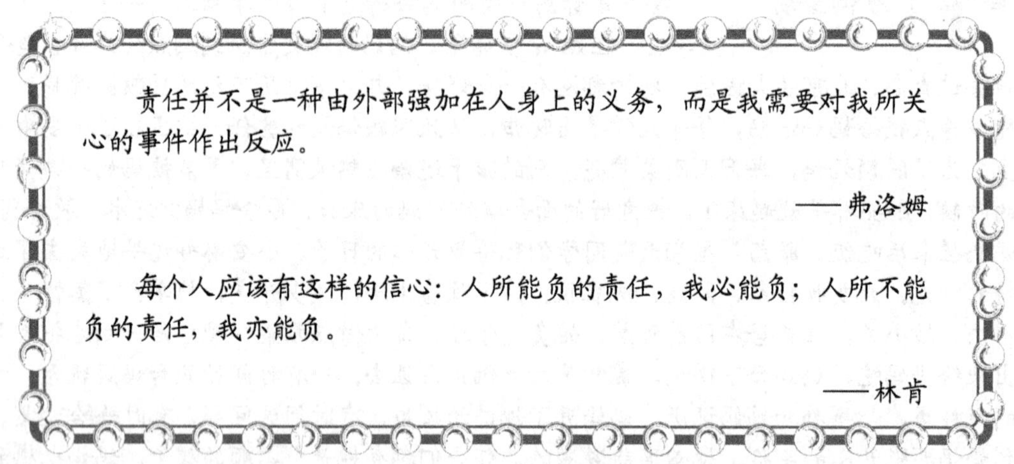

责任并不是一种由外部强加在人身上的义务，而是我需要对我所关心的事件作出反应。

——弗洛姆

每个人应该有这样的信心：人所能负的责任，我必能负；人所不能负的责任，我亦能负。

——林肯

学习目标

“责任”既是一个人做事的基本准则，又是最基本的职业精神。生活中我们要了解责任感的内涵及做人要负责的原因，熟知不负责任的表现，理解每一个人都肩负着责任、播种着爱；要对不负责任的危害有畏惧感，用一颗真诚的爱心承担自己应担当的责任；懂得一个人只有具备责任感才能拥有勇往直前的不竭动力，才能感受到自我存在的价值和意义，才能真正得到人们的信赖和尊重；要勇于做一名承担责任的人。

对自己负责包括：反省不负责的行为，对所犯的错误勇于承担责任。对家庭及学校负责包括：自觉承担家庭、学校责任。对社会负责包括：对社会的公共秩序及生活环境负责。

我们的家庭需要责任，因为责任让家庭爱意融融；我们的学校需要责任，因为责任让学校得到学生、家长、社会的认可；我们的社会需要责任，因为责任让社会平安发展。勇于承担责任是一种使命，一种做人的态度。“责任”从小处来说，是一个人做事的基本准则；从大处上说，就是最基本的职业精神，是爱的体现。

一、认识责任感的内涵

歌德曾经说过：“责任感就是对自己要求去做的事情有一种爱。”这里的责任感是指一个人对自己、对自然界和对人类社会包括国家、社会、集体、家庭和他人，自觉主动地做好分内外一切有益事情的精神状态。

（一）自觉主动地承担责任

作为个人来讲，要自觉主动地对社会负责、对工作负责、对家庭负责、对自己负责，努力在工作和生活中实现“责任”习惯化。

修理马桶

有一位名人在《实话实说》栏目中讲述了一个令人感慨的故事：他到瑞士访问的时候，在上洗手间时，听到隔壁小间里一直有一种奇怪的响动。由于这响动时间过长，而且也过于奇怪，在好奇心的驱使下，他通过门缝向里看去，这一看使他惊叹不已。原来，小间里一个只有七八岁的小男孩正在修理马桶的水箱。一问才知道，这个小男孩上完厕所以后，因为水箱出了问题，无法冲水，因此他就一个人蹲在那里，千方百计地想修复那个水箱设备。而他的父母、老师当时并不在身边。一个只有七八岁的小男孩，竟然有如此强烈的负责精神，可以说这种负责精神已经完完全全成了习惯。这件事令这位名人非常感慨。

我想说的话：________________

____

____

因为具备了主动性，内心愿望就会变成自觉行为。具有自觉主动性的人，对那些该做的事情，不会等待、观望，不必等到别人交代，大多数的情况下，他会立刻采取行动，把工作圆满完成。现代社会是讲求高效率的社会，也是竞争激烈的社会，机会只有一瞬间，只有把负责任养成一种行为习惯，具备主动性的人，才能立即抓住机会，最快走向成功。

思考交流：

- 在学习、生活中，你是一个有责任心的人吗？
- 你会主动捡起自己不小心掉下的纸屑吗？

- 答应别人的事，你能努力做到吗？
- 你能认真学习，按时完成学习任务吗？
- 如果你不小心伤害到别人，你会感到内疚并勇于承担责任吗？

（二）做好分内外一切有益的事情

人世间，维系人与人之间正常关系的纽带是感情，而支撑着人去构筑理想大厦的是责任。责任属于千万个你我他。万物要生长，太阳有责任；禾苗要滋润，雨露有责任；边防不太平，军队有责任；国家不富强，人民有责任；百姓不富裕，官员有责任；单位不景气，领导有责任；子女欠管教，父母有责任。责任是一个人分内的事，也就是承担应当承担的任务，完成应当完成的使命，做好应当做好的工作。

尽职尽责的徐虎

徐虎是江苏省徐州市人，中共党员，1950 年出生，1975 年参加工作，现任上海西部企业（集团）徐虎物业有限公司物业总监。

徐虎自从事水电维修工作以来，踏实肯干，服务周到，深受广大人民群众的欢迎和喜爱。他制作了 3 只“特约报修箱”，挂在居委会、电话间的墙上。多年来，他每天晚上 7 点准时打开报修箱，义务为居民修理了 2100 余处故障，花费了 6300 多小时的业余时间。有 8 个除夕夜，他都是在工作一线度过的，被群众亲切地称为“晚上七点的太阳”。他主动带徒，手把手地将自己的专业技能和服务理念传授给徒弟，形成了广泛的“徐虎效应”。24 小时“徐虎热线”开通的 10 余年间，每年都要接到各类报修、咨询电话 3 万个左右。在上海各行各业的服务热线中，“徐虎热线”的知名度、美誉度始终名列前茅。1998 年以后，徐虎开始从事管理工作。从普通的水电维修岗位到了企业管理岗位，他坚持角色变了，“辛苦我一人，方便千万家”的信念不变，一如既往地用自己的敬业、钻研和奉献精神，积极钻研物业管理和现代经营管理理论，结合实践撰写了多篇具有前瞻性和可操作性的研究论文。他是中共十五大代表，被授予全国优秀共产党员、全国劳动模范等荣誉称号。

一位伟人说得好：“一个人若是没有热情，他将一事无成，而热情的基点正是责任心。”自觉承担责任或者要求承担更多的责任，是现代社会成功者必备的素质，是做一个优秀的人所必需的。做好自己分内的事是做人的本分，它是通向成功最直接、最有效的方法，是一个人日后能够立足于社会、获得事业成功与家庭幸福的至关重要的人格品质。作为学生要树立对社会、对亲人、对自己以及对自然环境的责任意识，以强烈的责任意识和人文关怀为和谐社会的建设提供保障和动力支撑。让我们从现在起做父母的好孩子，做学校的好学生，做社会的好公民，因为这是我们的责任。

1982 年 5 月 28 日，一列旅客列车从东北驶向关内。一个铁路工人把起道机放在轨道上没拿下来，就擅自离开自己的岗位去买冰糕吃。结果造成了震惊中外的火车翻车事故，使得 10 节车厢报废，3 名旅客丧生，给国家造成了 119 万元的经济损失。而这次事故的原因无疑是这位工人擅离职守。

英国王储查尔斯曾说：“有很多事情我们都不喜欢做，但我们不但要做，而且要做好，这就

叫做‘责任’。”承担责任是需要付出艰苦劳动的。但是，承担责任也要有一定的原则，有的责任是不可以盲目承担的，要量力而行。在我们做事之前，要对整件事有个大概的了解，正确地估计一下自己的能力和所带来的后果，否则，往往会酿成悲剧。

（三）责任感是爱的体现

杰姆逊夫人说：“责任心是把一座道德大厦连接起来的钢筋。如果没有这种钢筋，人们的善良、智慧、正直、爱心和追求幸福的理想都难以为继，人类的生存基础就会崩溃，人们就只能无可奈何地站在一片废墟中叹息。”责任感所展示的是一个人对所为事情有一种爱，这种爱会使他对理想的奋斗更加执著，它需要胆魄、毅力和态度。身体在付出，精神在付出，但却是充实的、无悔的，它代表了存在的意义，是积极乐观价值观的一种体现。

责任与爱

一位护士姑娘在“非典”时期被派到一线当了护工。护工的责任是照料病人的吃喝拉撒和打扫病房的卫生。在那里，除了所有我们能想像到的繁忙劳累辛苦和危险外，还有一宗谁也没有料到的活计——“搅”。“搅”是什么意思呢？就是手执长柄刷具，把消毒液和病人的排泄物均匀地混合在一起——搅拌。

医院为了接受潮水般涌入的“非典”患者，将一栋孤立的楼房临时改成非典专科。病房内没有卫生间，应急措施是买些红色塑料桶，内衬黑色垃圾袋，患者的大小便均在此解决。每隔几小时，护工会将袋子拎到公共卫生间统一处理。

统一处理的最重要的步骤就是消毒。据说，“非典”病毒在尿液中可以存活 10 天以上。看到这儿，我们已经明白这位姑娘干的是什么活了——那就是把大约 100 名非典病人的大小便和呕吐物从病房逐一收拾出来，然后把这些黑色塑料袋子一一打开，把配好的消毒液倒进袋子里，接着均匀地搅拌它们，直到排泄物和消毒液完全地融合在一起。

这项工作有人检查吗？比如：搅拌得是否到位？颗粒是否大小一致？有人会把混合均匀的粪便拿去检查，看看有没有活的“非典”病毒吗？她说：从来没有人检查。其实，她完全可以把它们胡乱混合在一起，不必管搅拌得匀不匀，谁也不会知道。她说：可是我从来就没有想过这是可以敷衍和偷懒耍滑的事啊！

不必再述，她的责任与爱已经深入骨髓。这一切因“从没有人检查”而熠熠生辉。

冰心有一段话，激励着无数为这个世界默默无闻、无怨无悔地奉献着的人：“爱在左，同情在右，在生命的两旁，随时撒种，随时开花，将这一径长途点缀得花香弥漫，使穿枝拂叶的行人，踏着荆棘，不觉得痛苦；有泪可挥，不觉悲凉。”

责任感从本质上讲既要利己，又要利人、利事业、利国家、利社会，而且自己的利益同国家、社会和他人的利益相矛盾时，要以国家、社会和他人的利益为重。一个人在承担责任的同时，也在奉献着爱心，人只有有了爱心和责任感，才能拥有驱动自己一生都勇往直前的不竭动力，才能感到许许多多有意义的事需要自己去做，才能感受到自我存在的价值和意义，才能真正得到人们的信赖和尊重。

二、责任与角色同在

每个人从出生那天起，就生活在复杂的社会中，和他人、集体和社会之间存在着这样那样的关系。每个人在社会中扮演着各种角色，而每一种角色往往意味着一种责任。只有认清自己扮演的角色，尽到自己的责任，才能共同建设和谐美好的社会，共享美好的幸福生活。

【互动在线】请把下列表格填写完整：

我的角色	我的责任

（一）对自己的责任

一个人如果放弃或逃避责任，就等于在为自己设障碍。我们要清醒地意识到自己的责任，并勇于担起责任，这样才能问心无愧。

打碎玻璃之后

有个美国男孩在踢足球时，不小心将邻居家的玻璃打碎，邻居愤怒不已，向他索赔 12.5 美元。12.5 美元在当时不是一笔小钱，足够买下 125 只生蛋的母鸡了。男孩儿把闯祸的事告诉了父亲，并且忏悔。见儿子为难的样子，父亲拿出了 12.5 美元，说："这笔钱是我借给你的，一年后要分毫不差地还给我。"男孩赔了钱之后，便开始艰苦地打工。终于，经过半年的努力，他把这笔钱分毫不差地还给了父亲。这个男孩就是后来的美国总统罗纳德·里根。他回忆说："通过自己的劳动来承担过失，使我懂得了到底什么是责任。"

责任是不分大小的，一丁点儿的不负责任就可能会使人遗憾终生。做人必须要有责任感。我们在日常的生活和学习中，首先要对自己的健康负责——学会健体，不抽烟、不喝酒，不打架斗殴，不沉溺网络；养成良好的生活、卫生习惯，作息有规律；注意安全，不做无谓的牺牲。其次要对自己的前途负责——学会求知，刻苦学习，立志成才；学会生存，不断完善自己；终身努力，成为对社会有用之人。更重要的是要对自己的行为负责——学会生活，兴趣健康，善于调适自己的心理状态；不看色情、凶杀、迷信的书刊，不唱不健康的歌曲；爱惜名誉，拾金不昧，不受利诱，不失人格；学会审美，注重仪表，穿戴整洁、朴素大方；增强法制意识，依法维护自己的正当权益。

（二）对家庭的责任

责任感能使人在关键时候，不只考虑到自身的利益，还能替别人着想，尤其是为父母考虑，承担家庭的责任，关爱父母的身心健康。人只有有了这种责任感，才能承受和忍耐来自外界的各种压力。

沉迷上网酿悲剧

据《信息时报》报道：2007 年 6 月 12 日 15 时 30 分，广州 16 岁的少年阿涛在家里趁母亲不备，用木棍将其打昏，又用菜刀将其杀死。随后，阿涛拿着菜刀追砍

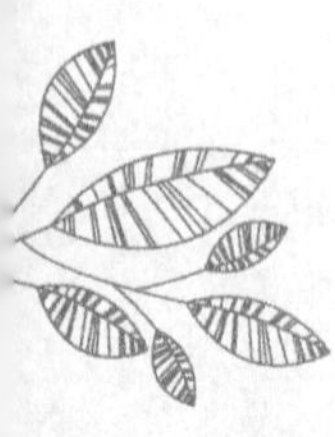

刚刚回家的父亲，并将其砍成重伤。行凶后，阿涛躲到附近楼房的楼顶。13 日凌晨零时许，阿涛从楼顶下来准备潜逃，被围捕的民警抓获。

13 日上午，记者在广州军区广州总医院住院部 4 楼的监护病房内见到了被砍伤的父亲。他的整个头部都被纱布包裹着，露出的鼻梁上一道刚刚缝合的刀痕令人触目惊心。他整个人显得十分虚弱，几名家属小心地陪护在病床边。

回忆起事发当晚经历的那惊心的一幕，阿涛的父亲仍然没有从丧妻失子的巨大悲痛中恢复过来，还没开口眼泪已经湿润了眼眶。他告诉记者，平时儿子还是很听话的，但就是打游戏上了瘾。一般儿子提出要上网，家里会给他三元五元的。他也曾多次规劝儿子要有节制，但他一直都不听劝。"我并不恨他，我现在很后悔，平时没有和他好好地沟通。"说到这里王建军已经泣不成声了。

作为一名中职学生应承担的家庭责任有：孝敬父母——在家中做一些力所能及的事情；经常与父母交流，关心家中事情，为父母分忧；体谅父母——办事或花钱和父母商量，征求父母意见；生活节俭，不乱花钱，不向父母提过分的要求；外出时与父母打招呼，不让父母担心；理解父母——父母有做得不对的地方要诚恳指出，不能向父母发脾气；报答父母——认真学习，健康成长；尽到子女应尽的赡养义务，报答父母养育之恩。

（三）对学校的责任

德国诗人歌德说过："你若要寻求你自己的价值，你就得给世界创造价值。"作为一名中职学生，生活在学校集体中，就要承担起对学校的责任，要有主人翁精神。

实验室的另类风景

一次，几家工厂的代表到某职业学校挑选就业人员。在参观校园时，他们看到了一些不和谐的画面：实验课上，有的学生趁老师不注意玩手机、偷懒；实验结束后，把器械随手乱丢；实验桌上有许多刻划痕迹，已看不出桌子的本来面目……代表们于是纷纷拒绝该批学生到本单位实习及就业。这次参观所发现的现象，既影响了这批学生的就业，又影响了该校的声誉。

我想说的话：________________
____
____

每一个学生都为学校建设承担自己的一份责任，才会有良好的学习和生活氛围。自觉承担的一份责任和义务，也是在集体中的存在价值的一种表现。一名中职学生最起码要做到：珍惜学习机会，遵守学校各项规章制度，遵守学校秩序，不迟到，不抄袭作业，考试不作弊；认真完成老师布置的作业，积极参加学校各项活动及技能比赛；珍惜学校及工厂创造的学习及实习机会，遵守实习单位的规章制度，维护学校形象，虚心请教老工人，积累经验，为就业做好准备。

（四）对社会的责任

"天下兴亡，匹夫有责"，如果一个人对社会的存亡盛衰，从内心感到强烈的责任感，就会思考和探索社会发展的方向和需求，并调整自己的追求和行为。对符合社会利益的事，应持支持、参与的态度；对损害社会利益的事，应坚决地反对。

感动中国 2006 候选人王百姓

王百姓，河南省公安厅治安总队调研员，三级警监，全国知名排爆专家。他曾荣获“全国公安系统二级英模”、“全国优秀人民警察”、“全国劳动模范”称号。从1969 年参军至 1985 年转业到河南省公安厅至今，王百姓已经在爆破、防爆和排爆这个令人肃然的岗位上工作了 37 年。

感动印象：10 年时间，15000 颗炸弹，专门与危险打交道，平常人只遭遇一次炸弹，已经够惊心动魄的了，而他和我们一样，有家、有妻、有娃，只不过头顶上有警徽，警徽上有国徽，所以他才把家人的担忧、战友的期盼一肩担起。颁奖词：王百姓时时命悬一线，老百姓才能天天平安。

作为中职学生应坚决不做危害社会、损害集体利益的事情，并对社会不良现象持否定态度；应该积极参加社会公益活动，维护国家和民族尊严，学会对国家、对社会负责，有关爱社会、服务社会、奉献社会的情怀。主动为国分忧、承担重任，与国家共渡难关，是我们义不容辞的责任。

三、“责任感”——最基本的职业精神

职业学校的大多数学生，走出校门就会踏上工作岗位，成为一名职业人，承担起属于自己的那一份责任。对父母尽孝是责任，对企业尽职也是责任；为家里辛苦操劳是责任，为企业恪尽职守也是责任。热爱你所在的企业，热爱你的工作，勇于承担责任，才是员工应有的职业精神。

急修造雪机

克里是一家大型滑雪娱乐公司的普通修理工。一天晚上他值班，在深夜巡查时，看见一台造雪机喷出的全是水，而不是雪。他知道这是造雪机的水量控制开关和水泵水压开关不协调所致。他急忙跑到水泵坑边，用手电筒照着检查，发现坑里的水快漫到动力电源的开关口了，若不赶快阻止，将会发生动力电缆短路，会给公司带来重大损失，甚至伤及人的性命。他来不及多想，不顾个人安危，跳入水泵坑中，摸索着控制住了水泵阀门，止住了水的漫溢，然后顾不得换下水淋淋的衣服，又找来了工具把坑里的水排尽，重新启动造雪机开始造雪。当同事赶来帮忙时，一切都已经处理妥当，而克里已被冻得浑身颤抖走不动路了。克里被连夜送到医院诊疗。事后，他受到了公司表扬和嘉奖，当部门经理的职位出现空缺时，他便被晋升为部门经理。

在工作中，责任是永恒的职业精神，而像克里这样用生命去负责，是负责的最高境界。当一个人用生命去负责，一切都将会发生改变。他会变得无所畏惧，面对再大的困难也决不退缩；他会冷静思考问题，寻找解决问题的办法；他会追求完美，将工作完成得无可挑剔；他会经常激励自己：“这是我的责任，我要勇于负责到底！”一个人责任感的强弱决定了他对待工作是尽职尽责，还是浑浑噩噩，还决定了他做事的好坏。

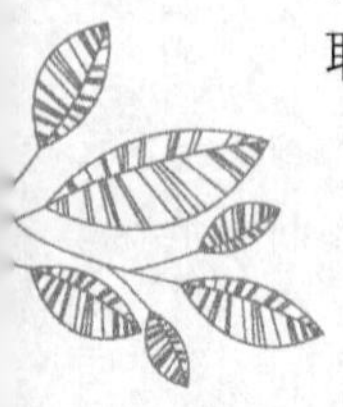

生命的最后一分钟

大连一位普通的公交车驾驶员黄志全，被所有的大连人记在了心里。在一次行车途中，黄志全突然心脏病发作。在生命的最后一分钟，他做了三件事：把车缓缓地停在马路边，用最后力气拉下了手动刹车闸；把车门打开，让乘客安全地下车；将发动机关闭，确保了车和乘客、路人的安全。最后，他安详地趴在方向盘上停止了呼吸。在生命的最后一分钟，黄志全，这个平凡而普通的公交车驾驶员，把对别人负责看得比自己的生命还重要！他虽然逝世了，但他金子般的责任心却依然散发着耀眼的光芒。在生命的最后一分钟，他没有忘记自己的责任！这份责任心挽救了多少人的生命！为国家、为人民挽回了多少损失！

有人说："见到洪水猛兽拔腿就跑是求生的天性，但能让人站住脚跟，迎难而上解救同伴的，是责任感中的勇气；长途跋涉后想倒下休息是身体的天性，但能让人咬紧牙关，俯首向前触及目标的，是责任感中的坚忍；好逸恶劳贪图享受是懒惰的天性，但能让人勤俭劳作，努力奋斗出一片天空的，是责任感中的克己；以自我为中心为己筹谋是自私的天性，但能让人处处为他人着想牺牲自身的，是责任感中的奉公；抢尖霸上爱出风头是虚荣的天性，但能让人自觉自愿脚踏实地，默默付出不计回报的，是责任感中的诚挚。"

四、在承担责任中成长

托尔斯泰说过："责任心将决定生活、家庭、工作、学习的成功和失败。"在一个人的成长过程中，所要学习的东西很多很多，而学会承担责任，是其中非常重要的一课。

一个人如果没有责任感，则会在各方面出问题：作为公民，注定不会正确行使宪法、法律赋予的权利并履行宪法、法律规定的义务；作为工作者，注定不会取得应有的业绩；作为经营者，注定设法损人利己；作为家庭成员，注定不会使家庭幸福；作为朋友，注定是个损友；作为同事，注定不好共事；作为公共场所的一员或路人，也注定会常常惹人厌、讨人嫌。没有责任感，甚至能使人发生异化，使人的个性片面畸形发展，为自己赖以生存的社会所不容，最后走向沉沦、颓废，甚至成为社会的异己力量，反社会、反人类直至毁灭。如果缺乏责任感具有普遍的社会性，则这个社会无法凝聚力量促进自身的长期繁荣和持续发展，社会的和谐程度更会受到损害，没有责任感也就没有道德。

有了责任感，作为工人，就能够精益求精，制出精品；作为农民，就能够辛勤耕耘，收获颇丰；作为士兵，就能够驰骋疆场，屡建战功；作为学生，就能够主动学习，天天向上；作为科研人员，就能够创新科技，勇攀高峰；作为领导者，就能够殚精竭虑，造福一方。人人有责任感，则国家富强，中华崛起。

洗厕所出身的邮政大臣

一个少女到东京帝国酒店做服务员，这是她涉世之初的第一份工作。但她万万没有想到上司安排她洗厕所！上司对她工作质量的要求特别高：必须把马桶洗得光洁如新！怎么办？是接受这个工作还是另谋职业？一位前辈看到她的犹豫态度，不声不响地为她做了示范，当他把马桶洗得光洁如新时，他竟然从中舀了一碗水喝了下去！前辈对工作的态度，使她明白了什么是责任心。从此，她漂亮地迈出了职业生涯的第一步，并踏上了成功之路。自然，她所清洗的厕所一向光洁如新，她也不止一次地喝过马桶里的水。几十年后，她成为日本政府的邮政大臣。她的名字叫野田圣子。

思考交流：1. 野田圣子的故事使你受到了什么启迪？
2. 你觉得作为一名负责任的人应该具备哪些品质？

实践与体验

1. 对下列问题回答“是”或“否”，看你是不是一个有责任心的人。

（1）与人约会，你通常是否会提前一会儿出门，以保证自己能准时赴约？

（2）当你发现自己脚下有纸屑时，你会拾起来扔进垃圾桶吗？

（3）你会把零用钱储蓄起来吗？

（4）发现朋友违规，你会作出善意的提醒吗？

（5）当外出的你找不到垃圾桶时，会把垃圾带回家去吗？

（6）你会坚持运动以保持健康吗？

（7）你忌吃垃圾食物、脂肪含量过高和其他有害健康的食物吗？

（8）你永远将正事列为优先，完成后再做休闲的事吗？

（9）当你玩得正兴起时，母亲请你帮忙去买酱油，你会放弃玩耍吗？

（10）收到别人的信后，你总会尽快回信吗？

（11）没有警察时，你也会遵守交通规则吗？

（12）你经常拖延交作业吗？

（13）你经常帮忙做家务吗？

（14）你会认真对待每一项作业吗？

（15）每天出门前，你有照镜子的习惯吗？

（16）当你的作业做到深夜还未完成时，你会继续努力直至完成吗？

说明：回答是的就得 1 分。

13～16 分：你是个非常有责任感的人。你行事谨慎、懂礼貌、为人可靠，并且相当诚实。

9～12 分：大多数情况下你都很有责任感，只是偶尔有些率性而为，没有考虑得很周到。

4～8 分：你的责任感有所欠缺，这使你难以得到大家的充分信任。

4 分以下：你是个完全不负责任的人。有些朋友可能会对你有成见。

2. 争做“责任星”评选活动

活动要求：以班级为单位策划活动方案，并发起倡议。号召同学从现在起用实际行动做一名对自己、对家庭、对集体和对社会负责任的人，并且有勇气承担责任，把实践过程中的体验与心得撰写成不少于 500 字的文章，并附活动照片，全校进行评比。

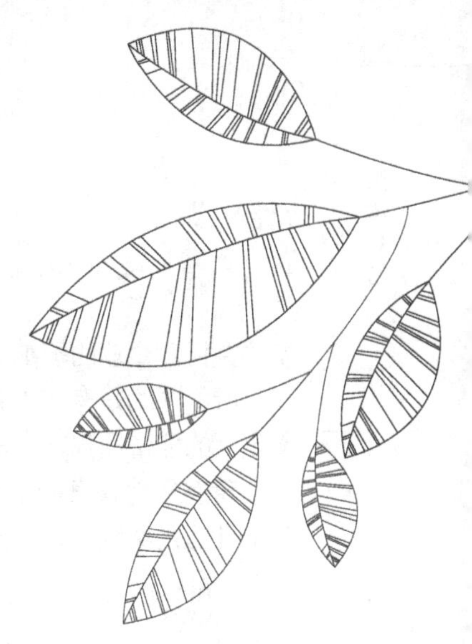

第3课

感恩的心

Chapter 3

黄舸的感恩故事

黄舸，生于1988年10月30日，7岁时被确诊为"先天性进行性肌营养不良"。得这种病的患者首先表现为四肢无力，进而肌肉萎缩近乎瘫痪，最后心脏会因肌肉完全丧失运动机能而停止跳动。据医学专家介绍，患这种病的人最多活到18岁。

从2003年开始，为了向帮助过他的人说声谢谢，黄舸和父亲黄小勇踏上了"感恩之旅"，要走遍全国寻访素未谋面的恩人。疾病早已剥夺了黄舸站或坐的能力。每天，父亲必须小心翼翼地把他抱上轮椅，用绳子仔细地"固定"，保证他不致滑落。因为没有钱，父亲用一辆三轮摩托车载着黄舸走过了82个城市，行程17000多公里，向30多位当年给他们汇款的恩人当面道了谢。黄舸说："坐着父亲开的三轮车，到好心人的家亲口说声谢谢，送上一束鲜花表达我深深的谢意，是我最大的心愿。"这个心愿一直支撑着他走下去。

2009年11月6日，这位坚强的长沙少年离开了这个世界。按照其生前遗愿，他留下了一对眼角膜。他想用这对眼角膜回报给社会，帮助那些需要帮助的人。

2009年11月7日，黄舸的一只眼角膜被成功移植，30岁、左眼失明11年的常德临澧人黄晶晶成为幸运儿。

2009年11月8日，患有先天性角膜皮样瘤，等待了10年之久的北川孩子唐城，成为第二位接受黄舸捐赠的幸运儿，在成都成功地进行了手术移植。

一个只有21岁的生命，一个与病魔顽强抗争的少年，在微笑着面对死神枷锁的同时，却把光明留给了别的生命，谁说人世间没有大爱？黄舸的一生，就是最好的佐证！

黄舸和父亲用实际行动向我们传递了一种生活理念：人要用感恩的心去对待生活中的每一份给予。事实上，我们每个人的生活都有赖于别人的帮助和奉献，如父母的养育、老师的教育、朋友的关怀、企业的接纳、陌生人的援助等等，

所不同的是有些人会若无其事地把这些奉献照单全收，而有些人则会消化、吸收，然后积蓄更大的能量回报社会——例如黄舸和他的父亲。

黄舸用他善良的眼睛告诉了世人什么是回报，什么是感恩；用他 18 岁的年轻生命告诉了我们什么是奉献，什么是无私。

1. 黄舸的感恩之旅是感谢哪些人？假如你是曾经帮助过黄舸的人，面对这份不期然的感恩，你会有怎样的情感反应？

2. 你是怎样理解主持人说的“父子俩一路上感受着感动，也传播着感动”这句话的？由此，请你谈一下黄舸父子“感恩之旅”的社会意义是什么？

3. 你认为“感恩之旅”对黄舸父子俩有没有积极的意义？

4. 黄舸的感恩故事对你的生活与学习有怎样的启示？

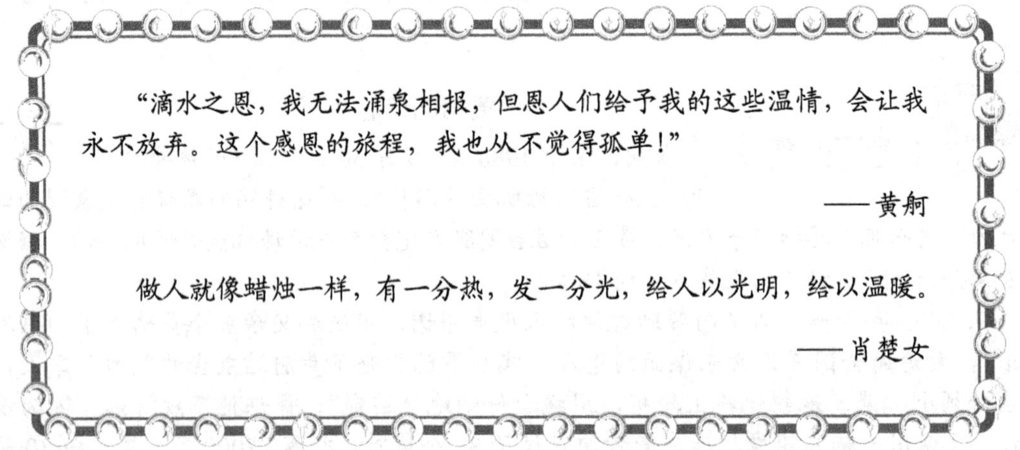

“滴水之恩，我无法涌泉相报，但恩人们给予我的这些温情，会让我永不放弃。这个感恩的旅程，我也从不觉得孤单！”

——黄舸

做人就像蜡烛一样，有一分热，发一分光，给人以光明，给以温暖。

——肖楚女

感恩是一种美德。一个懂得感恩的人，一个常怀感恩之心的人，必定是人格健全之人，必定具有非凡的人格魅力。日常生活中，我们应该了解为什么要有一颗感恩的心；理解感恩对一个人融入社会的作用；要懂得“感恩”是一种生活态度，是做人的起码修养和道德准则。要学会知恩，要了解父母的养育之恩、师长的教诲之恩、朋友的帮助之恩、企业的录用之恩。要常怀感恩之心，感激和怀想那些有恩于我们的人，以实际行动来感恩关爱你成长的人。

生活中要知恩图报，感受细小的恩惠，做到滴水之恩涌泉相报；要敬重别人，做到人敬我一尺，我敬人一丈；要珍爱一切，做到珍爱父母，珍惜友谊，珍惜工作，珍爱生命。

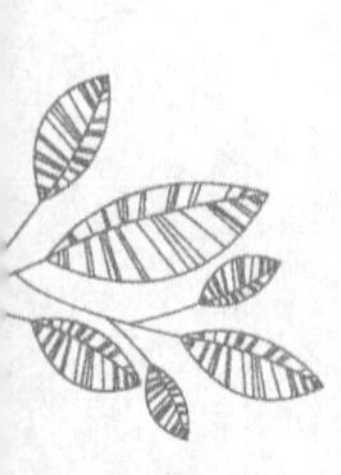

人为什么要感恩？原因很简单，因为我们生活在这个世界上，需要相互搀扶。如果人与人

之间缺少感恩之心，必然会导致人际关系冷漠。生活中，我们无时无刻不在承受着来自父母、老师、同学、朋友……以至山山水水、花鸟鱼虫等世间万物对我们的恩情！因此，我们应该常怀感恩之心。

一、感恩的内涵

何为感恩？简单地说，感恩就是感激别人的恩惠和帮助并设法报答。学会感恩就不会只知索取，不知给予；学会感恩，才会有积极的心态，才能焕发出无穷的力量，乐观地去应对生活中的逆境。

（一）感恩就是要心存感激之情

感恩是发自内心的感激之情，是对善良和真诚的感动之举。心存感恩的人，在做人与做事时，能自觉地承担超过了应付范围的义务和责任；心存感恩的人，内心一定很纯洁、很善良，因为他会将每一次帮助铭记在心，而忘记不快和仇恨。

铭记与遗忘

有两个人在沙漠中行走，他们是很要好的朋友。在途中他们吵了一架，其中一个人打了另个人一巴掌。那个人很伤心，于是就在沙子里写道："今天我朋友打了我一巴掌。"写完后，他们继续行走。

他们来到一块沼泽地里，不小心陷入沼泽里，他的朋友不惜一切，拼命把他拯救出来，最后那个人得救了。他很高兴，于是拿了一块石头，在上面刻道："今天我朋友救了我一命。"朋友一头雾水，奇怪地问："为什么我打了你一巴掌，你把它写在沙子里，而我救了你一命，你却把它刻在石头上呢？"那个人笑了，回答道："当别人对我有误会，或者做了什么对我不好的事，就应该把它记在最容易遗忘、最容易消失不见的地方，由风负责把它抹掉；而当别人有恩于我，或者对我很好的话，就应该把它记在最不容易消失的地方，经历风吹雨打也忘不了。"

"心存感恩，知足惜福"是炎黄子孙世代相传的美德。一个懂得感恩的人，一个常怀感恩之心的人，必定是人格健全之人，必定具有非凡的人格魅力。真正的感恩是美好情操的传承，是真诚与善良的延续，是事业心和责任感的弘扬。

学会感恩，善于感恩，既可以帮助我们营造一种互相赏识的团队氛围，又能够帮助我们打造融洽的人际关系。我们应当感谢父母、朋友给予我们浓厚的亲情与友谊，也应该感谢学校、老师给予我们发展空间和机会；没有他们，我们的生活将失去光彩和快乐。

（二）感恩应当感谢生活给予的一切

一个人不应该为自己没有的东西斤斤计较，也不应该一味索取，使自己的私欲膨胀。为自己已有的而感恩，感谢生活给你的赠予，这样你才会拥有健康的心态和积极的人生观。

有这样一个故事：一位农民经过几年的精心培育，终于栽培出一种新型的南瓜。第一年试种，销路非常好。第二年，他将自己的瓜种无偿地分给周围的农民。他说，自己能够培育出这种瓜，离不开乡亲们平时有形无形的帮助和鼓励。当有人担心大家都种，这种新型瓜就不值钱了的时候，他却显得信心十足。他说，大家都种这种瓜，当蜜蜂授粉的时候，新型瓜的花粉就不会掺入普通的花粉，这样瓜的品质会更好。

不懂得感动、感恩的人是最无知、最失败的人，也是最不值得别人尊重的人。拥有一颗懂得感恩的心，才会让人生富有智慧和魅力。

美国总统罗斯福就常怀感恩之心。据说有一次罗斯福家里失盗，被偷去了许多东西，一位朋友闻讯后，忙写信安慰他。罗斯福在回信中写道："亲爱的朋友，谢谢你来信安慰我，我现在很好，感谢上帝：因为第一，贼偷去的是我的东西，而没有伤害我的生命；第二，贼只偷去我部分东西，而不是全部；第三，最值得庆幸的是，做贼的是他，而不是我。"对任何一个人来说，失盗绝对是不幸的事，而罗斯福却找出了感恩的三条理由。

英国作家萨克雷说："生活就是一面镜子，你笑，它也笑；你哭，它也哭。"你感恩生活，生活将赐予你灿烂的阳光；你不感恩，只知一味地怨天尤人，最终可能两手空空!感恩使我们在失败时看到差距，在不幸时得到慰藉、获得温暖，激发我们挑战困难的勇气，进而获取前进的动力。

感恩是通向智慧人生的一堂必修课，它会滋养温暖、自信、善良、热情、亲切等珍贵的品格。所以，拥有感恩之心，就获得了生活幸福的允诺。耐人寻味的是，恰恰是一些体会过人生残缺、命运残酷的人，与此种智慧更加有缘。比如残疾作家史铁生，身有残疾的主持人姜馨田、舞蹈演员邰丽华，他们因感恩之念打破狭小自我的坚壳，从而散发出宁静美丽的光辉。

（三）感恩是回报并传播恩惠

有一位哲人说过：对于施恩于你的人，你应该感谢他；对于感激你的人，你应当向他施恩。如果你感恩，恩惠会源源不断；如果不感恩，再多的恩惠也将用尽、枯竭。施恩、感恩，是为人之最高品质。

斯蒂芬·霍金是国际著名数学家、理论物理学家，英国剑桥大学应用数学和理论物理系终身教授。这位生于1942年的当代享有盛誉的杰出学者，被称为在世的最伟大的科学家之一。然而，你想不到的是，这样一位卓越的科学家在大学学习后期，患"肌肉萎缩性脊髓侧索硬化症"，半身不遂，并且这种病会使他的身体越来越不听使唤，渐渐只剩下心脏、肺和大脑还能运转，最后连心肺功能也将丧失。

面对如此悲惨的命运，霍金却说："我的手还能活动，我的大脑还能思维，我有终生追求的理想，我有爱我和我爱着的亲人与朋友；对了，我还有一颗感恩的心……"写出如此美妙而豁达文字的霍金已然在轮椅上生活了30多年。所以说，感恩与外部条件无关，它是一个人内心深处的切实领悟，是对生命的热爱、对生命的珍惜。一个人怀有感恩之心，决不会任意糟蹋自己和他人的生命。

据传，法国一个偏僻的小镇上有一眼特别灵验的泉水，喝下泉水常会出现神迹，可以医好各种疾病。有一天，一个只剩一条腿的退伍军人，拄着拐杖一跛一跛地走过镇上的马路。有个镇民见状，带着同情的回吻说："可怜的家伙，难道他要向上帝祈求再有一条腿吗？"这句话被退伍军人听到了，他转过身对镇民说："我不是要向上帝祈求有一条新的腿，而是要祈求他帮助我，让我没有一条腿后，也知道如何过日子。"

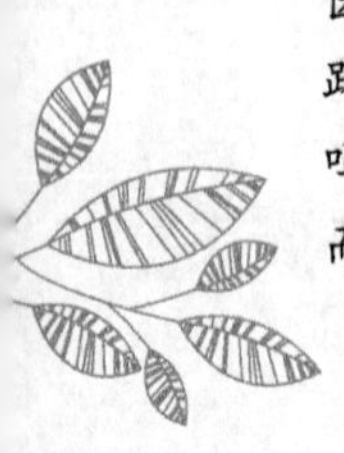

感恩其实是一种生活态度。学习为所失去的感恩，也接纳失去的事实，不管人生的得与失，总是让自已的生命充满亮丽与光彩，不再为过去掉泪，努力地活出自己的精彩。

二、心存感恩的意义

感恩文化，在中华五千年灿烂的文明史中源远流长。“乌鸦有反哺之义，羔羊有跪乳之德”和“知恩图报”的训条古已有之，《诗经》有“投我以木瓜，报之以琼瑶”之说，文人墨客有“谁言寸草心，报得三春晖”的佳句，民间有“滴水之恩，涌泉相报”的谚语及“衔环结草”的故事。这些都集中反映了中华民族自古以来对感恩的认同和崇尚。

然而，在当今社会，这种情感开始缺失。有些人总以为上苍欠他的，父母的呵护、师长的关爱、朋友的真情似乎是理所当然的。他们视恩情如草芥，背信弃义却毫无愧疚之意，感恩之心早已荡然无存。

他们为何忘掉恩人

沈阳有一位老人名叫王儒臣，节衣缩食13年，出资数万元赞助40多名贫困学生完成学业，其中有10名大学生。但是这些学生中没有一个给老人写过信，也没有人来看过老人。如今老人双目失明卧病在床。

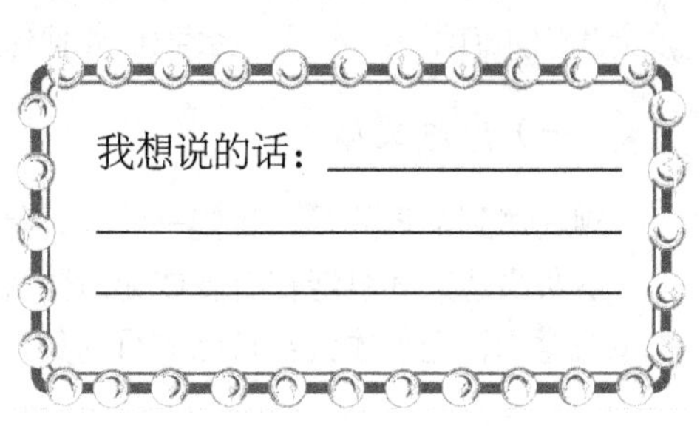

王儒臣老人总是穿着破旧衣服，提一个拉链已坏了的人造革提包，弯腰曲背地走在街上，人们以为他是个拾破烂的，哪会想到这是位无偿捐助10名大学生读书的慈善家。他甚至把儿孙们孝敬的钱也花在了大学生身上。

13年过去了，老人的屋里依旧破破烂烂：一张坐上去就吱嘎响的破木床，一只油渍斑斑的旧碗柜，一张用了40多年的小桌上放了一台黑白电视机，此外就不再有什么。老人瘫痪在床后，三儿子一家搬来照顾。老人患白内障舍不得花钱医治，5年前双目失明，可他仍惦着学生们。春节前，他取出500元，让二儿子送给了附近一所小学。谁都有理由对今天的老人报以冷漠，唯独那些大学生们没有理由。然而却偏偏是他们向老人展示了令人寒心的冷漠。

当年的王儒臣每天都要接待前来求助的学生，老人家没皱过眉头，大把大把地往外掏钱。可是，学生们把钱装进口袋，轻飘飘地挥挥手就头也不回地走了。王儒臣按照他们的地址不断寄钱，却从来得不到一点回音；更令老人伤心的是，有的求助学生竟连面都不露，只从学校寄来贫困证明和校址，一句话也不肯多说，心安理得地要求老人赞助。只有当老人寄出的汇款单被退回来时，他才知道谁毕了业。老人有个愿望：跟这些学生们合个影作纪念，而且越是病重这个愿望越强烈。老人说：“眼睛看不见了，来唠唠嗑也好呀。”他躺在床上叫着那些大学生的名字，自问自答，好像他们真的在他面前，听着让人心酸。

老人家的赞助，真是可以心安理得白吃的免费午餐吗？老人伤心地说：“我赞助他们读大学，就是为了让他们感受到人间的温暖，让他们懂得什么是善良，什么是爱，什么是美德。现在看来，我是不是白瞎了这份心思？10个人那，怎么个个都是这样呢？我过去还用他们学习忙、工作忙来安慰自己，现在我不这样想了，现在我想我们的教育有缺陷。这是一个严肃的问题。”

也许这10名大学生的“忘恩负义”、“情薄如纸”在大学生群体中只是个别现象，也许“知恩图报”、“崇尚节义”这一类“人生基本单词”还没有被遗忘。但是基于王儒臣老人以及和他一样善良的人们对于大学生们所寄予的厚望，我们是不是有理由要求得更多一些呢？

看了王儒臣老人和他资助的学生们的故事，你有何感想？你是否认为感恩意识的重建已经成为一个迫切需要解决的问题？

感恩的缺失，对整个社会都是一个悲剧。因为懂得感恩是幸福的源泉，是健康心理的基石，是人品高尚的表现，是和谐社会的需要。而感恩教育的缺失和滞后，值得全社会深思。客观现实迫切需要加强全社会的感恩教育。学会感恩是改进社会风尚的需要，是构建和谐社会的需要，是提高德育实效性的新途径。

三、感恩教育的内容

感恩教育是思想道德教育、素质教育的重要内容，是一切教育的基础。我们的教育不仅要教会我们如何学习，更要教会我们如何做人。

（一）感恩父母

现在谈到父母的爱，我们一般都说是无私的，不图回报的，都持一种讴歌的态度。可事实上，这种表达方式可能在有意或无意间淡化了为人子女者的回报意识。只有培养出孩子们良好的感恩意识，他们才会对自己的行为负责。

跪喂父母

台湾企业家赖东进有着不寻常的身世。父母都是盲人，且母亲还弱智。赖东进9岁开始上学，从不缺一天课。他每天一放学就去讨饭，讨饭回来后跪着喂给父母。靠自己的奋斗获得成功后的赖东进在一次演讲中却针对自己的身世说：“我对生活充满了感恩的心情。我感谢我的父母，虽然他们瞎，但他们给了我生命，至今我都还是跪着给他们喂饭；我还感谢苦难的命运，是苦难给了我磨练，给了我这样一份与众不同的人生……”

论语中说“百善孝为先”。何为“孝”？孔子说：“今之孝者，是谓能养。至于犬马，皆能有养；不敬，何以别乎？”请同学们自问：古人尚如此，我们当如何呢？让我们怀着一颗热忱的感恩之心对待父母，向他们尽孝！

（二）感恩老师

“春蚕到死丝方尽，蜡炬成灰泪始干。”老师，永远是最值得我们尊重和感恩的人。老师不仅给予了我们知识，更教会了我们如何做人。当我们拥抱成功、享受喜悦时，别忘了我们的老师曾经为此付出了自己的青春和汗水，我们没有理由不去感恩老师。

居里夫人和她的老师

欧班女士是一位老师。一天，她收到一封信，寄信人是“玛丽·居里”。居里夫

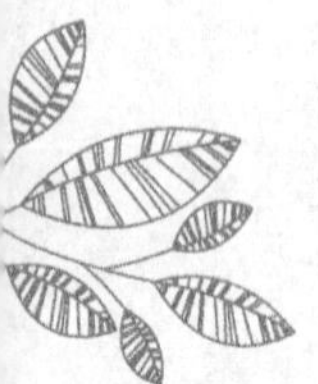

人是举世闻名的科学家，怎么会给一个普通教师写信呢？她简直难以相信。她拆开信读了起来，读着读着，泪水涌出了眼眶，原来写信人是她二十年前的学生小玛丽。在信中，居里夫人向欧班老师深表敬意，还寄来了往返的路费，请她去作客。久别的师生见面了，居里夫人在家里接待了自己少年时代的老师。她亲自下厨房做菜，向老师祝酒。

后来，居里夫人回国参加一个开幕式。这天，有许多人簇拥在居里夫人周围，他们中有国家领导人，有科学家，还有居里夫人的亲友。大会快要开始的时候，居里夫人忽然从主席台上走下来，穿过捧着鲜花的人群，来到一位坐在轮椅上的老年妇女面前。居里夫人深情地吻了她，推着她的轮椅向主席台走去。回到台上，居里夫人向大家介绍，这位老人就是自己中学时代的欧班老师。会场里的人见到这情景，都向她们鼓起掌来。老人的脸上挂满了激动的泪水，她的学生成为世界名人之后，对她还是那样热爱，那样尊敬。

伟人毛泽东也是这样的：1959年6月25日，毛泽东回到阔别32年的故乡韶山，特意邀请自己在私塾读书时的老师毛禹珠吃饭。席间，毛泽东热情地向老师敬酒。毛禹珠老先生说："主席敬酒，岂敢岂敢！"毛泽东笑着回答："敬老敬贤，应该应该！"老师，多么神圣的字眼！拥有这个称号的人赋予我们的实在太多太多……每个人的成长和成才，都离不开老师的培养；社会的每一点进步和更新，无不饱含着老师的辛劳和奉献。在师生矛盾相对突出的今天，伟人们敬师的往事有着更深刻的教育意义。

（三）感恩社会

感恩作为私德，是文明社会对每一个社会成员的基本要求。没有广大公民健康的个人心灵和道德修养，岂能有健康和谐的社会？所以，公民的感恩意识和私德的培育，对和谐社会的建设是基础性的。

在美国，专门安排出来一天，让人们为一年来的上苍的恩典表示感谢，并虔诚地祈求上帝继续赐福——这就是感恩节。其实值得感恩的不仅仅是上苍，我们对父母、亲朋、同学、社会等都应始终抱有感恩之心。我们的生命、健康、财富以及我们每天享受着的空气、阳光、水，莫不应在我们的感恩之列。

怀着一颗感恩的心去看待社会、看待父母、看待亲朋，你将会发现自己是多么快乐。放开你的胸怀，让霏霏细雨洗刷你心灵的污垢，学会感恩，因为这会使世界更美好，使生活更加充实。

张仁杰，安徽六安人，23岁。他曾是一个流浪儿，进过砖厂、捡过垃圾，饱尝生活的艰辛。2004年底，从武术学校毕业的他经朋友介绍来到北京当健身教练兼家庭教师。他用自己的行动和微薄的收入来救助街道上的流浪儿和病患儿。

2005年初，他在自己租的1.8平方米的住处创办了"感恩中国"网站，依靠网络的力量来救助更多的困难群体。他不仅花光了自己的积蓄，而且每天忙得只有三四个小时的休息时间，网友们戏称他为"丐帮帮主"。

如今，他和他的"感恩中国"网站救助病残人士、流浪儿、贫困助学等16000多人，其活动范围早已超出北京。"感恩中国"网站已成为中国感恩门户网站和中国最有影响力和公信力的公益门户网站。

感恩，说明一个人对自己和他人的社会关系有着正确的认识。感恩精神源于历史，合乎伦理，彰显道德，体现人性。感恩是一份美好的情感，是一种健康的心态，是一种和谐的精神，更是一种良知和动力；感恩是建设公平、正义、善良、宽容社会所必需的稳定因素和发展因素，是和谐社会的基本特征。我们真诚地希望，让感恩情怀常驻心中，让感恩、和谐、尊严充满我们的社会。

1. 感恩教育的缺失会给社会带来怎样的不良影响？

2. 请记录你成长中的感恩故事，写下自己的感恩卡。

我的感恩卡：

感恩的人：________________________________

感恩的事：________________________________

____

____

感恩的话：________________________________

____

____

3. 思考自己今后应该怎样对待学习与生活？

1. 学唱歌曲《感恩的心》。

2. 算算亲情账：将自己一年的生活费、学习用品费、交通费、零花钱等支出加起来，算出家长为自己的投资。用实际行动对家长的养育之恩表示感谢。

3. 向老师献真情：端正学习态度，认真做人做事；自制一张贺卡送给老师，表达谢意和上进的决心。

4. 为同学做一件事：交流学习方法，讨论技能，谈心解愁，帮助改错，指导内务，帮助个人卫生等。

5. 利用节假日，为他人或社会献一份爱心，做一件好事。

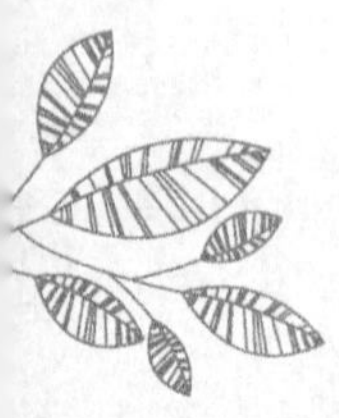

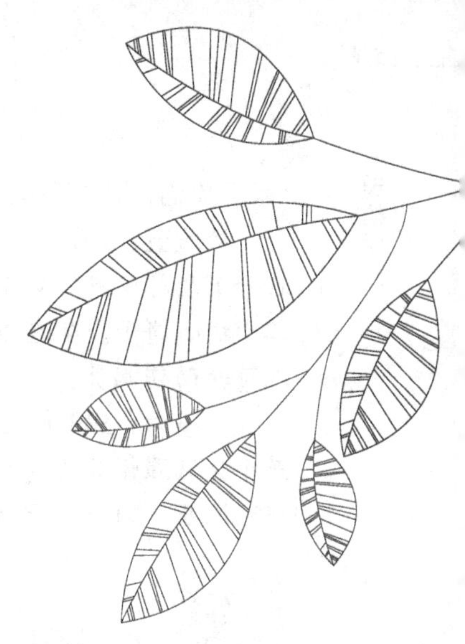

第4课 奉献爱心

Chapter 4

2008年的汶川大地震

片段一：一个遇难的母亲用身体护住自己的孩子，并在自己的手机上写下了这样的遗言“亲爱的宝贝，如果你能活着，一定要记住我爱你。”

片段二：一块水泥板倒下来，压在崇州市漩口中学初三学生向孝廉的身上。这个13岁的小姑娘醒来后，模糊中看到缝隙外边有亮光，接着再次昏迷。后来，一个声音唤醒了她，是同学马健。“我哭着对他说，马健你别走，等我死了再走吧。马健说，‘我不会走的，你是班上年纪最小的，也是生命力最旺盛的，你一定要坚持住！’”马健一边喊着“坚持，坚持！”，一边疯了似地用双手刨着水泥碎块。大约4个小时后，小孝廉终于被刨了出来，而马健的双手已经血肉模糊。

片段三：“那4个娃儿真的都活了吗？昨天晚上就听说有个老师救了4个娃儿，我哪知道就是你……”张关蓉扑到丈夫谭千秋的遗体上放声恸哭。“我们发现他的时候，他双臂张开着趴在课桌上，身下死死地护着4个学生。4个学生都活了！”一位救援人员向记者描述。张关蓉仔细地擦拭着丈夫的遗体，拉起他的手臂，给他擦去血迹：“昨天抬过来的时候还是软软的，咋就变得这么硬啊！”张关蓉轻揉着丈夫的手臂，恸哭失声……操场上，学生家长按当地习俗，为谭老师燃起了一串鞭炮送行……

片段四：5月13日，四川绵竹市。一所学校的主教学楼坍塌了大半，100多个孩子瞬间被埋在了地下。数名战士在废墟中刨出了十几个孩子和30多具尸体。正在抢救时，废墟因余震和机吊操作突然晃动，随时可能再次坍塌。消防指挥下了死命令，命令所有人员马上撤离，待情况稳定后再进入。可几名战士大叫还有活着的孩子，转头又要往里钻。另几名战友将他们死死拖住。突然，一名刚从废墟中带出一个孩子的战士跪了下来，大哭道：

“求求你们，让我再救一个！我还能再救一个！”

片段五：5 月 13 日，四川绵竹市。阴雨中，朱天强等 3 名来自德阳的志愿者身着短袖，在伞下瑟瑟发抖。从 12 日 7 时到 13 日下午 4 时，他们 3 个人分享了仅有的一瓶矿泉水和二十块小饼干。在这 20 个小时里，他们一刻不停地奔波在学校、煤矿的废墟上，帮助医护人员救助伤病员。

片段六：500 多次余震把 400 多万成都市民逼得露宿街头，但 5 月 12 日的成都之夜却是个充满温情和关爱的特别的夜晚。街面上十分安静，没有人大声喧哗，更没有人吵闹。当晚深夜，前来武侯区林荫街献血屋献血的人排着队站满了整条街。

心灵启迪

有人说：世界上存在着太多的自私、冷漠和残酷。然而，中国人却在灾难面前向世界彰显出一种震撼人心的力量，这种力量克服了自私和冷漠，传递着同情、善良、无私和奉献。这种力量就是爱的力量！爱不是无意识的善意，而是对自我的彻底忘却，不求回报，也不计报酬。有了爱，贫穷会变得富有，灾难会变得温暖，懦弱会变得勇敢。爱能激发出无穷的抵抗力。所以我们说：世界上最强大的东西不是坚船利炮，而是一颗仁慈的爱心。

1. 爱是人类的一种美好的情感，请你谈一谈对爱的理解。
2. 在人生旅途中，我们都曾经体验过爱与被爱。说说发生在你身上的令你印象比较深刻的关于“爱”的故事，及其带给你的启发和感想。
3. 爱的体验：当你对周围的人献出自己的爱心时对方有什么反应？你自己有哪些体验和感受？
4. 你打算今后通过哪些途径和方式来献出自己的爱心？

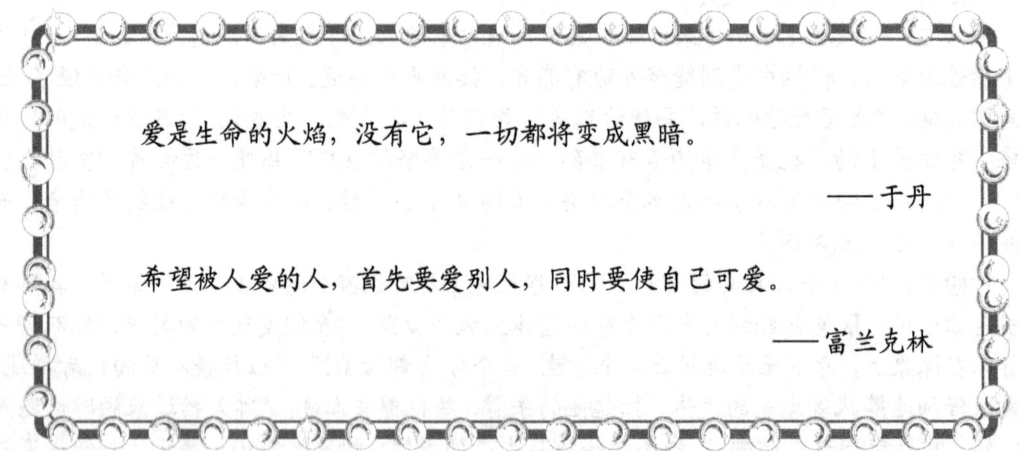

爱是生命的火焰，没有它，一切都将变成黑暗。

——于丹

希望被人爱的人，首先要爱别人，同时要使自己可爱。

——富兰克林

学习目标

爱是一种震撼人心的情感，渗透在社会生活的方方面面。所以在生活中，我们要了解爱的含义，感受爱给人类带来的震撼；要能感受并体验到来自身边的方方面面的爱，能认识到社会中大爱的力量，能发扬人道、博爱、奉献的精神。

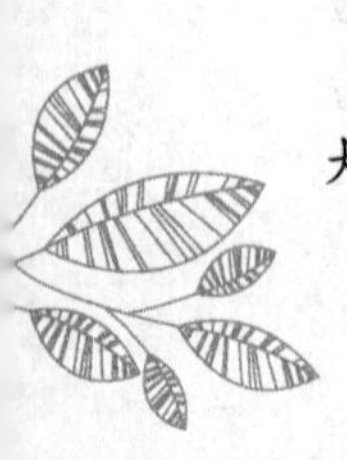

行为目标 在社会生活中要不吝啬地给予，做到能帮助不幸的人。朋友有难，伸手援助，为他人提供方便；要善于关心人、爱护人，要尽一切努力保护儿童，尊重妇女，尊敬和关怀老年人，关心帮助孤寡老人和残疾人，设身处地，多为他人着想；要做到博爱，关心公益，乐于助人，积极参与志愿者活动，和社区文明建设。

一、爱的启示

爱是一种震撼人心的情感，渗透在社会生活的方方面面，它的范围非常广泛，有亲情之爱、朋友之爱、异性之爱、人类之爱等。各种不同类型的爱有一个共同的特点，就是以纯真的情感去祝福所爱的人生活幸福，并以实际行动为所爱的人创造幸福，使自己的爱与对方的爱融为一体，在真善美的境界中，完成生命的升华与创造。

（一）爱就是希望别人能过上好日子

“只要你过比我好”，歌声唱出了一个有爱心的人的美好愿望，纯洁而又善良。心中有爱，世界就会充盈着善意的关怀和感动，我们的身边就会多一张笑脸、一份恬静。

青岛的微尘

“微尘”起初是青岛一位数次捐款不留姓名的普通市民，后来，扩散成一个爱心群体；再后来，扩展成一个关爱他人的爱心符号。以“微尘”命名的募捐箱、徽章走进了青岛的大街小巷，成为青岛一个体现爱心的公益品牌。

青岛市红十字会的工作人员在翻阅了捐款记录后惊讶地发现，早在2004年，一位神秘女士就已经使用“微尘”的名字多次大额捐款：“非典”时期捐款2万元，新疆喀什地震捐款5万元，为白血病儿童捐款1万元，湖南雪灾时捐款5万元……正当人们努力寻找“微尘”时，更多“微尘”出现了。

截至目前，青岛市红十字会收到的上千笔捐款中，很多捐助者都署名“微尘”。每一双充满善意的援手，每一张不同模样的面孔，都记录下一个共同的名字——“微尘”。

感动青岛颁奖词是：他来自人群，像一粒尘土，微薄、渺小，几乎看不到，却又随处可见。他自认渺小，却塑造了伟大。这不是一个人的名字，这是一座城市的良心。

一个有爱心的人会自觉地承担起家庭、社会的道德责任和义务，乐于助人、利人，与人相处能相互提携，相互关爱，互助互惠，使生活的环境纯洁、文明。当然，不可否认，社会上有一些私欲太盛，时时处处以自我为中心、以损人利己为乐事的人，有着令人不齿的举动，而且这种现象正在像瘟疫一样蔓延，令人恐慌。我们应与这些人划清界限，告诫自己保持一颗善良的心，让心灵和生活回归恬静与温馨。

（二）爱是不计报酬的给予

有人认为，爱是为了更多的索取。其实，恰恰相反，爱的本质是无私地给予，给予的可能是汗水、热情、爱心甚至是生命，是“捧着一颗心来，不带半根草去”的气度。付出爱的人换来的不是权势和金钱，而是世人无限的敬仰与爱戴，是一种生命的延续。

两个人都活50年

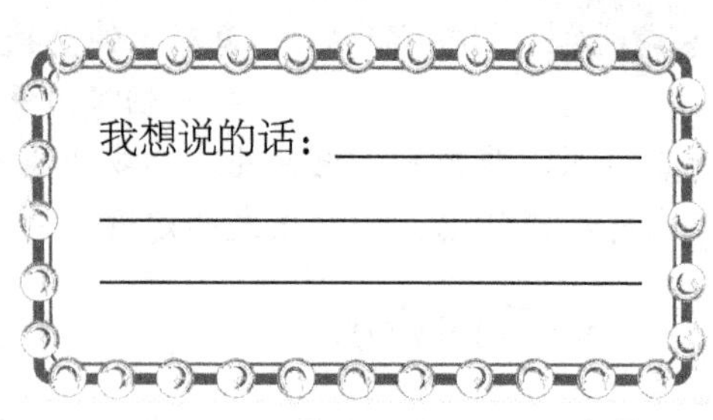

一个男孩和妹妹相依为命，男孩很爱妹妹，因为她是他唯一的亲人。即便如此，灾难还是降临到妹妹身上，妹妹染上了重病。尽管医院已经免除了治疗费，但妹妹需要输血，不输血就会死去。

男孩的血型与妹妹的相符。医生问男孩是否有勇气将自己的血输给妹妹，男孩犹豫了。10岁的他经过一番思考，终于同意了。抽血时，男孩一声不响，只是朝着临床的妹妹微笑。抽完血后，男孩声音颤抖地问："医生，我还能活多久？"

医生的心中一震：原来在男孩的意识中，抽血意味着失去生命，但他仍然肯输血给妹妹。这一刻，男孩是决定用生命挽救自己的妹妹。

医生微笑着说：放心吧，你是不会死的，输血丢不了命。男孩眼放光彩：真的？那我还能活多少年？

医生充满爱心地说：你能活100岁，你很健康！男孩高兴极了，挽起袖子，昂起头，郑重其事地对医生说：那就把我的血抽一半给妹妹吧，这样我们每人都可以活50年！

男孩是幸福的，因为他有爱。男孩的爱让人震撼，令人反思。人其实都有爱的能力，只是缺少感受爱和付出爱的心态。人活着不是为了索取而是奉献，我们最大的快乐和幸福应该是所爱的人能幸福地生活。然而，随着生活节奏的加快，很多人被金钱和权力蒙蔽了双眼，爱慢慢地被淡化和漠视，人的幸福感也随之降到低谷。这是社会发展的悲哀。

（三）爱会带来不经意的回报

爱默生曾说：人生最美丽的补偿之一，就是在真诚地帮助别人之后，也帮助了自己。所以，要伸出你的手去帮助别人，不要伸出脚试图绊倒别人。一个与人为善、一心做好事的人，也许暂时会吃一些亏、遭遇一些磨难，但胜利最终会属于他们。

爱的回报

一个冬天的晚上，寡妇和她的孩子们围坐在火堆旁。虽然孩子们有说有笑，但她心里却愁云密布。一年来，她独自用瘦弱的双手支撑着这个家，有时还要帮助其他的穷人。火堆上正烤着一条青鱼，这可是全家唯一的食物。贫穷和焦虑压得她喘不过气来，就连不久前她的丈夫去世时，她都没有如此沮丧过。她在惦念几年前离家外出闯荡的大儿子。正在这时，屋外传来敲门声，孩子们争前恐后地去开门。一位旅人走进屋，请求留宿一夜，并要一些吃的。他说："我一整天没吃喝了。"寡妇听了，毫不犹豫地将全家唯一的食物分给旅人。旅人发现盘子里的食物少得可怜，抬头惊奇地问："你们只有这点食物吗？你慷慨地分给我，你的孩子岂不要挨饿？"

"是啊，"寡妇泪流满面，"可我还有一个儿子，如果他没有死，现在不知在世界的哪个角落。我如此待你，也祈祷别人能如此待他。此时此刻，我的大儿子也可能像你一样在流浪，和你一样疲惫与饥饿。我只希望有一户人家能收留他，即使这户

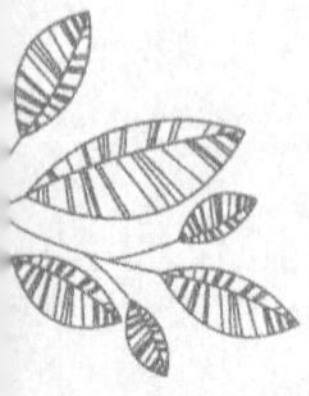

人家和我们一样贫穷。因此，我宁愿我的这些孩子挨饿，也真诚地希望你有饭吃。”

寡妇刚说完，旅人激动地抱住她说：“你的大儿子被一个善良的家庭收留，并赠给了他财富。妈妈，亲爱的妈妈！”原来，旅人正是寡妇多年未见面的儿子，他刚从印度归来，为了给家人一个惊喜，他隐瞒了自己的身份。

为别人点灯，照亮别人，也帮助了自己，这就是爱的回报。一个愿意付出爱心，能够热情帮助别人的人，无论做什么事都会问心无愧，前途光明。聪明的人看到别人需要帮助，会本能地伸出援手；而当他自己遇到困难时，也会有人奇迹般地出现，他予以“相同的报答”，这就是我们经常说的“善有善报”。因此，帮助别人就是帮助自己。

（四）爱能升华生命的价值

爱是对自我的彻底忘却，只有理解了爱的真正含义才能离爱更近。人的一生中，应该积极地劳作奉献，让自己的人生留下积极的价值。

2005年3月31日中午，金坛市城南小学组织一、二年级的数百名学生从影剧院返校。途中，一辆轿车突然朝着学生飞驰而来。万分危急中，教师殷雪梅挺身而出，张开双臂，奋力将6个学生从马路中央推到路旁，自己却被车撞出20多米。殷雪梅去世的消息传开后，自发到灵堂吊唁她的各界人士达5万人之多。4月7日，金坛全市举行追悼大会，灵车所到之处，沿途10万多名群众含泪相送。

“对学生没有真诚的爱，就不是好老师。”这是殷雪梅生前常说的话。她是这样说的，也是这样做的。殷雪梅在爱的召唤下，面对身处危难的学生，选择将生的希望留给孩子们，用生命铸就了崇高的师爱。生命的价值不在于时间的长短，而在于永恒。殷雪梅老师的价值就在于把一个生命对其他生命的爱推向了峰巅。

二、爱的行动

（一）做一个善良的人

爱是人类的美德，爱与善良是联系在一起的。人们常说做人要有一颗善心，这颗善心就是爱产生的最基本的条件。所谓“善心”，就是对任何生命都懂得去珍惜和爱护、关心和体贴，不会恶意地去伤害、蹂躏它们。

李明素，女，55岁，中共党员，重庆市沙坪坝区回龙坝镇中心小学退休教师。

2007年7月17日清晨，回龙坝镇梁滩河洪峰汹涌，民房成片垮塌，情况万分危急。站在自家楼顶的李明素发现50米开外的一个屋顶上站满了人，正在大声呼救。那座房屋地处洪流中心，受到强大冲击，随时都有垮塌的危险；而房屋一旦坍塌，屋顶上的人生还的可能十分渺茫。李明素毅然决定带领一家三口进行营救。她用手势引导受困群众利用两楼之间的四幢房屋的屋顶，逐步爬向相对安全的自家屋顶。当30多名群众爬到李明素的邻居王孝伦的家楼顶时，由于两家间隔太远，群众被困在了王家楼顶上。李明素来不及多想，将家中所有绳索连接在一起，将绳梯搭在两屋之间。她和丈夫牢牢地拉住绳梯，人们顺着梯子一个个向李明素家转移。时间一分一秒过去，在李明素的指挥下，老人、小孩、妇女、男人依次爬了过来。上至65岁的老人，下至2岁小孩，一共32名群众，全部安全转移到李明素家屋顶。最后一个人离开还不到10分钟，王孝伦家的房子就轰然倒塌，顷刻消失在滚滚洪水之中。由于长时间受惊吓，群众情绪很不稳定。李明素又安抚大家说，要相信党，相信政府，一定会来救我们的。不久，救援队来了，用绳索搭起一条滑道，惊慌失措的群众都想抢先通过。李明素再一次挺身而出，安排妇女儿童先走，然后是老人，最后是年轻小伙子。她把自己的儿子留在了最后。

李明素在接受采访时说，"在这次洪灾中，虽然我的损失很大，但受灾的群众还很多，需要党和政府解决的问题还很多。作为一名共产党员，我有决心和信心与党和政府共渡难关。困难只是暂时的。"朴素的话语表达出一名共产党员崇高的精神境界。

中华传统文化历来追求一个"善"字：待人处世，强调心存善良、一心向善；与人交往，讲究与人为善、乐善好施；立身做人，要求善心常驻。善良是人生命中的黄金，是人性中最美好的情感。一个善良的人，最终会得到别人善意的回报和社会的肯定与褒奖；一个为了自己的利益而不惜损害他人利益的人，则会令社会所不齿，作恶多端更是难逃法律的惩处。

（二）君子成人之美

一个有爱心的人是乐于助人的。孔子说："君子成人之美，不成人之恶，小人反之。"成人之美，是做人之德，受人尊敬；落井下石，是牺牲人格的失败，遭人唾弃。英国有句谚语"点燃别人的房子，煮熟自己的鸡蛋"，形象道出了妨碍别人利益的自私心理，这种心理无疑是不光彩的和令人生厌的。

地狱与天堂

在地狱中，众人围着大桌吃饭，他们手上都拿看长长的筷子，用这样的筷子夹到的食物无法放进自己嘴里，于是人人挨饿，个个愁眉苦脸。在天堂之中，众人也围着桌子在吃饭，他们手里的筷子同样很长，但是他们夹着食物送进对方的嘴里，于是人人饱食，个个开心。

我们应该有一颗仁德之心，长存诚挚爱心，乐于成全他人。要知道，成人之美，自己也美。社会上，竞争日益激烈，有些人因为嫉妒，不择手段地排挤别人，使自己沦落为卑鄙小人，这是不足取的。

（三）爱与同情

同情是爱的具体显现。现实生活中总会有许多意想不到的灾难降临，人在遭受灾难的时候往往显得格外的孤立无援，这时候亲朋好友的同情和关怀是绝对需要的。"爱人者，人恒爱之"，能同情和关怀他人者，得人心。

生死营救三分钟

在呼和浩特市，一辆出租车被撞后严重变形，并且引发了大火，司机被卡在车中，面临着死亡的危险。爆炸随时都可能发生！

熊熊大火让所有人都感到束手无策。火势在迅速蔓延，出租车司机眼看着就要被大火

吞没。此时此刻，途径此地的兄弟俩相互望了一眼，谁也没说话，便冲向了燃烧的汽车。

严重变形的车门根本无法打开，而更可怕的是，变形的座椅和方向盘已经把司机死死卡住。此刻，燃烧的火苗已烧到了后排座椅。呼和浩特的出租车是油气混用的，每辆车后面都有个天然气罐，一旦后排座椅上的火苗引燃后面的天然气罐和油箱，剧烈的爆炸肯定会把兄弟俩吞没！看到这一幕，哥哥心里一紧，让弟弟赶紧离开。可哥哥一遍遍的叫喊，弟弟却不肯离开。

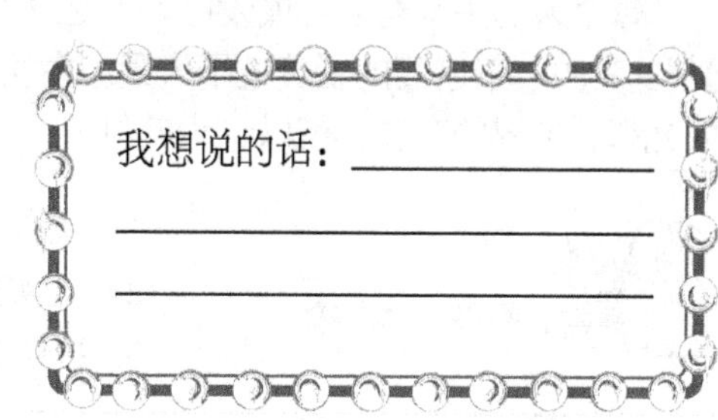

哥俩拼尽全力，但是救援进展缓慢，火势已蔓延到了后车窗。“如果不救他，我们内心深处，一辈子都会受到煎熬，因为一条鲜活的生命是在我眼前消失的。”尽管希望渺茫，兄弟俩没有放弃救援。就在这时，一直昏迷的司机突然醒了过来，“哥们，别管我，一会儿车就爆炸了，赶紧走！”危险步步逼近，单凭哥俩的力量要把司机救出来，时间已经来不及了。

就在这时，哥俩感到他们背后一双有力的手伸了过来，三个年轻人合力，展开救援。经过三个人的努力配合，司机终于被救出了车外。就在他们离开 5 秒钟后，剧烈的爆炸发生了！

有时候我们不用做什么，只要让别人感受到我们对他的同情和关怀，就能够让别人感受到爱心的温暖。但是同情和关怀不是一味的怜悯，不是不顾及别人尊严的施舍，这样的关怀在某种意义上是对别人人格的践踏和侮辱，有自尊心的人是不会接受的。

真诚的同情能给弱者和贫穷者以战胜困难的勇气和力量，这种帮助不仅仅是物质上的，更重要的是在一个人的心灵撒下了爱的种子，使一个人明白，在这个世界上，除了灾难、自私、冷漠之外，还有一种温暖和关怀。

（四）用行动铸就博爱的胸怀

博爱是人与人之间平等、互助的爱。博爱是无私的，是不求回报、默默地奉献，包括爱集体、爱祖国、爱人民、爱生命、爱人类的生存环境、爱自然、爱劳动、爱文明、爱一切真善美的事物。

博爱一生

丛飞，深圳的一位歌手，10 年间几乎把自己的全部收入都捐给了贫困地区的学生、孤儿和残疾人，各种钱物总计近 300 万元人民币。妻子因为他无限制的捐助和他离了婚，2005 年 5 月，丛飞被确诊为胃癌晚期，他却连看病的钱都拿不出来。

丛飞在深圳没有固定的工作单位，唯一的“职务”是深圳义工联艺术团团长，他每次演出时，都是这样开场：“我叫丛飞，来自深圳，义工编码是 2478。”12 年前，一次义演改变了丛飞的人生，从此他热心公益事业，为社会公益演出 400 多场，义工服务时间 6000 多小时，无私捐助失学儿童和残疾人达 146 人，认养孤儿 37 人，捐助金额超过 300 万元。但丛飞的家俭朴得令人难以置信。2005 年，丛飞被确诊为患胃癌晚期，可他却把大家捐给他治病的钱拿出 2 万元捐往贵州织金县贫困山区。

从看到失学儿童的第一眼到被死神眷顾之前，他把所有的时间都给了那些需要帮助的孩子，没有丝毫保留。

每个人心中都有爱：或爱已，谓之“小爱”；或爱人，谓之“中爱”；或爱天下，谓之“大爱”。其中，最崇高的爱莫过于大爱。左拉说：“爱是不会老的，它留着的是永恒的火焰与不灭的光辉。世界的存在，就以它为养料。”

1. 请你利用课余时间搜集关于爱心的名言警句。
2. 现实生活中，你听到过哪些让你感动的关于爱的故事？
3. 请你结合以上事例谈谈爱心能给社会带来哪些推动作用？

爱心你我他：以小组为单位共同商定一项爱心行动的内容并实践（如在自己能力范围之内帮助生活贫困的同学），定期总结交流，学期末评选出班级“十佳爱心之星”。

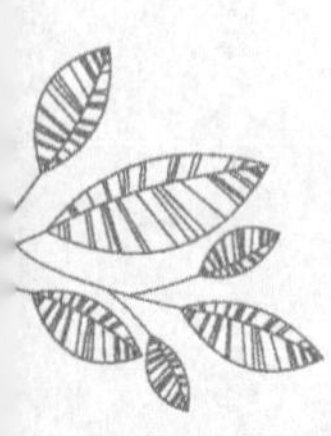

第2单元

待人与处世

每个人每一天都要与人、与事接触，总要解决待人处世的问题。这是人们的现实需要，也是社会发展、科技进步的需要。人们渴望与人交往与沟通，需要依托他人提升自身价值，需要安全温馨的环境来呵护精神与生命的安全。然而，有很多人却一辈子都没有弄明白该怎样待人处世，导致终生都碌碌无为。

通过本单元的学习，我们要学会与人交往的艺术、与人合作的技巧，以及明确提升诚信、文明、关注环境等个人素养的标准，努力做到待人宽容友善，懂得团结合作，注重诚信做人、做事，讲究公共文明，实现人与人、人与社会及人与环境的和谐相处，从而满足人的安全、交往及尊重的需求和愿望。

第5课

宽容友善

Chapter 5

被害人母亲为凶手求情　法院采纳予以轻判

2008年7月14日，北京市第一中级人民法院公开审理了一起故意伤害案件，在案件的审理过程中，一位母亲宽容与仁爱、人性的光辉及迸发出的人格力量，引起多家媒体的关注。

案件过程：犯罪嫌疑人，宋晓明，邯郸武安市人；被害人马刚，邯郸峰峰矿区义井镇北侯村人。案发前，两人均在北京打工。马刚是一个保安公司的业务经理，负责为公司招人。宋晓明曾是马刚招收的一名保安。宋晓明在当保安期间，被拖欠了500元的工资，他找了马刚几次都没拿回钱。2008年1月8日，宋晓明再次找到马刚索要工资未果，与马刚发生纠纷，持刀将年仅26岁的马刚捅死。案件发生后，宋晓明并没有离开案发现场，而是手捂着受害人胸部伤口，请求路人拨打120急救电话。公安人员随后赶到，将宋晓明抓获。

场景一：被害人的母亲为凶手求情。在法庭上，马刚的母亲梁建红哽咽着诉说了丧子之痛："我不愿意要钱，他就是堆一个金山也不能叫我妈妈。俺孩子活着，经常打个电话妈妈长妈妈短。（现在）孩子没有了，没有人再说这些好听的话了。"然而，当公诉人提出被告人宋晓明应被判处无期徒刑以上刑罚时，这位母亲却突然用手绢捂住脸呜呜地哭了起来。随后，她边哭边说出让法庭上所有人都感到意外的话："我今天想跟法庭说，能够轻判他就轻判他吧。都是父母养的，我的儿子已经死了，就是判他死刑，我儿子也活不了了。有就让他赔我点钱，赔不了就算了。看见他就想起我儿子。宋晓明还年轻，我就当是行好了，不要求严惩他……"。"我对他（宋晓明）有恨，对他也有仇。不过仇归仇，恨归恨，救归救他吧。"面对着和自己儿子年龄相仿的宋晓明，梁建红哭着表达了一位母亲宽容的胸怀："希望宋晓明好好做人，好好改造。"梁建红此言一出，站在被告席上的宋晓明一下子把头扭到一边，"哇"地哭出了声，法官们也被感动了。

场景二：凶手口喊"妈妈"叩首谢罪。法庭上，宋晓明泪流满面，"对不起，妈妈，您一定要保重身体，等我出来……"说到这儿，他已经涕不成声，戴着沉重的镣铐向梁建红跪下，以头触地，嚎啕大哭起来。尽管他没能把话说完，但他在手写的忏悔书里，表达了自己的愧疚和对梁建红的感激："我一定用我的余生去为您尽一个儿子的孝道。"庭审结束后，宋晓明的母亲面对着媒体的镜头边哭边说："我十分感谢这位伟大的母亲给我儿子第二次生命。"随后，她向梁建红磕头致谢，被梁建红搀起后，两位母亲抱在一起，痛哭流涕。

场景三：法官依法从轻处罚宋晓明。最终，北京市第一中级人民法院对宋晓明做出了从轻处罚判决：被告人宋晓明犯故意伤害罪，判处有期徒刑12年，剥夺政治权利两年。判决书上显示，宋晓明之所以被轻判，有着两个重要原因：一是他的表现。刺伤马刚后，宋晓明主动参与了施救，并在听到有人打电话报警后仍在现场等候；被抓获后，他如实供述了犯罪事实，具有从轻量刑的情节。另外一个更重要的原因是，被害人马刚之母梁建红在法庭审理中不念丧子之痛，且在未获任何利益补偿的情况下，请求对被告人宋晓明从轻处罚的义举应予褒扬，其意见系法院裁量决定刑罚时应考虑的酌定量刑情节。

心灵启迪

"冲动是魔鬼"，一次鲁莽的冲动断送了宋晓明的青春和他人年轻的生命，让旁观者惋惜和痛心。古人训"忍字头上一把刀，遇事不忍把祸招"，不知能否给那些鲁莽的人带来心灵的震撼和启迪。

我们一直习惯于寻求"血债血偿"的正义，梁建红却在面对年轻的凶手时，作出了超越仇恨的选择。很难想象梁母的这一选择需要忍受多么巨大的痛苦和拥有多么博大的胸怀。其实，"冤冤相报何时了"，血债血偿固然能平息一时之痛，却不能换来孩子的复生，痛苦依然存在；以命抵命不能换来家人的团圆，换来的仅是另一个家庭的破碎和另一位母亲的痛苦。这位善良的母亲用实际行动给了我们另一种爱的诠释——宽容。

思考导航

1. 分析是什么原因让宋晓明走上犯罪的道路？对宋晓明，你有何忠告？
2. 痛失爱子的母亲为什么要为宋晓明求情？
3. 宋晓明的"失足"、被害人梁母的宽容，让我们感受到为人处世应该具有何种品质？
4. 用简练的语言讲述"宽容"的故事，从中感受"宽容"的力量。
5. 你是一个宽容的人吗？你做过不宽容的事吗？
6. 假如时光倒流，你曾做过的不宽容的事再次发生时，你会怎么做？

学习目标

宽容是一种博大精深的境界和意境，我们要了解宽容的内涵及做人要宽容的原因，了解宽容的表现。懂得宽容是一种美德，我们应该了解宽容问题上的是与非，辩证地看待宽容与原则。要体验宽容他人、平等待人、尊重他人所带来的自己和他人情感上的慰藉；要理性地看待别人的错误，用一分为二的观点看待人和事；能将心比心，体谅他人，检讨自己，能够做到以德报怨。

行为目标

在与人交往过程中，要注意包容，做到释怀恩怨，原谅他人；要能够忍让，做到不计得失，谦让他人；要待人宽厚，不挑剔；要做到换位思考，不钻牛角尖，不鲁莽行事。

生活中，我们经常抱怨别人不理解我们，没有从我们的角度去考虑我们的感受，抱怨别人不够宽容。但我们自己是否宽容地对待过别人呢？如果彼此宽容，世界就会变得很和谐。

一、认识宽容的内涵

《现代汉语词典》是这样解释宽容一词的：宽大有气量，不计较或不追究。《辞海》对宽容的解释是：宽恕，能容人。通俗地讲，“宽容”就是与人相处时能理解、体谅他人，拥有宽阔的胸怀。屠格涅夫曾说过：“不会宽容别人的人，是不配受别人宽容的。”这里所说的宽容就是能容忍、忍让、原谅、不计较。

（一）宽容就是要学会容忍

《增广贤文》中指出：“将相胸前堪走马，公侯肚里好撑船。”就是要我们学会宽容，学会谦让。只有宽容地看待人生和体谅他人时，我们才可以获得一个更美好的人生，才能生活在欢乐与友爱之中。宽容别人也是宽容自己、保护自己。给别人留一些空间，自己将得到一片蓝天。一个宽容的人得到的将是和谐圆满，可以微笑着面对人生的风雨。

容忍别人的无礼

施瓦茨是服装业巨子，因能够容忍别人的无礼、怪僻等诸多不足而走向成功。一天，刚从业不久的施瓦茨手拿服装样品路过一家小店时，无缘无故地遭到小店店主的讥讽与嘲笑，说他的衣服再过几年也卖不出去。施瓦茨并没有反唇相讥，而是诚恳地向对方请教，结果发现那位小店主说得头头是道。施瓦茨大为敬佩，愿以高薪聘用他，该店主不但不领情，又讽刺了施瓦茨一顿。施瓦茨并没有因受到两次羞辱而恼怒，反而多方打听，得知这位小店主居然是一位极其杰出的服装设计师，因为性情怪僻与多位上司闹翻，发誓不再设计，改行做了商人。了解真相后，施瓦茨三番五次地登门拜访，这位设计师一见他就火冒三丈，甚至劈头盖脸地骂他。施瓦茨始终不以为然，仍经常看望他，并给予他热情的帮助。后来，这位设计师被施瓦茨的人格所感动，答应出山，但是条件非常苛刻，其中包括他不满意的图案可以随意设计、自由自在地上班等。果然，这位经常令施瓦茨下不了台的设计师，帮他创造了巨大的效益。

宽容了别人就等于宽容了自己，宽容别人，而实际上，最大的受益者还是你自己。能够宽容别人的人，可以和各种性格的人相处，可以提升人的修养，净化和升华人的心灵。人需要宽容，因为只有宽容才会发现别人的长处，才能够更好地与人合作。学会宽容，学会大度，是我

们每个人生活中的一件大事。整天被不满、怨恨心理所控制的人是最痛苦的人。学会宽容，也就是学会了爱自己。

宽容是人类的美德之一，而且是最基础的美德。宽容的人永远心态平和，因为他对世界万物充满着理解和体谅。所以宽容的境界要比“理解”高得多，但是理解却是宽容不可少的一部分。能理解未必能宽容，但是宽容却一定包含着理解。

（二）宽容就是要学会忍让

人际交往中，宽容忍让是一种可取的人生态度。我们与家人、朋友、同事，甚至路人经常有意见相左或磕磕碰碰的时候，应各自主动退让，宽容相待，有利于减少矛盾，维护人际间的和谐，于人于己，都是有益身心的事情。尤其在现代社会，人们出现过于计较个人功利的倾向，这种宽容忍让的态度更应提倡。

幸福的秘诀

一位老妈妈在她50周年金婚纪念日那天，向来宾道出了她保持婚姻幸福的秘诀。她说：“从我结婚那天起，我就准备列出丈夫的10条缺点，为了我们婚姻的幸福，我向自己承诺，每当他犯了这10条错误中的任何一条的时候，我都愿意原谅他。”有人问：“那10条缺点到底是什么呢？”她回答说：“老实告诉你们吧，50年来，我始终没有把这10条缺点具体地列出来。每当我丈夫做错了事，让我气得直跳脚的时候，我马上提醒自己：算他运气好吧，他犯的是我可以原谅的那10条错误当中的一个。”

埋怨和指责只能让彼此疏远，宽容才能令关系更融洽、更长久。忍让常常能带来互让与互尊，互让与互尊是保持与他人友好关系的前提。生活中有许多事当忍则忍，能让则让。忍让不是懦怯胆小，而是豁达大度，不是放纵怂恿，而是关怀体谅。忍让是给予、是奉献，是人生的一种智慧，是建立人与人之间良好关系的法宝。一个人经历一次忍让，便会获得一次人生的幸福。

（三）宽容就是学会原谅

《三国演义》中曹操的观点是“宁肯我负天下人，不可天下人负我”，而刘备则认为“宁可天下人负我，我不负天下人”，这是两种截然不同的做人信条。前者做人做事时，绝不会顾及别人利益，是一种自私自利的处世态度；后者则会考虑别人的感受，顾及别人的利益，能宽容和理解他人。

把伤害留给自己

第二次世界大战期间，有两名战士与自己的队伍失去了联系，没有人知道他们在哪里，都以为他们牺牲了。

与队伍失散后，两人在森林中艰难跋涉，互相鼓励、安慰。十多天过去了，他们没有看到一个人影，也没有找到一点食物。就在他们奄奄一息之际，幸运地打死了一头鹿，这让他们着实兴奋了一段时间。但在这以后，他们再也没有找到任何动物，鹿肉也所剩不多，生存又成了问题。

“屋漏偏遇连阴雨”他们在寻找食物时撞上了敌人，两人经过激战，再一次幸运地逃脱。就在他们自以为已安全时，只听到一声枪响，背着鹿肉走在前面的年轻战士肩膀上中了一枪。后面的战友惶恐地跑了过来，他害怕得语无伦次，抱起倒在地上的战友泪流不止，并赶忙把自己的衬衣撕成条来包扎战友的伤口。

夜深了，受伤的战士对于自己的生命不再抱任何希望。而那位未受伤的战士两眼直勾勾的，嘴里一直叨念着母亲。那一夜，谁也没有动剩下的鹿肉，因为他们都以为自己的生命即将结束。然而第二天当太阳升起的时候，他们获救了。

故事讲到这里，似乎告一个段落，是个喜剧。但事隔 30 年，那位受伤的战士安德森说："我知道谁开的那一枪，他就是我的老乡、战友。"这实在是太惊人了。安德森平静的说："他去年去世了，否则我永远都不会说，如果我死在他前面，我会让这个故事烂在肚子里带走。那年在森林里，当他抱住我时，他的枪筒还在发热，我顿时明白了，他想独吞我身上带的鹿肉活下来，但当晚我就宽恕了他。因为我知道他活下来是为了照顾他的母亲。令人难过的是，他的母亲没有等到他回来就撒手去了。我和他一起祭奠了老人家。他跪下来，流着泪请求我原谅他。我拥抱着他，不让他说下去。于是，我宽恕了他，我的心没有仇恨，异常的平静。我没有失去什么，我们又做了二十几年推心置腹的朋友。"

人应该学会宽容，宽容就是放下心中的仇恨。其实，一个人能容忍别人的固执己见、自以为是、傲慢无礼、狂妄无知，却很难容忍对自己的恶意诽谤和致命的伤害，安德森不仅做到了，而且继续与伤害过自己的人做朋友，这是一种做人的气度。

人只有多一些谅解才能少一些心灵的隔膜，多一分宽容才能多一分理解、多一分信任才能多一分友爱。如果始终秉持"你打我一拳，我还你一脚"的报复心理，人类社会将斗争不已。人人都有痛苦，都有伤疤，动辄去揭，旧疤便难愈合。学会放下、学会忘却，生活才有阳光，才有快乐。生活中，只有以德报怨的胸怀，才能让世界少一些不幸，回归温馨、仁慈、友善与祥和。

二、实现宽容的途径

（一）宽容要不计较

在日常生活中没有人是从没有吃过亏的，只是每个人吃的亏有所不同而已。当然吃亏了并不是说你无能或无奈，有时吃亏只是一种大度的需要。关键是你怎样看待吃亏，而且在吃亏之后能够保持坦然的心态，那是非常难能可贵的。宽容就是不要事事斤斤计较，要用宽容的心态去对人看事。

得饶人处且饶人

温斯顿·丘吉尔是英国前首相，他是世界历史上的一位伟大人物。他的伟大之处就在于：当国家需要他献身的时候，他会站出来担当神圣的使命；当国家不再需要他的时候，他会牺牲自己，回归平常。生活中的丘吉尔也让我们敬佩。

退出政坛的丘吉尔有一次骑着自行车在路上闲逛，这时，有一位女士骑着自行车从另一个方向急驶而来，由于没能刹住车，竟与丘吉尔相撞了。

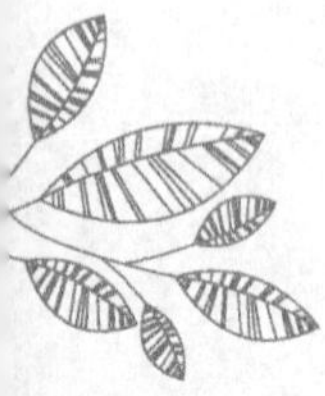

"你这个糟老头没长眼睛吗？你到底会不会骑车？"这位女士恶人先告状地破口

大骂。

丘吉尔对这位女士的恶行并不介意，只是不断地向对方道歉："对不起！对不起！我还不太会骑车。看来你已经学会很久了，不是吗？"

这位女士的气立刻消了一半，再仔细一看，自己撞到的竟然是前首相！她感到羞愧难当，喃喃地说道："不……不……您知道吗，我是半分钟之前才学会的……教我学会骑车的就是阁下您。"

从这个故事中我们可以看出丘吉尔的气度。在人际交往中要学会忍让，只有这样，我们才会受到别人的尊敬。

当别人需要台阶的时候，自觉腾出点空来，给他一个台阶；即便是没有台阶，临时给其铺垫一个，自己并没有损失什么，但却会温暖别人的心。

小事不要太认真

美国成人教育专家、成功大师戴尔·卡耐基是处理人际关系的"老手"，然而早年时，他也曾犯过小的错误。

有一天晚上，卡耐基去参加一个宴会。宴席中，坐在他右边的一位先生讲了一段幽默故事，并引用了一句话，意思是"谋事在人，成事在天"，并提到，他所引用的那句话出自《圣经》。卡耐基知道这是错误的，他很肯定地知道这句话出自莎士比亚的著作，一点疑问也没有。为了表现优越感，卡耐基很骄傲地纠正了那位先生。那位先生一时下不来台，不仅恼羞成怒，立刻反唇相讥："什么？莎士比亚？不可能！绝对不可能！"

当时卡耐基的老朋友法兰克·葛孟坐在他的左边。葛孟研究莎士比亚的著作已有多年，于是卡耐基就向他求证。葛孟在桌下踢了卡耐基一脚，然后说："戴尔，你错了，这位先生是对的。这句话出自《圣经》。"

那晚回家的路上，卡耐基对葛孟说："法兰克，你明明知道那句话出自莎士比亚。""是的，当然，"葛孟回答，"在《哈姆雷特》第五幕第二场。可是亲爱的戴尔，我们是宴会上的客人，为什么要证明他错了？那样会使他喜欢你吗？他并没有征求你的意见，为什么不保留他的脸面，要说出实话而得罪他呢？"

一些无关紧要的小错误，放过去无伤大雅，那就没有必要去纠正它。这不仅能让自己避免不必要的烦恼和人事纠纷，而且也顾及了别人的名誉，不致给别人带来无谓的烦恼。这样做，并非只是明哲保身，更体现了做人的度量。宽容就是不计较个人得失，每个人都有错误，如果执著于别人的错误，就会形成思想包袱，不信任、耿耿于怀、放不开，限制了自己的思维，也影响了对方的发展。

（二）宽容要不冲动

宽容有利于人际关系的建立和拓展。只要有足够的耐心和关注，就连小孩子也会舍不得离开你，会听你的话。在指责别人的错误之前，首先要寻找出一个甚至多个自己在这一问题上做得不够或不对的地方。

他的脾气改变了

有一个男孩脾气很坏，于是他的父亲就给了他一袋钉子，并且告诉他，每当他发脾气的时候就钉一根钉子在后院的围篱上。第一天，这个男孩钉下了37根钉子。慢慢地，每天钉下的钉子的数量减少了，因为他发现控制自己的脾气要比钉下那些钉子来得容易些。终于有一天，这个男孩再也不会失去耐性乱发脾气了，他告诉了父亲这件事。父亲对他说，从现在开始，每次他能控制自己的脾气的时候，就拔出一根钉子。

一天天过去了，最后男孩告诉他的父亲，他终于把所有钉子都拔出来了。父亲拉着他的手来到后院说："你做得很好，我的好孩子。但是看看那些围篱上的洞，这些围篱将永远不能恢复原状。你生气的时候说的话将像这些钉子一样留下疤痕。如果你拿刀子捅别人一刀，不管你说了多少次对不起，那个伤口将永远存在。话语的伤痛就像真实的伤痛一样令人无法承受。"

在生活中，人与人之间常常因为一些无法释怀的坚持，而造成永远的伤害。如果我们都能从自己做起，开始宽容地看待他人，相信你一定能收到许多意想不到的效果……帮别人开启一扇窗，也让自己看到更完整的天空。

（三）宽容要学会接纳

宽容就是在心里接纳别人，理解别人的处世方法，尊重别人的处世原则。虽然要想做到宽容不是那么简单，但是我们还是应该尽自己最大的努力去做，从身边的一点一滴做起。这样，你会离宽容越来越近。经过不断的积累，最后就会达到你的目的——成为一个宽容的人。

长老的修养

一位德高望重的长老，在寺院的高墙边发现了一把张凳子，他知道肯定有人借此越墙到了寺外。长老搬走了凳子，在墙下等候。午夜，偷偷外出的小和尚回来了。他爬上墙，再跳到"凳子"上。可他觉得"凳子"不似先前硬，软软的甚至有点弹性。落地后小和尚定眼一看，才发现自己跳到了长老的身上。

小和尚仓皇离去。这以后的一段日子，他诚惶诚恐地等候着长老的发落。但长老并没有惩罚他，甚至压根儿没提及这"天知地知你知我知"的事。小和尚从长老的宽容中获得启示，他收住了心再也没有去翻墙，刻苦修炼，成了寺院里的佼佼者。若干年后，他成为这座寺院长老。

宽容不仅需要"海量"，更需要一种修养促成的智慧。试想，若长老搬去凳子，对小和尚"杀一儆百"，小和尚虽然可能从此收敛，但不一定会真正反省。在这种宽容的无声的教育中，徒弟不是被惩罚了，而是被教育了。所以有时宽容引起的道德震撼比惩罚更强烈。

（四）宽容要有原则

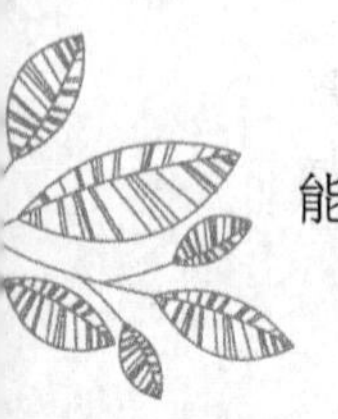

过于宽容会使原本持有正确立场的你处于不利位置，使人们对你的观点不够重视，对你的能力产生怀疑。时常宽容对人，会使别人甚至自己对自己丧失信心。曾经有这么一句话："忍一时气死自己，退一步便宜别人”。这说法多少有些偏激，但从哲学角度看，凡事都有个度，原本是真理的东西，超越了这个度就变成谬误了。过度的宽容会变成纵容。

宽容要有原则

上海有一家高档酒店，经常有外宾慕名而来。一天，一位外宾吃完饭后，顺手将一双精美的景泰蓝筷子悄悄地藏进了自己的口袋里。

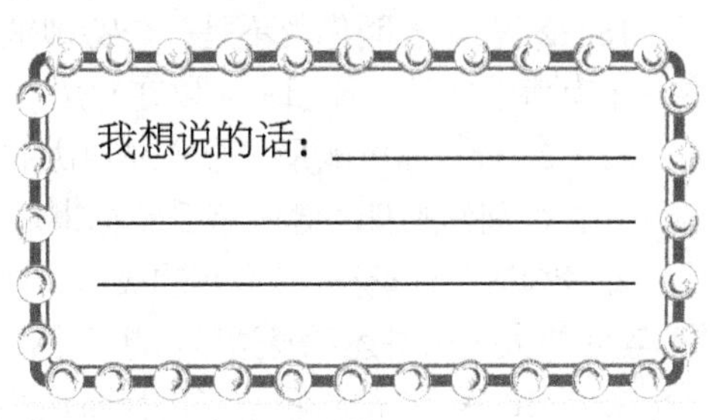

这一幕被站在他身后的服务小姐看到了，于是，她回身取来了一只装有一只景泰蓝筷子的小盒子，双手捧着，不动声色地迎上前去，对这位外宾说：“我发现先生在用餐时特别喜欢我国的景泰蓝筷子。为了表达我们酒店的感激之情，经餐厅经理批准，我代表酒店将这双图案精美，经过严格消毒的景泰蓝筷子送给您。我们将按照酒店的优惠价格记在您的账上，您看可以吗？

这位外宾自然听出了服务小姐的言外之意，在对服务小姐如此周到的服务表示谢意之后，他说自己多喝了两杯，有点发晕，无意将筷子插入了自己的口袋。服务小姐说：“没有关系，先生，我们知道您确实喜欢，但是根据酒店的规定，筷子应该经过严格的消毒和包装以后，才能送到朋友手中。”外宾借机说：“既然这样我就以旧换新吧！”说着接过了服务小姐递过来的小盒子，然后取出口袋里的筷子，放回了桌上。

宽容要多忍让，但宽容决不是听之任之，也不是懦弱、放纵的代名词，它绝不等同于一味的妥协与退让。我们要知道什么时候该忍，什么时候不该忍。如果遇事不分青红皂白就宽容，会显得没有原则。宽容要适度，宽容不珍惜宽容的人，是滥情；宽容不值得宽容的人，是姑息；宽容丧尽天良的人，则是放纵。

1. 有同学曾经在不了解事情真相的情况下，跟别人说过你的坏话，后来，事情终于真相大白。现在，他想向你请教一个问题，你会怎么办？
2. 假日里，你想去打篮球，而好朋友想去上网，你会怎么办？
3. 生活中你打算如何去宽容待人？

1. 测测自己的宽容度：

① 你是否一想起很久以前感情曾受过伤害就愤愤不平？

② 你是否嘲笑或贬低与你意见不一致的人？

③ 你是否特别留意别人是支持你还是反对你？

④ 你是否因为一点头痛、腰痛、脖子痛或者身体其他部位的无关紧要的疼痛就痛苦不安？

⑤ 晚上躺在床上，你是否会回想白天与人发生争执的情景？

⑥ 别人是否指责你过分敏感？

⑦ 你是否认为有必要对伤害过你的人进行报复？

⑧ 你不能原谅对你态度很坏的人吗？

⑨ 你是否觉得你在工作上所付出的努力没有得到回报？

选择“经常”得3分，选择“有时”得2分，选择“很少”得1分。

9～15分：说明你是一个特别宽宏大量的人，很少因为在感情上受到伤害而烦恼。

16～21分：表明你既不是一个特别宽宏大量的人，也不是一个容易记仇者，当你发现自己滋长了有害情绪时，你通常可以在它爆发之前就克服它。

22～27分：你可能是一个容易记仇的人，采取不公正的态度是你烦恼的根源。你要学会原谅别人，否则你的身心健康将受到损害。

2. 我们的身边有许多宽容的故事，把它讲出来，你会受到不一样的启发。在班里组织一次“宽容多伟大——讲述我身边的故事”活动。

3. 发起一次“送给我曾经不肯原谅的朋友一张言和的卡片”活动，将一直藏在心里的话告诉对方。

4. 开展“绑腿跑”体育活动，增强同学之间的凝聚力。

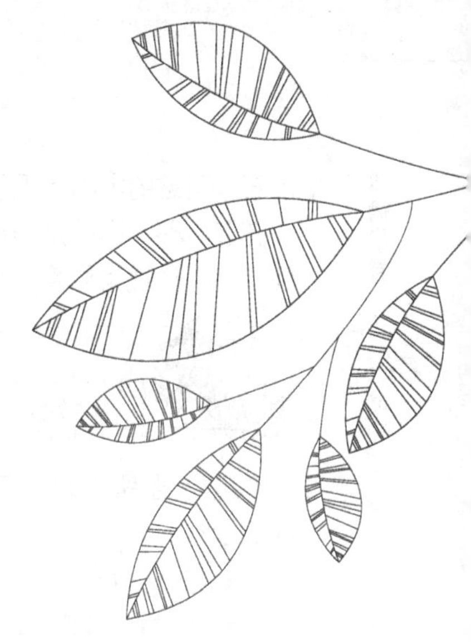

第6课

团结互助

Chapter 6

全体中国人

穿过2008这平凡而又伟大的一年，我们由衷地从心底里发出一个声音："中国加油"！是灾难，也是力量的凝聚，生死相依，生死相助，我们在一起；是欢乐，也是精神的检阅，微笑相连，激情相递，我们在一起。这是一张又一张陌生的面孔，在这个瞬间被我们记住；这是一个又一个无言的身影，在这样的场景被我们铭记；这是一个又一个感动的声音，在这样的时刻被我们传递，因为他就是我和你。

2008，为什么我们眼中常含着泪水？因为我们对这土地爱得深沉。我们的心在2008紧紧地与祖国贴在一起，在2008，我们只有一个共同的名字：中国人。

2008，中国人真是同悲同喜，咱们曾经那么深情地互相凝视，曾经那么信赖地彼此温暖。在2008年，中国人不是一个又一个个体，而是一个团结在一起的整体。如果没有你，没有他，没有你们，没有他们，没有我们，没有咱们，就不会有这样的2008，就不会有这样的中国。我们完全有理由为我们自己感到骄傲。所以感动中国特别奖的获得者是中国人。

2008年的中国经历了太多悲怆和喜悦，在抗击暴风雪、抗震救灾、举办奥运会、神七航天员太空漫步等事件中，中国人用坚韧、勇敢、智慧向中国和世界交出了满意的答卷。

2008年，让中国人经历了很多，无论过去多久，她依然会鲜活地印在每个中国人的心中，因为她向世界证明了中国人是团结与博爱的。小小石头可以填满汪洋大海，朵朵浪花可以击碎坚硬的

礁石，团结的中国人无所畏惧。团结就是力量，若不团结，任何力量都是弱小的，要知道，人心齐泰山移。团结是华夏大地和炎黄子孙繁衍生息、稳定统一、共同发展的精神力量和道德支柱，集中体现为仁爱、互助、协力。

思考导航

1. 如何理解团结互助的基本要求？

2. 在职业活动中，人与人之间如何做到平等尊重、以诚相待？

3. 孔子所说的“三人行，必有我师”，对加强职业活动中同事之间的团结互助，有什么样的启示？

4. “一个好汉三个帮，一个篱笆三个桩”，这句谚语阐明了怎样的道理？

5. 作为新时代的从业人员，你打算如何在职业活动中遵循团结互助的道德要求？

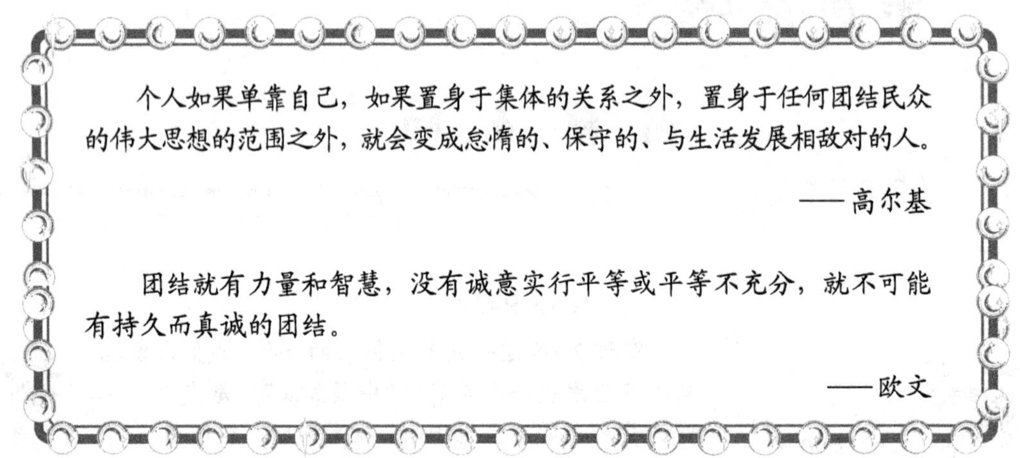

个人如果单靠自己，如果置身于集体的关系之外，置身于任何团结民众的伟大思想的范围之外，就会变成怠惰的、保守的、与生活发展相敌对的人。

——高尔基

团结就有力量和智慧，没有诚意实行平等或平等不充分，就不可能有持久而真诚的团结。

——欧文

学习目标

团结就是力量，互助可以增强力量。我们要了解团结互助的内涵，理解团结才能产生亲和力，懂得团结互助是人与人相处的基本规范；要体会到对他人友善的人才能赢得团结，认同用希望别人对待自己的方式对待别人；要能考虑到别人的存在，提高与别人共事沟通、协同攻关、集思广益的能力；要善于互助，互惠双赢。

行为目标

在学习和实践过程中，要尊重他人，耐心听别人讲话，不用挑剔的眼光看人，学会分场合说话；要学会商量，学会请教，遇到问题虚心向别人求救；要善于接纳别人的意见，发现别人的优点，有话好好说；要搞好团结，不能互相拆台、勾心斗角。

一、团结互助的内涵

团结互助是人与人之间的相互关系，要求把各种力量组织起来，拧成一股绳，战胜各种困难，实现共同发展的目标。团结互助需要人们同心同德，万众一心，互相尊重、互相帮助。团结就是力量，互助可以增强力量。

（一）万众一心才能共度难关

孤掌难鸣，独木不成林。人是生活在群体当中的，不是孤立的。一个人或一个群体不管追求的目标是什么、怎么干，单枪匹马的力量总是有限的，只有万众一心、齐心协力才会产生巨大的力量和智慧，战胜困难，创造奇迹。

英国科学家做过一个实验，把点燃的蚊香放进蚁巢里。蚊香的火光与烟雾使蚂蚁乱作一团。但片刻之后，蚁群开始变得镇定起来，有蚂蚁向火光冲去，并向燃烧的蚊香喷出蚁酸。随即，越来越多的蚂蚁冲向火光，喷出蚁酸。一只小小的蚂蚁喷出的蚁酸是有限的，许多冲锋的“勇士”葬身火中。但是更多的蚂蚁踏着死去的同伴冲向了火光。过了不到一分钟的时间，蚊香的火被扑灭了。过了一个月，科学家又将点燃的蜡烛放进这个蚁巢里。面对更大的火情，蚁群并没有慌乱，开始有条不紊地调兵遣将，协同作战，不到一分钟烛火即被扑灭，而蚂蚁们几乎无一死亡。科学家对弱小的蚂蚁面临灭顶之灾时所创造出的奇迹惊叹不已。

几只弱小的蚂蚁无力应对这场灾难，而一群数量很多的蚂蚁若无组织、无秩序地应对灾难，也是徒劳的。但蚂蚁却依据自己的规则和方式，凝聚成一个战斗力极强的群体，所向无敌。

现实生活中的人又何尝不是这样？一个人如果想走向成功，必须将自己置身于一个或多个优秀的群体当中，通过团结、合作、互助等团队精神，凝聚和发挥每一个人的优势与能力，去解决个体所不能解决的问题。

（二）相互帮助实现互惠双赢

托马斯·弗里德曼提出：“19 世纪的国家不学会沟通无法生存，20 世纪的企业不学会沟通无法生存，21 世纪的青年不学会沟通无法生存。”主动帮助别人才会赢得他人的帮助，善于互助的人才能获得无限的力量。人要生存与发展需要充分考虑自己的现状，善于与人互助，将大家的长处有机结合起来，共同迎接生活的挑战，才能避免陷入生存的绝境。

一位老者见到了两个饥饿的人，心生怜悯，于是送给他们两样东西：一根鱼竿和一篓子鱼。老者离去，两人各取一样。拿走鱼的人，不久就将鱼吃光了，又过起了饥饿的生活，最终被饿死。拿走鱼竿的人，艰难地寻找大海，但是，当他走到海边，已经没有力气去钓鱼了，带着无尽的遗憾离开了人世。

我想说的话：________________

____

____

没多久，老者又遇到了另外两个饥饿的人，老者同样给了他们一根鱼竿和一篓子鱼。两个人没有分道扬镳，而是共同寻找大海，每天分吃一条鱼。经过艰难的跋涉，他们终于找到大海。从此，两人以捕鱼为生，告别了饥饿。几年后，他们的勤劳换来了房子和渔船，并成立了各自的家庭，有了子女，过上了幸福安康的生活。

同样都是两个饥饿的人，一样的处境，一样的恩赐，却出现了不一样的结果。关键是能否相互帮助。懂得互助的两个人为了实现共同目标而同心协力，不仅解决了生存问题，而且过上了幸福的生活。可见，相互帮助在人们的生活和工作中具有重要意义。

（三）学会合作才能走向成功

每个人都是社会的人，没有谁能孤军奋战一生，所以在成长的过程中，我们既要自立自强，也要学会和他人合作发展。唯有如此，我们才能在竞争激烈的当今社会站得更稳，走得更远。

团结协作的“863计划”

1986年，王大珩等四位科学家联名致信邓小平，建议跟踪世界先进水平，发展中国的高科技，他们的建议很快得到国务院批准，称“863计划”。“863计划”是我国科学家协同攻关的典范，它涉及生物、航天、信息、激光、自动化、能源、新材料和海洋技术八大高科技领域，协作研究的科学家数以万计。仅就该计划的管理而言，就包括决策指挥系统、协调管理系统、评估监督系统和信息交流服务系统四大块。截至2001年3月，15年来，“863计划”共获国内外专利2000多项，发表论文47000多篇，创造产值560多亿元，间接经济效益2000多亿元。人们概括“863计划”的核心是“团结协作的奉献精神”。

现代科学技术的发展日新月异，单靠一个人的力量是无法完成科研攻关的，必须是多个单位、多个人分工合作。据统计，参与研制“神六”的单位有几百个，参与研制的人员更是多达几十万人。

一个人、一个团队或一个集体要想完成一件大事，就必须学会如何借助别人的帮助，学会如何与人合作，因为很多事情不可能一个人完成，需要依靠别人或集体的力量共同完成。学会合作是一种智慧，是一种让人实现双赢的智慧，要善于取他人之长补自己之短。

小何去年自一所名校毕业后，应聘到某公司市场部就职。由于扎实的专业知识、大方开朗的性格，小何深得领导的青睐。一次，公司内部征集市场拓展方案。经理在分配任务时提醒大家：作为尝试，小何等“后起之秀”可以单独完成，也可以互助。年轻有为的小何决定单干。他花了整整一周的时间，搞定“大作”。方案呈上去后，经理的评价是：“缺少本土化的东西，操作性不强。不过，视野很开阔。”之后，经理组织“后起之秀”们研讨，将各个方案的亮点进行了提炼和重构。最终，他们共同完成的方案被录用。

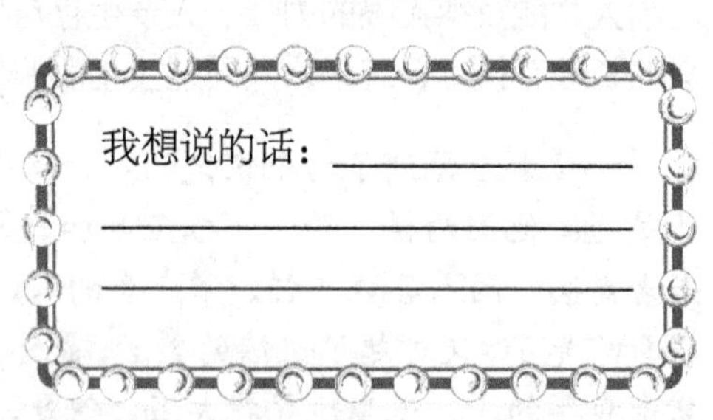

事后，经理指出，本来他就想让他们互助完成，没想到他们竟然都选择单干。听后，小何感慨地说：“想要尽快发展，还得注重协作和请教，否则，欲速不达。”

合作出凝聚力，合作出战斗力，合作出效率。一个人学会了如何与人合作，就等于找到了打开成功之门的钥匙，这就是人们常说的：“小合作有小成就，大合作有大成就，不合作很难有成就。”在那些妄自尊大的人眼里，或许合作是软弱或无能的表现。但事实上，学会与人

合作永远是聪明的选择，因为，合作可以让每个互助者取得利益。我们要懂得用他人之长，补己之短。在一个集体里，如果能够团结其他人，为己所用，团结起来的力量将会给你带来巨大的成功。

二、实现团结互助的途径

（一）团结互助需要营造和谐的人际氛围

团结互助要求人们顾全大局，友爱亲善，学会调节与他人之间的关系，这样有利于保持心情舒畅，从而激发起强烈的工作学习的热情和积极性。相反，如果缺乏团结，缺少友爱，凡事我行我素，不顾别人的感受，必然会影响自己或他人的情绪，导致纪律松懈，人心涣散。

某公司有位销售科长很有办法和主意、工作能力很强，从事销售工作多年，是单位的一员虎将。后来，该公司经理易人，新经理对部下的工作总是不放心，且十分爱唠叨。销售科长每次外出推销产品，经理总要把他叫进办公室一遍又一遍地讲意图，讲要求，讲工作方法，讲注意事项，弄得销售科长一肚子烦躁和不高兴。过了不久，这位本来热爱销售工作并精通销售业务的销售科长给经理递上了辞呈。经理大惑不解地问："你这是为什么？我对你不好？不关心支持你的工作？"科长道："不是。"经理又问："那是工资低，家庭有困难？"科长道："也不是。"经理问："那到底为什么？"科长道："在您手下工作不舒心，我没有再干下去的热情和积极性。"

"天时不如地利，地利不如人和"，这是中国古人留下的思想精华，也是现代人们的成功之道。人不可能游离于集体之外，也没有人能独自成功，只有学会沟通，学会汇集集体的力量，才能到达成功的彼岸。因此，人与人之间要团结友爱、和谐相处，实现共同提高。

（二）搞好团结互助需要尊重

不管一个人多么有能耐，都无法超越集体的智慧。谁蔑视周围的人，谁就永远不会是伟大的人。团结他人，应该力戒骄傲，这是团结的一个原则，也是保持团结的重要条件。一个没有团队互助精神的人可能会毁了整个团队。

公司里有一个非常聪明的工程师，对公司有不少技术贡献，一个人可以完成好几个甚至十几个人的工作，所以公司一次次地提拔他，最后他成为公司唯一的"高级副总裁"级别的工程师。但他不愿意与人互助，对其他人不如自己的地方也极为不满。有一次，他将一封回给另一位工程师的电子邮件同时抄送给各级主管经理和总裁。在这封邮件中，他历数了对方在工作中的失误并严加指责，甚至使用了"愚蠢透顶"这样的字眼。这封邮件在公司内部造成了极坏的影响，同事们对他不满，不再信任他，不愿意与他共事；公司高层也逐渐意识到，这种绝顶聪明，但缺乏互助意识，动辄指责他人的"天才"在公司里造成的反面效应其实比他为公司作出的正面贡献大得多，这种人绝对不适合在21世纪的现代企业工作。

平等尊重、相互信任是团结互助的基础和出发点。人与人之间免不了会有分歧和争论。只有正确地对待这些问题并妥善解决，才能增进彼此之间的感情和团结。"己所不欲，勿施于人"

既是做人的准则，又是互助所必备的明智态度。人不可以仗权势欺凌处于弱势的他人，不可摆出盛气凌人的姿态去压服他人，否则，会毁了互助的平台，让目标在中途停止。正如石油大亨洛克菲勒所说：要想让别人怎么待你，你就怎么待别人。往上爬的时候要对别人好一点，因为你走下坡路的时候会碰到他们。

一个重要的法宝就是要尊重他人，能够与他人架起相互尊重、理解信任、关心爱护的桥梁。俗话说："你敬我一尺，我敬你一丈。"相互尊重能够拉近人们之间的距离，沟通人们的感情，从而产生巨大的凝聚力。相反，不善于尊重他人就很难与他人良好的合作共事，甚至办不成任何事情。

IBM是老托马斯·沃森创建的公司，早在20世纪80年代就已拥有40多万名员工，年营业额超过500亿美元，分公司几乎遍布全球各个国家。IBM的成功是其用人战略的成功，也是其尊重个人原则带来的巨大成果。

我想说的话：________________

____

____

1914 年老托马斯·沃森在创建公司时提出的，到 1956 年小托马斯·沃森出任公司总裁仍坚持遵循的，至今全公司没有人不知晓的IBM的"行为准则"是：必须尊重个人，必须尽可能给予顾客最好的服务，必须追求优异的工作表现。其中，必须尊重个人是后两条的前提。个人得不到尊重，不具有独立的人格尊严，就很难谈得上给予顾客最好的服务和追求卓越的工作表现。

为此，IBM公司在创业初期，就别具一格地不断向员工灌输"尊重个人"的原则，在新员工的训练课程中，第一课就是"必须尊重个人"的培训内容。并且，IBM还非常重视在公司运作的各个方面都体现出"必须尊重个人"的原则。

员工的晋升、调薪、奖金不以年龄、工龄、资格而论，而是以员工的工作绩效为尺度，这种特殊的奖励方法体现的是对员工个人的劳动、才能和成绩的尊重。

在IBM，任何一位有能力的员工都会有一份有意义的工作。在IBM不景气的时候，被调整的人员经过培训后再从事新的工作，大部分人反而因此调到了更为满意的工作岗位上。

"必须尊重个人"还体现在每个人都能受到同样的尊重。在IBM总公司里，每间办公室、每张桌都没有任何头衔字样，洗手间也没有什么高层领导专用，停车场没有为主管预留空间，也没有主管专用餐厅。

企业的成功在于人心的凝聚，而人心的凝聚需要彼此尊重。"尊重一个人"不仅被IBM奉为成功的信条，也成了许多企业、商家的成功之道。比如，紫金宫天津海鲜酒楼在经营过程中善待顾客，提出"公开酒菜价，免收服务费"，做到了"不多收，不少收，是多少就是多少"；善待员工，为了照顾数量较多的从四川招来的员工的生活习惯，酒楼甚至专门聘请了四川厨师为员工做工作餐；为减轻员工的负担，酒楼规定员工制服由酒楼统一每周一次送洗衣店清洗。所有这些无疑在告诉我们：每个参与现代社会生产活动的从业者，都有责任、有义务信守平等尊重的原则，在从业活动中自觉尊重上级和下级，尊重同事，尊重顾客，在互相尊重信任中建设团结协作的坚强集体。

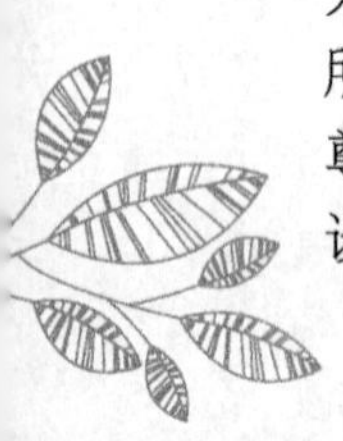

（三）团结互助离不开团队协作

一个团队只有互帮互助，才具有生命力。选择怎样的团队，取决于每个人的互助态度。与人合作得好，能尽快地脱颖而出。只有与人互助才能好好做事，才能做出好事；只有与人携手，才能成就大事业。

在一次海难中幸存的5个人漂流到了一个小岛上。他们为了生存，必须建造一栋房屋，以抵御野兽与即将到来的寒冬。幸好，这个小岛曾经有人居住过，留有很多残存的建筑物，有大量的石料可以使用。但是，这些石料都非常巨大且沉重，每块都需要4个人各抬一角才能移动，想把这些石料搬运到适合盖房子的地方实在是一件很辛苦的事。5个人互相推诿，谁都不愿意去抬石料；即使是去抬石料，也不愿意出力气。眼看寒冬将至，盖房子的工作没有一点进展。

这时候，又有一个人遭遇海难漂流到这个小岛上。当他知道大家在为严冬将至却没有盖起房子而苦恼时，他先是在小岛上转了一圈，而后把大家召集起来，对大家说："我已经调查并估算过了，我们盖房子大约需要480块石料，每块石料要4个人抬，那么就是要1920人次；我们是6个人，每人得抬320次。也就是说每天每人抬32次石料，10天就可以全部抬完。用不了一个月，我们的房子就能盖起来，那时候刚到冬天。我们在屋子里温暖地过冬，也不用担心野兽的袭击，来年春天就会有船经过，我们就都能得救。"

听到这里，大家都非常兴奋。这个人接着说："大家的劳动付出是一样的，不计先后，每天完成这个工作量就可以休息。但是，有一点必须强调，每个人都必须全力以赴，因为，搬石料时，4个人中如果有一个人偷懒，石料就可能落地，砸伤其他人的脚。这样一来会打破劳动分工的平衡，如果受伤的人超过两个，我们将无法完成房子的建造，只能眼睁睁地冻死，或是被野兽吃掉。所以，为了自己，大家也要全力以赴！"大家都由衷地点头表示赞同。"好，既然是我的提议，我第一个去搬石头。"说罢，这个人甩掉上衣走向巨石。因为已经有了明确的分工，大家也就不再推诿，都抢着去搬运，同时都很卖力气，因为谁都不希望这个计划失败。

果然，只用了10天，石料就全部搬运完了。这个人用同样的方法解决了后续房屋建造中的团队分工合作问题。不到一个月，一栋温暖、结实的房子便建了起来。6个人顺利地挨过冬季，第二年有航船经过，他们全部获救。

我想说的话：________________

____

____

起初5人之间的协作并不成功，甚至工作毫无进展，直到后来的那个人使团队成员达成共识，才使工作顺利完成。他首先找出大家共同的利益与目标，而后提出科学、公正的工作方法，最后身体力行，作出表率。这些要素让团队成员在思想上达成共识，接下来的合作就变得非常高效、顺畅。这比起单纯提倡团队精神、团队合作更实际和有效。

团队合作不仅仅是相互关心、爱护，也不是单纯地团结在某个人的周围，更不是一种洗脑一样的唯命是从或军事化的绝对服从。一个优秀团队的力量来源是以团队成员个体能力为基础，以成员间默契合作为核心的；而默契合作的必需条件就是团队成员思想上的相互理解、统一，最终产生共鸣。到达这个境界的团队效率最高，合作最顺畅，力量最强大。

（四）团结互助还要正确看待合作与竞争

加强团结协作、互相配合，并不代表否定相互之间开展公平有益的竞争。市场经济必然存在着竞争，但现代社会的竞争已改传统竞争、不讲合作、只争输赢的残酷状况，而发展为既合作又竞争，在竞争中实现共利双赢。

歌德与席勒的合作

歌德与席勒是德国文学史上的两位伟大诗人，也是同时代旗鼓相当的两位竞争对手。在争霸诗坛的同时，他们也是一对好朋友。歌德在形容他们的友谊时说："像席勒和我这样的两个朋友，多年结合在一起，兴趣相投，朝夕晤谈，互相切磋，互相影响，两人如同一人，所以关于某些个别思想，很难说其中哪些是他的，哪些是我的。有许多诗是我们俩一起合作的，有时意思是我指出的，而诗是他写的，有时情况正好相反；有时他作头一句，我作第二句……

合作与竞争并不矛盾，在竞争中合作，在合作中竞争。正是友好竞争和团结合作，使歌德和席勒同时成为最伟大的诗人。

当代中职学生是社会主义经济建设的生力军，应当自觉地养成互助的精神。在学习的过程中要讲究互助，同学之间经常交流、讨论思想、知识和经验，这不仅能帮助他人解决问题，同时也能启发自己产生新的思路和新的方法。今后，在工作中也要讲究互助。事实上，如果一个人只掌握文化知识和技能，而不懂得如何与人互助，那么即使掌握的知识再多，也无法在工作中发挥较大的作用，因为任何人要施展才能都离不开与他人的互助。但要注意在互助中保持自己的独立性、自己的优势，这是与人互助的基础。

分享时刻

形式：2人一组。时间：15分钟。

目的：让学员向他人讲出赞美之词，并让参与者用语言与他们分享良好品质。

程序：（1）以2个人一组将学员分为若干组，并介绍游戏。强调每一个人都渴望他人的认同和赞扬。

（2）让每位参与者都对他的组员作出以下几方面的评价：相貌中特别漂亮的地方，一个或两个令人欣赏的性格特征，一种或两种特别的才能。

（3）建议每位参与者仔细记录下对方的感受、想法、反应。

讨论：（1）为什么对我们大多数人来说，给予他人赞扬是困难的？

（2）为什么人们总是会很快给出负面的评价，而正面赞扬却是少之又少？

（3）"人们倾向于做那些我们通常认为应该去做的事"，你同意这种说法吗？为什么？

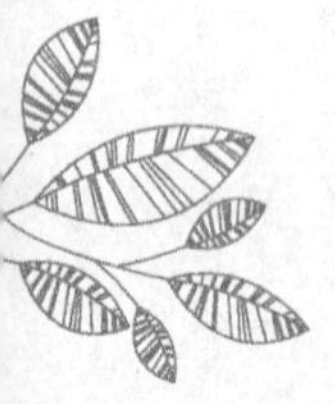

第7课

诚 实 守 信

Chapter 7

武秀君替夫还债

武秀君，女，46岁，辽宁省本溪市满族自治县南甸镇滴塔村村民。在丈夫去世后的5年间，她替丈夫偿还债务200多万元，用执着和真情走出一条感人至深的诚信之路。

武秀君的丈夫赵勇从事建筑施工生意多年，凭借诚信经营，树立了良好的商业信誉。2002年12月14日，一场突如其来的车祸夺走了赵勇的生命。当武秀君悲痛欲绝的时候，债主们却纷纷找上门来。原来，赵勇生前承包工程，由于工程款未到位，拖欠了270多万元应付款。

赵勇生前为人诚实守信，口碑一直很好。武秀君不愿丈夫死后遭人指责，而且她自己也信奉着一条原则：欠钱还钱是天经地义的事。丈夫去世后不到一个月，武秀君就强打起精神，四处找债主对账。为了打消他们的顾虑，她当即用自己的名字重新打了欠条。武秀君这份诺言不是随便许下的，她知道，凭一辈子只会种地干家务活的自己，这辈子怎么折腾，也还不上这笔钱。当时外面欠着他们家300多万元的工程款，是她还钱的希望。

在丈夫去世后的一个月，武秀君毅然踏上了讨债之路，然而令她想不到的是，这条路竟然走得如此艰难。当时，公公婆婆根本不知道家里欠了这么多钱；大儿子在部队当兵，不知道父亲去世的消息，家里所有的重担武秀君都自己扛了下来。讨债的过程中，武秀君指望靠那300万元欠款还债的希望被彻底打碎了，有的欠款单位没钱付账，就以物抵债。那个曾经信誓旦旦的诺言在武秀君的心里变得更加沉重了。

此时，丈夫生前合作过的单位找到了武秀君，说冲着赵勇的人品，愿意把工程交给她干。但是这个只有小学文化水平，只会种地做家务活的农村妇女，怎么承担得了一项建筑工程呢？在丈夫生前的朋友们的帮助下，工地开工了！为了节省开支，武秀君每天都在工地上清理建筑垃圾，给工人们做饭或者当小工。

家里刚出事的时候，武秀君的小儿子是个 15 岁的少年，还债伴随着孩子的成长。武秀君每天只给孩子 3 元钱的饭费，孩子偷偷地从中节省下 5 毛钱。有一天，孩子竟饿昏在课堂上……武秀君去医院看望儿子的时候，儿子从兜里掏出 308 元的存折："妈，您把钱取出来，给我留 8 块钱就行。妈，您真不容易，把大伙的幸福建立在你一个人的痛苦之上！妈，我长大了一定要好好孝顺您，您是世界上最伟大的妈妈！"母子两人抱头痛哭。

在这四年里，武秀君一直信奉着自己的诺言，一边挣钱，一边还债。到现在，武秀君的 270 多万元的债务已经还清了 230 多万元。

她今天仍然不能轻松，因为摆在面前的还有几十万元的债务。

这两年，她先后被评为 2006 年感动辽宁新闻人物，本溪市"十佳好儿媳"，"三八红旗手"、"十大公德人物"、"文明市民"。最让武秀君自豪的是在全国 13 亿人中，2007 年她当选为"全国道德模范"、"十大法治人物"、"全国文明诚信个体工商户"，2008 年被评选为"全国三八红旗手"、本溪市"城市形象代言人"、奥运火炬手，并参加了北京奥运会的开幕式。2009 年 10 月 1 日，武秀君受中宣部邀请参加 60 年国庆，站在彩车上通过天安门城楼的那一刻武秀君万分激动，可以说这是她一生的骄傲。

今天，武秀君在诚信的道路上一步一个脚印地走下去，尽自己所能以实际行动对"诚信"做出最好的诠释，为发展繁荣家乡、为构建和谐社会做出应有的贡献。"她诚重如山，一诺千金，诠释着这个流金溢彩的时代最赞赏的诚信。人世沧桑，含泪坚强，最真最诚武秀君！"

一位柔弱的女子用瘦弱的双肩担起千斤重担，挺直诚信的脊梁。我们被武秀君深深地感动着。是什么力量促使这位普通的农妇走上了一条"替夫还债"的艰辛之路呢？她的替夫还债的诚信壮举赢得了人们的信任和社会的广泛赞誉。正如她自己所说：欠债还钱，天经地义。这么多的欠条，这么多的账单，武秀君硬是一张张地理清，一笔一笔地还掉。她用自己的坚毅与不屈彻底推倒了挡住我们心灵的那堵墙，她用自己的实际行动感化了不诚信的人。这，是一笔最宝贵的社会财富！

1. 读完武秀君的事迹你有什么感受？你认为是什么力量促使一位普通的农妇走上了替夫还债的艰辛道路？
2. 说一说自己身边的诚信榜样。
3. 您能感受到一个人或一个企业讲诚信会有什么收获吗？
4. 列举社会上的不诚信的现象。
5. 你有过那些不诚信的行为？
6. 作为中职学生，你今后如何在学习、生活中，以及未来的工作岗位上践行诚信？

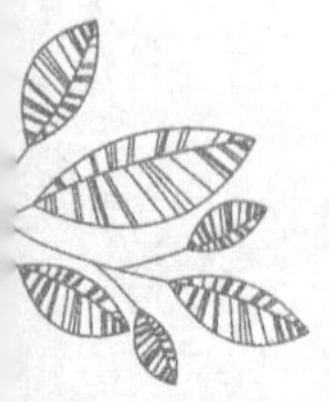

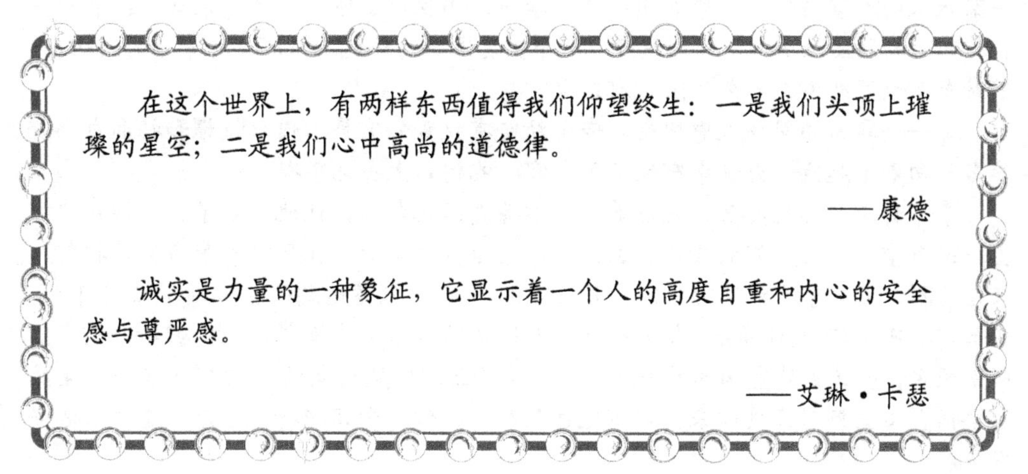

在这个世界上，有两样东西值得我们仰望终生：一是我们头顶上璀璨的星空；二是我们心中高尚的道德律。

——康德

诚实是力量的一种象征，它显示着一个人的高度自重和内心的安全感与尊严感。

——艾琳·卡瑟

学习目标

诚实守信是建立人际关系、取得他人信任及融入社会的基础。通过学习，我们要熟知诚信是中华民族的传统美德，是为人处世的基本准则，还是各行各业的生存之道；懂得一个人能否做到言行一致，是立身处世等方面取得成功的重要条件；要学会从身边的事情、具体的事情做起，做到言行一致；要具有摆脱社会上不诚信现象影响的决心和信心。

行为目标

在为人处世时信守诺言，讲信誉，重信用、忠实履行自己应承担的义务；真心诚意地为善去恶，做事光明磊落；待人开诚布公，不隐瞒，不欺骗；在经济活动中，坚决杜绝假冒伪劣、坑蒙拐骗。

一、诚信的内涵

“诚”是诚实不欺、真实不妄，要求人们说话办事尊重事实，表里如一，既不自欺也不欺人；“信”是与人交往要履行自己应承担的责任，信守诺言，言行一致。人只有讲诚信，才能赢得信誉和他人的信赖。

（一）诚实守信是“为人之本”

诚实是对他人人格的信任，守信是对自己承诺的践行，是建立人际关系、取得他人信任及融入社会的基础。诚实守信的人能保持一种坦荡的心境，是预防邪恶与私欲膨胀最有效的品质。

一诺千金

秦朝末年，在楚地有一个叫季布的人，性情耿直，为人侠义好助。只要是他答应过的事情，无论有多大困难，都设法办到，受到大家的赞扬。

楚汉相争时，季布是项羽的部下，曾几次献策，使刘邦的军队吃了败仗。刘邦当了皇帝后，想起这事，就气恨不已，下令通缉季布。

这时敬慕季布为人的人，都在暗中帮助他。不久，季布经过乔装打扮，到山东一家姓朱的人家当佣工。朱家明知他是季布，仍收留了他。后来，朱家又到洛阳去找刘邦的老朋友汝阴侯夏侯婴说情。刘邦在夏侯婴的劝说下撤消了对季布的通缉令，还封季布做了郎中，不久又改做河东太守。

有一个季布的同乡人曹邱生，专爱结交有权势的官员，借以炫耀和抬高自己，季布一向看不起他。听说季布又做了大官，他就马上去见季布。

季布听说曹邱生要来，就虎着脸，准备发落几句话，让他下不了台。谁知曹邱生一进厅堂，不管季布的脸色多么阴沉，话语多么难听，立即对着季布又是打躬，又是作揖，要与季布拉家常叙旧。并吹捧说："我听到楚地到处流传着'得黄金千两，不如得季布一诺'这样的话，您怎么能够有这样的好名声传扬在梁、楚两地的呢?我们既是同乡，我又到处宣扬你的好名声，你为什么不愿见到我呢?"季布听了曹邱生的这番话，心里顿时高兴起来，留下他住几个月，作为贵客招待。临走，还送给他一笔厚礼。

后来，曹丘生继续宣扬季布如何礼贤下士，如何仗义疏财。这样，季布的名声越来越大。后人用"一诺千金"形容一个人很讲信用，说话算数。

"言必行，行必果"、"一言既出，驷马难追"，这些流传了千百年的古话，无不形象地表达了中华民族诚实守信的品质。在中国几千年的文明史中，人们不但为诚实守信的美德大唱颂歌，而且还努力地身体力行。

古往今来，有很多诚信的榜样，时时刻刻提醒着我们做人做事要诚实守信。诚信是对一个人、一个社会，乃至一个国家最基本的要求。只要人人恪守诚信，我们的世界会更加美好。给心灵一片净土，给诚信一片天地，风雨兼程的路上，让我们与诚信同行。

（二）诚实守信是最起码的职业操守

诚实守信不仅是为人处世的基本准则，更是从业人员创业经商的立足之本、发展之源。诚信能折射出一个优秀从业者的本质特征，并成为招揽顾客的法宝。这一法宝可以铸就令人钦佩的伟业。

海尔的成长之路——砸冰箱事件

海尔成功的原因是多方面的，其中，以质量求生存、靠信用闯天下是一个主要原因。20多年前，海尔是一个亏损147万元、年销售额仅348万元的集体小厂——青岛电冰箱总厂，甚至连职工的工资也发不出。张瑞敏接手的就是这样一个烂摊子。1985年的一天，他从一封用户的来信中发现，刚生产出的电冰箱有质量问题，于是他一台一台的检查，结果查出了76台有问题的冰箱。

当时一台冰箱的售价800多元，相当于一名职工两年的收入。张瑞敏说："我要是允许把这76台冰箱卖了，就等于允许你们明天再生产760台这样的冰箱。"他宣布，这些冰箱要全部砸掉，谁干的谁来砸，并抡起大锤亲手砸了第一锤！很多职工砸冰箱时流下了眼泪。在接下来的一个多月里，张瑞敏召开和主持了一个又一个会议，讨论的主题只有一个：如何从我做起，提高产品质量。三年以后，海尔人捧回了我国冰箱行业的第一块国家质量金奖。

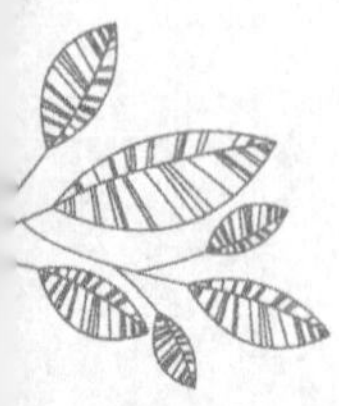

张瑞敏说："长久以来，我们有一个荒唐的观念，把产品分为合格品、二等品、

三等品还有等外品，好东西卖给外国人，劣等品出口转内销自己用。难道我们天生就比外国人贱，只配用残次品？这种观念助长了我们的自卑、懒惰和不负责任，难怪人家看不起我们！从今往后，海尔的产品不再分等级了，有缺陷的产品就是废品；把这些废品都砸了，只有砸得心里流血，才能长点记性！”

“砸冰箱事件”被海尔人认为是海尔创业以来做的最伟大的事情。张瑞敏虽然砸掉了职工们花了无数心血生产的电冰箱，但却砸出了消费者对海尔的信赖，砸出了海尔的比任何东西都宝贵的市场信用。因为，信用既是创业者成功创业的秘诀，又是守业者发展的根本，失去信用会使一个名满天下的老字号面临生存危机，甚至破产、倒闭。

孔子说：“言而无信，行之不远。”诚信不仅是一个人走向成功的基础，也是做人的底线，是一个人、一个企业乃至一个民族的“名片”。

然而社会上，为谋求私利的缺德行为滋生，欺诈现象让人震惊。诚信问题不仅给我们的生活带来苦恼、痛苦，同时影响到整个社会的发展，其破坏性难以预测。社会失去诚信，我们的生活无法想象。如果我们身边的每一个人都讲诚信，我们就不会有那么多的担心，那么多的怀疑，那么多的猜测。诚信对你、对我、对他都是非常重要的。

二、诚实守信的影响

（一）守信得人心，失信失自己

社会是一张关系复杂的网，人是网的一部分，会与他人打交道是立足之本。每个人都愿意同诚实守信的人交朋友，因此，诚信是得人心最起码的准则。

18 世纪，英国的一位绅士一天深夜走在回家的路上，被一个蓬头垢面、衣衫褴褛的小男孩儿拦住了。“先生，请您买一包火柴吧。”小男孩儿说道。“不买”。绅士躲开男孩儿继续走。“先生，请您买一包吧，我今天还什么东西也没有吃。”小男孩儿追上来说。绅士看到躲不开男孩儿，便说：“可是我没有零钱呀。”“先生我去给你换零钱。”说完，男孩儿拿着绅士给的一英镑快步跑走了。绅士等了很久，男孩儿仍然没有回来。绅士无奈地回家了。

第二天，绅士正在自己的办公室工作，仆人说来了一个男孩儿要求面见绅士。于是男孩儿被叫了进来。这个男孩儿比卖火柴的男孩儿矮了一些，穿得更破烂。“先生，对不起，我的哥哥让我给您把零钱送来了。”“你的哥哥呢？”绅士道。“我的哥哥在换完零钱回来找你的路上被马车撞成了重伤，在家躺着呢。”绅士深深地被小男孩儿的诚信所感动。“走！我们去看你的哥哥！”去了男孩儿的家一看，两个男孩的继母在照顾受到重伤的男孩儿。男孩一见绅士，连忙说：“对不起，我没有给您按时把零钱送回去，失信了！”绅士被男孩的诚信深深打动了。当他了解到两个男孩儿的亲生父母双亡时，毅然决定承担他们生活所需要的一切费用。

诚信待人是一种境界，是人与人之间相互信赖和友好交往的基石。俗语说“日久见人心”，诚信待人表现为无论何时都能做到不虚伪、不造假、不搬弄是非，踏实待人、做事。也只有这样，才能与人长久交往。

正所谓“人心难收”，一个人哪怕有一次不诚信，都会在别人心里留下阴影，失去别人的信任。因此，失去诚信也就丢失了人的立身之本。

《郁离子》中记载了一个因失信而丧生的故事。济阳有个商人过河时船沉了，他抓住一根浮木大声呼救。有个渔夫闻声而至。商人急忙喊：“我是济阳最大的富翁，你若救我，我给你 100 两金子!”待被救上岸后，商人却翻脸不认账了。只给了渔夫 10 两金子。渔夫责怪他不守信，出尔反尔。富翁说：“你一个打渔的，一生都挣不了几个钱，突然得 10 两金子还不满足吗？”渔夫只得怏怏而去。不料想后来那富翁又一次在原地翻船了。有人欲救，那个曾被他骗过的渔夫说：“他就是那个说话不算数的人!”于是，商人因无人施救，被淹死了。

商人两次翻船而遇同一渔夫是偶然的，但商人的下场却在意料之中。因为一个人若不守信，便会失去别人对他的信任，一旦处于困境，没有人愿意出手相救。失信于人者，一旦遭难，只有坐以待毙。当一个人失去诚信，也就失去了立身之本。

（二）不讲诚信可能求职无门

诚信是做人做事的资本，丢失诚信就丢失了做人做事的本钱。坚守诚信，可以积累资源；背离诚信，带来的只能是发展的障碍。

据青岛市人才交流服务中心人事调查事务所统计，2008 年，青岛及省内用人单位委托该所认定的证书及材料近 5000 份，其中存在伪造学历、夸大业绩、隐瞒违法犯罪记录等虚假行为的有近 600 份，占了一成还多。

个人诚信简历服务项目推出后，将有效地遏制这种虚假行为。据人事调查事务所陈乐胜所长介绍，个人诚信简历服务项目将在人才招聘会上推出。这份简历不仅有个人的基本情况，还主要包括学历诚信证明、职业诚信证明及信誉诚信证明。它由个人提出申请，由市人才交流服务中心人事调查事务所对资料的真实性进行认定。认定后，个人将获得“诚信人才推荐信”，其信息将被输入电脑资料库终生保存，从而成为个人求职的“第二张文凭”。用人单位也可以提请对应聘人才进行个人诚信简历的建立、查询。

虚伪丢灵魂，诚信才是金。诚实守信是对我们自身的约束和要求，人只有遵守这一规则，才能开启事业之门。诚信是个人道德的基础，是社会赖以发展进步和良性运转的一块基石。当诚信舞动于我们生活的每一个角落、每一个行为、每一处场景时，我们才会站得更高、看得更广、走得更远。

（三）诚信做事方能创造财富

康德说：“这个世界上唯有两样东西能让我们的心灵感到深深的震撼，一是我们头顶上的灿烂天空，一是我们内心崇高的道德法则。”而诚信就是道德法则的核心。诚信不仅是一种可贵的人格力量，更是一种人生发展的财富。

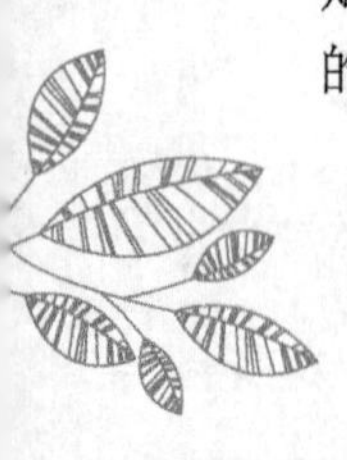

1996 年和 1997 年，香港联想公司因为库存积压造成 1.9 亿港元的亏损，这在当时是个

很大的数字。在危急关头，联想的领导层竟然选择了首先告之银行亏损的消息，然后再申请贷款。一般人认为，不让银行得知企业亏损状况比较容易贷到钱。但是联想宁愿付出天价也不愿失去银行的信任。此举果然赢得银行的信任，并再次贷到了款。如果不是联想长期守信用，这件事根本就做不成。

诚信是无价的。企业的信誉是一种无形的资产，这种资产的价值到底有多大，无法计算。信誉度越高，无形资产的价值也就越大。联想就是靠诚信赢得了足够的信誉度，并由此获得了巨大的财富，这就是诚信的力量。

当然，财富还会抛弃那些背信弃义的人，因为没有诚信的支撑，信誉度会降低到极致，并将企业推向悬崖。

一对夫妇经营着一家酒店。在经营之道上，两人产生了歧义。丈夫善待每一位顾客，诚信经营，而妻子却总是在丈夫外出时，在酒中勾兑水，以此换得小利。尽管丈夫极力劝说，妻子仍然一意孤行。最后，妻子的所作所为东窗事发，酒店被人砸了，不得不关门停业。

诚信是生意场上的生命线，一旦失去诚信无疑是自掘坟墓。一个商人失去诚信，将失去经营市场；一个人失去诚信，一切都无从说起。诚信做事才能招来财富。

（四）严重的诚信问题，将给社会带来信任危机。

在社会总体利益有限的情况下，利益的供求矛盾比较突出，有些人为了私利，会牺牲道德来获取自己的利益，欺骗成为不合理牟利的最重要的手段之一。这种对诚信的践踏，污染了商业环境，更令人与人之间信任度降低，民众对社会普遍感到不安。因此，社会各界一直在呼唤企业、个人回归纯真，诚信做事。

三、坚守诚信的策略

诚实守信对构建社会主义和谐社会具有重要作用，是构建和谐社会的道德基础。只有在全体从业者中普遍培养起诚实守信的职业道德素质，才能形成良好的社会秩序和高尚的社会风气，进而奠定和谐社会的根基。

（一）不骗别人，也不要自欺欺人

诚实是做人的根本。对人讲诚信，就是不要去欺骗别人做些利己的事情。每个人都不想被别人欺骗，因此，我们一定不能去骗人。然而，就是这样一件简单的事，却总有些人做不到，总想利用别人的信任欺骗他人，最终的结果只能是自毁前程。

一个在瑞士留学的学生，偶然发现，乘坐公交车不刷卡、不投币没人注意也没人管。于是，在接下来的一年时间里，留学生乘车既没投币也没刷卡。这为他每月省了几百元钱。第二年，有一次该留学生的行为被稽查员发现了，就问他："为什么不刷卡乘车？"留学生马上说，我忘记了带卡。稽查员说："那你可以投币啊！"留学生立即照做了。第二，看到没有人查了，又开始不投币不刷卡乘车。就这样留学生一直到毕业，再也没有刷卡或投币。

毕业后，留学生去找工作。投了几百份简历都没有人通知他面试，他觉得像我成绩这么优异，竟没有企业要我，会不会是种族歧视？于是就状告瑞士政府。后来一个办事人员告诉他，你这样告是没有用的。没有人会理你的。也没有一家公司会要你的，你还是从哪里来，回到哪里吧。留学生问，为什么？这人告诉他：在你的个人信用档案中，发现你在一年的乘车记录中，你被查 1 次，刷卡 0 次，投币 1 次，说明你的个人诚信有问题，没有人愿意聘用不诚信的人。在发达国家，个人信用报告早已成为人们在社会经济生活中的“第二张身份证”，而个人一量留下信用“污点”，将会在贷款、保险、就业、升学、出国等方面“寸步难行”。

于丹说：“人品的高下，诚信是一块试金石。”一滴水能照见太阳的光辉，一件简单的事映射的是人对诚信的态度，诚信决定你的人品，也决定着你一生事业成败的关键。好品德帮助你成就大事业，坏品德可以毁掉你的一生。因此，我们要从身边的一点一滴的小事做起，“勿以善小而不为，勿以恶小而为之”。

（二）不轻易许诺，说到做到

“答应别人的事情，说到做到”是一句令人尊敬的话。生活中，如果轻易许诺，却无法实现，换来的只能是不被信任和不和谐；反之，慎重地许诺，认真地实践，才是真君子的表现。

早年，尼泊尔的喜马拉雅山南麓很少有外国人涉足。后来，许多外国人到这里观光旅游，据说这是源于一位少年的诚信。

一天，几位外国摄影师请当地一位少年代买啤酒，这位少年为此跑了 3 个多小时。第二天，那个少年又自告奋勇地再替他们买啤酒，这次摄影师们给了他很多钱，但直到第三天下午那个少年还没回来。于是，摄影师们议论纷纷，都认为那个少年把钱骗走了。第三天夜里，那个少年却敲开了摄影师的门。原来，他在一个地方只购得 4 瓶啤酒。于是，他又翻了一座山、趟过一条河才购得另外 6 瓶，返回时摔坏了 3 瓶。他哭着拿着碎玻璃片，向摄影师交回零钱，在场的人无不动容。这个故事使许多外国人深受感动。后来，到这儿的游客就越来越多。

认真信守自己的诺言，这是人应有的品质，也是一个人获得别人信任的最好方法。如果许下诺言后，发现自己没有能力实现，那么我们应该怎样向别人解释来挽回错误和信誉呢？

要说实话，不说假话。承诺无法兑现或兑现滞后时，一定要说实话，不要说假话，更不要绕弯子，不要过分强调客观原因。这样处理，大家往往会谅解，但对说假话掩盖的人是绝对不会原谅的。

承诺不要说得太肯定。承诺没有兑现，以后再作出承诺时，要为自己留有余地，话千万不要说得太满，否则，承诺再次不兑现，你的威信将真的扫地。

要记住自己的承诺，不要忘记。做出承诺，特别是再次承诺，一定要牢牢记住。承诺是没有再三再四的，一旦你不把别人当回事，别人也就不把你当回事了。

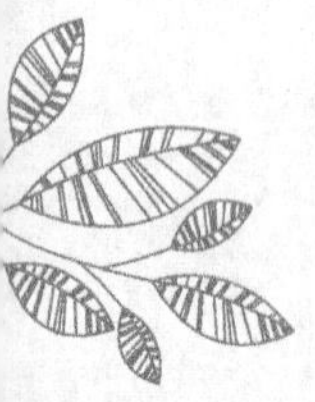

（三）童叟无欺、讲究产品的质量

诚实守信是社会大厦的基础，是经济生活必备的条件。各行各业的竞争，归根结底是信誉和质量的竞争。

外白渡桥是上海外滩的标志性建筑之一。2007年年底，外白渡桥刚刚度过自己的“百岁华诞”。这时，上海市有关部门收到了一封寄自英国的信件。信中说：“外白渡桥的设计使用年限为一百年，现在已到期，请注意对该桥维修。”当时，上海正准备对外滩进行综合改造，收到这封来信后，有关部门立即决定对外白渡桥进行拆移维修。一年后，它将以原貌重现黄浦江畔。

这座桥于1907年交付使用，采用的是当时最先进的钢铁结构。现在，一百年过去了，外白渡桥每天承载着三万多辆汽车的通过，我们甚至都忘记了这座桥其实已经垂垂老矣。谁还会想到有人会对这座桥负责？但一家外国公司，竟然记在了心上，并且专门发信件来提醒。人们知道后，对此进行了评论。有人说：“原来外白渡桥一百年了，了不起啊，用这样简单的技术造起来的桥，竟然可以用上一百年！”还有人说：“一百年后的今天，造桥技术已不可与当年同日而语，可现在，有些桥竟然刚造好就轰然倒塌，看来这里面不是技术问题。”是的，对于英国公司来说，对自己设计建筑的大桥负责，那是分内之事，是再也平常不过的事情。因为讲求产品质量是诚信问题，更是良心问题。

在充满竞争的市场经济体制下，各行各业要树立强烈的质量意识，把讲究质量放在第一位，以质量求生存，以质量求发展。对生产者来讲，就是严把产品质量关，向消费者提供健康、安全的产品。每一位员工要有高度的责任心，一丝不苟地严把质量关，严格控制生产程序，以质量赢得市场，以质量成就事业。

人无信不立，国无德不强。我们要把诚实守信的职业道德贯彻到社会生活和经济生活的各个环节，社会才能稳定和谐，经济才能健康有序发展。相信有那么一天，在我们的社会中诚实守信会蔚然成风。

小崔职业学校毕业后应聘到一家民营企业做销售工作。经过一年的努力，他的销售业绩突出，企业因此获利，小崔的工资却没有增加。这时，小崔的同学劝他到一家大企业就职，并说工资可以提高三倍。小崔认为自己和企业签订的合同还没有到期，就没有去。

1. 小崔所作的决定有什么结果？请给故事续尾。
2. 诚实守信的职业道德有什么基本要求？
3. 说说身边诚信的或不诚信的人或事。作为中职学生，你如何在今后的学习、生活中，以及未来的工作岗位上践行诚信？
4. 诚实守信为什么是各行各业的生存之道？

1. 搜集有关信用的成语、谚语、格言、故事，举办一个中队主题会，编成手抄报，在学校橱窗中展览。
2. 班委会成员拟写倡议书，向全班同学发出诚信倡议。
3. 开展“我与诚信同行”的社会调查，撰写“我与诚信同行”的调查报告。

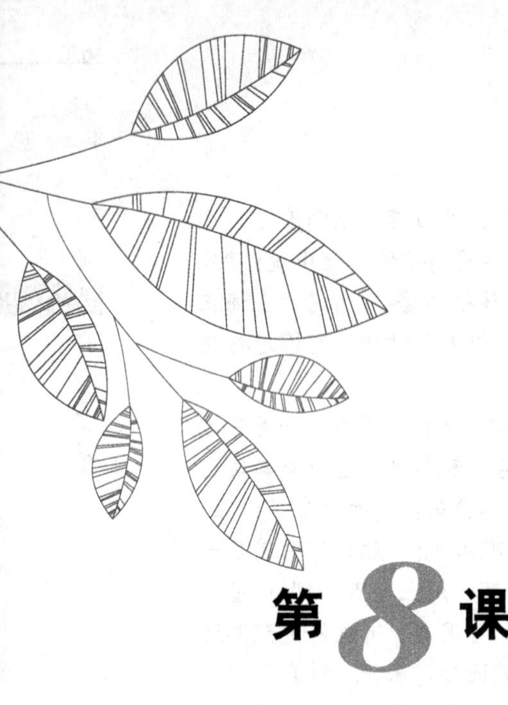

第8课

文明修身

Chapter 8

台湾野柳地质公园遭涂鸦

据报道，2009 年 4 月 3 日，中国台湾北海岸知名的野柳地质公园的管理人员在岩壁上发现了“中国常州赵根大”的刻字，随后在陆桥旁的岩壁上也发现被刻上简体字样“中国常州赵根大”，还有一个“卢建中”也来“插花”。管理人员听到园区广播“来自常州的旅客请尽快集合”，直觉“赵根大”真有其人。报道称，依岛内规定，若是逮到现行，可开罚 3000 元～1.5 万元新台币。此外，也有人投诉游客随手乱丢垃圾、任意抽烟。尽管并未查证何人所为，但这仍让大陆游客有些尴尬。现场的台湾导游也顺便给旅游团上了一堂文明旅游课。岩壁上的刻字无法人工消除，只能随风化慢慢消失，所以管理人员只能严加提防下一个“赵根大”和“卢建中”。

消息传出，被多家网站和论坛转载，网友纷纷指责“赵根大”的举动有损大陆游客的形象。在常州的论坛里，此事更是受到了众多关注，网友普遍的反应都是“刻字真可耻”。还有网友认为，既然这个“赵根大”敢于在风景点留下“中国常州”的字样，他就应该站出来勇敢面对常州市民，解释自己的行为，而不能让常州人替他一个人“背黑锅”。在一些旅游界资深人士眼中，“赵根大刻字”事件并非偶然。“我曾很多次目睹少部分游客因为不文明行为引来麻烦。”常州国旅出境部经理曲群回忆说，一次在俄罗斯皇家花园游览时，游客为了应急，竟在围墙脚上“画地图”，发现后只能提醒其注意自己的行为。还有一次在美国，旅客明知道住的是一间禁烟旅馆，可就是按捺不住抽起了烟，结果被罚了 50 美金……“出去旅游时，随地吐痰、大声喧哗等一些坏习惯几乎是内地游客的通病。”常州市旅游局陶渭清处长表示，公民素质的提高有一个循序渐进的过程。

文明素养不仅事关个人形象，而且关乎一个地区乃至一个国家的形象，这绝不是一件小事，需要大家持之以恒地共同努力，把文明变成一种习惯、一种素养、一种需求。说白了，“赵根大”其实毛病在于平日之积习也。

1. 赵根大的这一举动，你认为是不是偶然的？为什么？

2. 赵根大的这一举动有损大陆游客的形象，甚至常州人认为丢脸都丢到台湾去了，假如你是台湾人或常州人，你如何评价赵根大？

3. “赵根大”做了一件什么事？这件事带来了怎样的负面影响？

4. 乱刻乱画无疑是一种不文明行为，这种行为既损害了环境，也是对社会公德的一种亵渎。通过这件事，告诉我们一个怎样的启示？结合“赵根大”事件，谈谈你对陋习的理解。

5. 同赵根大相比，你在日常生活和学习中存在哪些陋习？

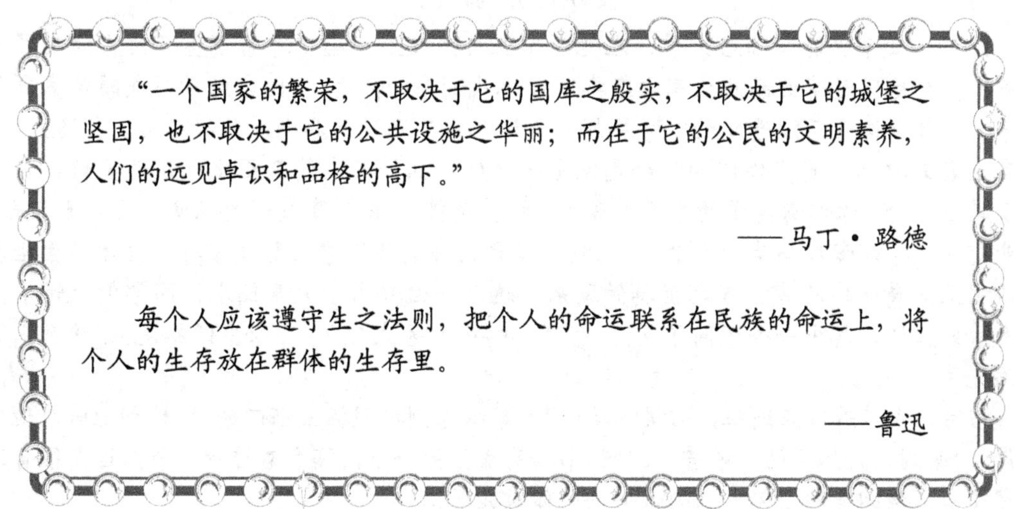

“一个国家的繁荣，不取决于它的国库之殷实，不取决于它的城堡之坚固，也不取决于它的公共设施之华丽；而在于它的公民的文明素养，人们的远见卓识和品格的高下。”

——马丁·路德

每个人应该遵守生之法则，把个人的命运联系在民族的命运上，将个人的生存放在群体的生存里。

——鲁迅

学习目标

文明是公民在公共场合应当遵守的最基础的道德准则，是人类进步的一个重要标志。我们要明白，文明是一个人所受教养的表现，懂得讲文明是与人交往、赢得尊重的必备条件。要产生对社会上存在的陋习的厌恶之情，要维持社会文明人人有责的责任心；要树立丢弃陋习，做文明中职学生的信念。东西用完要归原位，遵守公共秩序，按规则办事。

行为目标

在社会生活中，要遵守秩序，不做违反规则的事情；讲求公德，不做有损形象的事；爱护公物，谴责破坏，增强社会责任感；文明上网，不发表粗俗的言论等；待人文明，营造尊重人、理解人、关心人、帮助人、团结互助、平等友爱、共同前进的新型人际环境。

中国是一个文明古国，自古就以礼仪之邦、文明之国著称，绝大多数中国人崇尚文明，注重礼尚往来，但有少数国人在文明修养方面存在缺陷。国民素养的整体提升需要每个公民的努力。

一、解读文明修养

文明修养是指一个人身上所拥有的文化、智慧、善良和知识所表现出来的一种美德。讲究文明修养，是我们中华民族的好传统。我国古代就有“修身齐家治国平天下”的说法。我们在成长过程中一定要拒绝做浅薄无知、言行粗鲁的人，坚决做一个知识渊博、举止文雅、谦和热情的人，因为只有选择后者，才能成为有修养的人。

（一）文明举止能显示出一个人的修养

崇尚文明是每一个公民最起码的行为标准，是社会进步的状态，与野蛮和粗鲁相对。讲究文明的人知书达理，温文尔雅，举手投足都讲究社会公德。人的外貌可以不漂亮，但是内心一定要美丽。世上很少有人因为长得美丽而受人尊重，相反，会因为个人素质高尚而赢得人们的尊重与爱戴。

文明修养的作用

比尔毕业于世界某知名大学，在他的毕业去向表上，赫然写着华盛顿白宫的某军事实验室。与他同时毕业的几位同学颇感不满地找到导师，说：“比尔的学习成绩最多算是中等，凭什么选他而没选我们？”导师看着这几张充满疑问和尚属稚嫩的脸，笑道：“是人家点名来要的。其实你们的机会是完全一样的，你们的成绩甚至比比尔还要好，但是除了学习之外，你们需要学的东西太多了，修养是第一课。”事情还要从两个月以前说起。毕业前夕，导师带应届毕业生22个人到华盛顿白宫的某军事实验室参观。全体学生坐在会议室里等待该实验室主任胡里奥的到来。这时一位秘书给大家倒水，同学们表情木然地看着她忙活，其中一个还问了问：“有黑咖啡吗？天太热了。”秘书回答说：“抱歉，咖啡用完了。”

当时比尔看着有点别扭，心里嘀咕：“人家给你倒水还挑三拣四的。”轮到他时，他轻声说：“谢谢，大热天的，辛苦了。”秘书抬头看了他一眼，满含着惊奇，虽然这是很普通的客气话，但却是她今天听到的唯一一句体谅她的话。

门开了，胡里奥主任走进来和大家打招呼，不知怎么回事，静静的，没有一个人回应。比尔左右看了看，犹犹豫豫地鼓了几下掌，同学们这才稀稀落落地跟着拍起了手，由于不齐，越发显得凌乱起来。胡里奥主任挥了挥手：欢迎同学们到这里来参观。平时这些事一般都是由办公室负责接待，因为我和你们的导师是老同学，非常要好，所以，这次我亲自来给大家讲有关情况。我看同学们好像都没有带笔记本。这样吧，秘书，请你去拿一些我们实验室印的纪念手册，送给同学们作纪念。

接下来，更尴尬的事情发生了：大家都坐在那里，很随意地用一只手接过胡里奥主任双手递过来的手册。

胡里奥主任的脸色越来越难看，走到比尔面前时，已经快要没有耐心了。就在这个时候，比尔礼貌地站起来，双手握接过手册，恭敬地说了一声：“谢谢您!”

胡里奥闻听此言，不觉眼前一亮，伸手拍了拍比尔的肩膀：“你叫什么名字?”比尔照

实回答，胡里奥微笑，点头回到自己的座位上。

两个月后，就发生了本文开头的一幕。

讲文明其实非常简单，与人在路上相遇能真心地微笑，与人相处能诚挚地关怀，与人见面能亲切地问候，给人造成麻烦能真诚地说一句"对不起"，制造的垃圾能放入垃圾箱，看到有人在公共场所乱涂乱画时主动制止……这些简单的文明举止涵盖了人们对道德完善的追求和维护公众利益、公共秩序的修养。

（二）文明可以展示出社会的整体素质

在生活中与社会文明极不和谐的行为随处可见，已成为侵蚀社会文明的腐蚀剂。我们把这些不文明行为称为陋习。陋习作为一种粗鲁、丑陋、不文明的坏习惯，属于社会公德的负面，是个人、集体、国家和民族文明评估的量度。陋习绝不是无关紧要的生活习气，当陋习成为一种习惯，就成了一种破坏性极强的力量，对个人修养和社会风气会产生严重的负面作用。

国家是由一个个小家组成的，每一个家庭成员的文明素质代表着国家的整体素质。因此，文明习惯不仅是一个公民综合素质的体现，也在一定程度上展示着一个国家的文明。克服陋习是每一个公民应尽的义务和最基本的要求，切不可物质上富裕了，精神文明却贫乏了。

事实证明，陋习绝不是无关紧要的生活习气，当陋习成为一种习惯，就成了一种破坏性极强的力量，对个人修养和社会风气会产生严重的负面作用。

二、文明的作用

（一）文明行为见证人的素质高低

讲卫生、懂礼貌、注重公共道德的文明举止会给人亲切、值得尊敬的感觉；不文明行为给人的感觉是缺乏教养、素质低下，于人于己毫无益处。

乱吐口香糖素质差

郑小姐下班回家，刚坐上一辆大巴，就感到屁股下面有点异样。她站起来一看，裤子上粘了一块口香糖，丝拉得很长，惹得车上的乘客都笑了起来。嚼过的口香糖黏性很强，如果随地乱吐，就会牢牢地附在大巴车的地板上，扫不走、洗不去，日子久了，变成黑黑的一团，实在有碍观瞻。公交车上的乘务员对此也很无奈，每天收车都得弯腰用硬物把口香糖一点一点地抠挖掉。可有一些乘客就是不注意公德，车厢里的口香糖渣今天打扫完了，明天又有了。

无独有偶，中央电视台在一则报道中称，国庆节后的天安门广场，随处可见口香糖残迹，40 万平方米的天安门广场上竟有 60 万块口香糖残渣；有的地面不到一平方米，竟有 9 块口香糖污迹。密密麻麻的口香糖斑痕与天安门广场的神圣和庄严形成了强烈反差。

文明的行为可以帮助我们提升自身的素质，不文明行为则会贬低我们的修养。文明是一种品质，文明是一种修养，文明是一种受人尊敬的行为。只要播下一个动作，便能收获一个习惯；播下一个习惯，便能收获一种品格。然而，当前有许多中职学生的行为并不尽如人意。

某校中职学生陋习排行榜

序　号	调查性别：男生
1	上课迟到、旷课，不尊敬老师
2	抄袭作业，考试作弊，缺少诚信意识
3	打架斗殴、酗酒、吸烟
4	沉迷网络游戏，学习时间安排过少
5	上课和自习时不关手机
6	随地吐痰，乱扔垃圾，缺乏环保意识
7	个人生活自由散漫，生活消费无节制
8	实验室和多媒体教室乱刻乱画现象严重，缺乏爱护公物意识
9	在网上污言秽语
10	不遵守交通规则

作为一名新时代的中职学生，首先应该做一个堂堂正正的人，一个讲文明、懂礼貌的谦谦君子，然后才能谈到成才。我们绝不能只做一部单纯掌握知识技能的机器，而要成为一个身心和谐发展的人。

（二）文明举止决定一个人的成败

文明就是一个人优良的行为习惯，它体现在我们言行举止的每一个细节上，在公众场合或与人交往的过程中，这些细节可能会发挥很大的作用。正所谓“细节决定成败”，如果言行举止不加以注意，可能会遗憾终生。

美国汽车公司的巨头——福特公司的总裁福特，大学毕业后，去一家汽车公司应聘。和他一同应聘的三四个人都比他学历高。当前几个人面试之后，他觉得自己没希望了，但既来之，则安之。他敲门走进了董事长办公室。一进门，他发现地上有一张废纸，便弯腰捡了起来，并顺手扔进了纸篓里，然后才走到董事长的办公桌前，说：“我是来应聘的福特。”董事长说：“很好，很好！福特先生，你已被我们录用了。”福特惊讶地说：“董事长，我觉得前几位都比我好，你为什么录用我？”董事长说：“福特先生，前面三位的确学历比你高，且仪表堂堂，但是他们眼睛只能看见大事，而看不见小事。你的眼睛不仅看见了小事，而且你的文明行为给我们留下了深刻的印象。福特就这样进了这家公司，并成为总裁，而且使美国汽车产业在世界独占鳌头。”

福特没想到自己弯腰捡起一张纸能打动他人，更没想到这举动能改变他的命运。其实，打动人的不仅仅是一张纸而是文明的行为。一个人的行为从感情上让他人产生一种认同感引起共鸣，那他的行为一定是文明的；如果他的行为让别人反感甚至给别人造成麻烦，那他的行为一

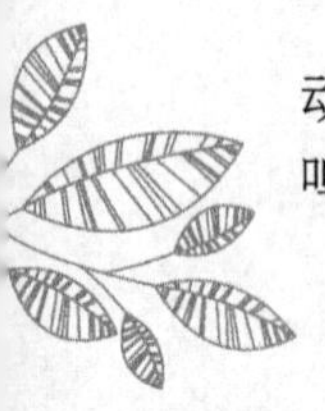

定是不文明的。文明的行为是一张有形的明信片，能通行于他人心中。

一家知名公司派人到某校参观数控车间，看到学生们技能娴熟，于是准备与这所学校签订长期的招聘合同。然而该公司管理人员在上网时无意发现，这所学校学生的网上留言相互诋毁、粗俗甚至下流，不堪入目，令人汗颜。最终，该公司以“金融危机”为由拒绝签订招聘合同。

作为新一代的中职学生，家之学子，国之未来，思想上，要经常自觉排查是否远离了陋习，做到了“勿以恶小而为之”；行动上，要恪守文明之道，监督和杜绝不文明行为，从而维护自身形象。

（三）文明与否能影响他人健康和生存环境

“习惯成自然”，好的文明习惯需要培养，陋习需要纠正，如果心中缺乏这种“规矩”，就会严重影响自己和他人的健康和生存环境。例如，随地吐痰、擤鼻涕、扔烟蒂、丢垃圾，饭前便后不洗手，不勤剪指甲，随便在环境脏乱差的小摊上买小吃等，会让自己或他人患上可怕的传染性疾病，我们的生活空间也会被污染物包围。

看海垃圾埋进海滩沙子里

在一片洁净的海滩上，一个十来岁的小男孩看着刚才游玩时留下的一堆果皮，灵机一动，在沙滩上挖了个坑“就地解决”。没想到，他刚转过身去，事情就“败露”了：一个大浪冲来，海面上顿时飘浮起一层垃圾。

小男孩分辩说：“我没有随便扔垃圾呀，我就是不想随便扔垃圾才把它埋在沙滩下面的。”据说，这个小游客的“劣迹”还包括，把螃蟹赶到自己住的度假屋前，并用东西把它们“圈养”起来，结果第二天起床后一看，可怜的螃蟹全都干死了。

良好的生活环境和健康的身体需要精心呵护，作为新一代中职学生要警惕陋习的危害，让文明为我们的健康和环境保驾护航。

三、丢掉陋习，根植文明

（一）不对陋习熟视无睹

有的人认为，只要自己的个人财产不受损失，就不必去关心或者没有责任去关心公共财产。这道出了这些人对公共场所的不文明行为熟视无睹的心态。人具有从众心理，一旦不会对陋习感到羞愧，其后果是非常可怕的，这可能导致我们背离文明，素质降低。因此，对陋习，我们应有足够的重视。当然，社会上也确实涌现出许多为社会文明和和谐而奔波的高素质公民。

除陋习 打工夫妻义送吐痰袋

“请不要随地吐痰！”在兰州西固街头，有一对年轻的夫妻经常这样劝说随地吐痰的人们，并送上他们自己制作的一次性吐痰袋。这对夫妻便是从永登来兰州打工的裴建良和刘花夫妇。为了倡导人们不要随地吐痰，这对打工夫妻发明了一次性吐痰袋，3 年来免费发放给数万名兰州市民。

裴建良夫妇说，随地吐痰不但影响市容，还会传染疾病。从他们发明了吐痰袋的那一天起，他们就决定用自己的实际行动来改变人们随地吐痰的陋习。3 年来，虽然花了两万余元的积蓄，但夫妇俩觉得值，因为他们的付出让许多人改变了陋习，有效地保护了环境。两万元对于裴建良夫妇不是一个小数目，这些钱是他们打工几年的积蓄。

对不文明行为的熟视无睹是一种纵容，是对社会不负责任的表现。文明做人、文明做事是本分，但对身边的不文明言行也不能等闲视之，不妨拿出实际行动来，让它无藏身之地。假如人人都尽心，世界会更加美好。

（二）具有文明的耻辱心

人之所以为人，在于拥有羞耻感。一个人感到羞耻，是因为他被当众嘲笑或遭到拒绝，或者他自己感觉被嘲弄了。要减少公共场所的不文明行为，使行为的施行者内心产生羞耻感是关键。只有所有人都充分意识到不文明行为是不能做的，那是一种有损形象的事，才能让社会文明发生转变。

《新疆都市报》曾报道过一位退休男教师顾某因无法容忍王某在房前小便的不雅行为，上前制止，结果被气急败坏的王某连捅 11 刀。王某对不文明行为的羞耻意识已归于零了，当然听不进去别人对他的劝告，才会气急败坏做出伤天害理的坏事来。

对文明应有的耻辱心的丧失，让许多人抛弃了公德，做出道德沦丧的行为。社会公德是实实在在存在的，需要每一位社会成员牢牢铭刻在心，自觉遵守，不需要强制指令。可怕的是，包括王某在内的很多人往往对善意的提醒报以“多管闲事”的斥责。改变国人“不文明”的形象，需要从思想意识出发，提高道德羞耻感。

（三）文明需提高自身素质

将不文明行为归结为素质的低下是有一定的道理的。人的素质是可以后天培养的；人的素质提高了，公共场所的不文明行为也就会随之消失。

病房里的感动

晚上 9 时，医院外科 3 号病房里新来了一位四五岁的小女孩。女孩的胫骨骨折，在当地做了简单的固定包扎后被连夜送到了市医院，留下来陪她的是她的母亲。孩子的小脸煞白，那位母亲一直用自己的大手握着孩子的小手，跪在孩子的身边，眼睛一眨也不眨地盯着孩子的脸。

“妈妈，给我包扎的叔叔说过几天就好了，是不是？”“是!”母亲的脸上挂着慈爱的笑，好象很轻松的样子。孩子没有说话，闭上眼睛，眼泪流了出来。过了一会儿，孩子说：“妈妈，我很疼!”并轻声哼起来。母亲一边给孩子擦眼泪一边问：“你想大声哭吗？”孩子点点头。病房里出奇的安静，那时已经是夜里 11 点多了。

“让妈妈陪你一起疼好吗？”孩子点点头又摇摇头。母亲把自己的手放在女孩的唇边说：“疼，你就咬妈妈的手。”孩子咬住了，可是眼泪还是不停地流。后来，孩

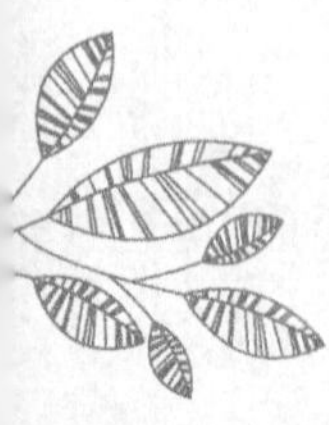

子终于闭上眼睛睡着了，脸上还挂着泪水。母亲这时却是泪流满面。

凌晨3点的时候，孩子从梦中疼醒了，她叫了一声“妈妈”，轻轻地抽泣起来。母亲忽然没了语言，她不知所措了，嘴里只是轻轻地叫着：“我的孩子！”

“孩子要哭，你就让她大声地哭吧。”一个声音在房间里响起。“孩子你哭吧。”房间里的人一齐说。他们竟然都是醒着的。母亲看着孩子的脸，说：“想哭就哭吧，好孩子。”“妈妈，叔叔、阿姨不睡了吗？”孩子哽咽着问，眼泪浸湿了她的头发，她的小脸像个天使。

屋子里能走动的人都来到了孩子的跟前。一名40岁左右的妇女拿起一个橘子，一边剥皮一边说：“吃个橘子吧，小宝贝。吃了橘子，你就不疼了。”说着，眼泪滚落在孩子的脸上。孩子吃惊地看着她，然后伸出自己的小手擦去阿姨脸上的泪。那女人更止不住地哭泣起来：“我从来没看过这么懂事的孩子……”

那一夜，大家都没有再睡，大家都被感动着，被那孩子感动着，被孩子的母亲感动着。有一个称职的母亲，才会有这样文明懂事的孩子。

文明是一种品质，文明是一种修养，文明是一种受人尊敬的行为。文明，就是做事时能顾忌到他人，从他人的利益出发。哪怕一个孩子，都可以缔造文明。

（四）践行文明，从我做起

陋习必须正视，不能有任何推卸的理由。

下雨天，公交车上来一位女孩。车开后，她靠着扶杆站稳，从手提袋中取出一个细长的塑料袋，很认真地把雨伞折叠好，装进塑料袋。周围几个人看见这一幕，被女孩打动了。

这个给雨伞“穿”上塑料袋的女孩，或者只是不想让雨水滴到车上和别的乘客身上，但她没想到自己的文明行为已深深打动了他人。

☆ 如果你失去了今天，你不算失败，因为明天会再来。

☆ 如果你失去了金钱，你不算失败，因为人生的价值不在钱袋。

☆ 如果你失去了文明，你是彻彻底底地失败了，因为你已经失去了做人的真谛。

1. 结合自身情况，说一说有的中职学生身上存在哪些不文明的行为？

2. 中职学生身上的不文明行为一旦养成习惯，会给个人成长带来哪些危害？

3. 历史上具有文明修养的成功典范有很多，请列举一些，从他们身上你得到了什么启示？

1. 帮助学生正确认知陋习，真正意识到陋习对个人成长的危害。

2. 联系实际，让学生从自身寻找陋习，从而促进学生在日常生活和实践中养成良好的行为习惯，意识到行为的养成需从爱校开始，从自我做起，从小事做起。

3. 激发学生对陋习的痛恨之感，树立讲文明、做文明中职学生的理念，培养爱国热情。请每个学生写几句简短的话，以“从我做起，从爱校做起，从小事做起，我将……”开头。让学生读一读自己写下的话，表明自己告别陋习的决心。

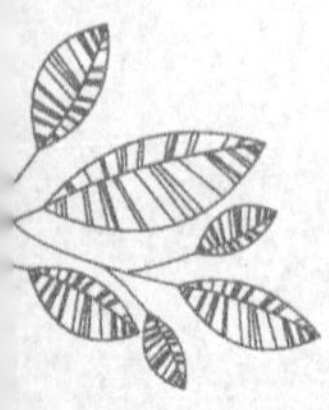

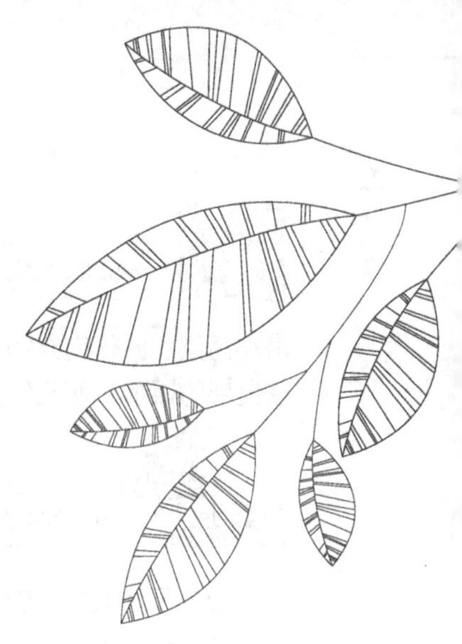

第9课

保护环境

Chapter 9

案例分析

保护我们的地球

由于人们对工业高度发达的负面影响预料不够、预防不利，导致了全球性的三大危机——资源短缺、环境污染、生态破坏。它们对人类生存带来的危害可谓是触目惊心！

印度尼西亚：当地政府利用林木资源获取了大量利益，使当地生态环境受到严重破坏。

法国中部维埃纳省：高速公路收费站前车队排起了长龙，人类制造的废气、废物、废液正无止境地破坏着周围的环境。

保加利亚：志愿者正在试图清理被废弃塑料瓶和垃圾堵塞的瓦哈大坝。

澳大利亚、南极区域：阿德企鹅在浮冰上漂流。据美国宇航局航测显示，南极冰盖每年消融570亿吨，这些企鹅正面临着生存区域的快速削减。

肯尼亚乞力马扎罗山：据统计，再过20年，这座地球赤道上的最后一座奇迹雪山将绝迹。

南太平洋上的岛国图瓦卢：很可能成为首个“沉没”的国家。该国气象局推算50年之后海平面将上升37.6厘米，这意味着图瓦卢至少将有60%的国土彻底沉入大海。

基里巴斯：目前，已经有两座岛屿被海水吞噬，最高的地方仅高出海平面6英尺。

加拿大曼尼托巴省契吉尔：由于环境恶劣，一只成年北极熊正在猎食一只北极熊幼崽。

干旱、泥石流、洪水……灾难迫在眉睫、触目惊心。如果人类再不反省、如果人类再不服从道义和良心的选择，那么未来不堪设想。

心灵启迪

人类的生存和发展离不开环境，但随着人口的激增，生活需求的加大，以及工业的迅猛发展，人类赖以生存和发展的环境已受到严重的破坏。大气污染、水质恶化、土壤污染、噪声污染、海洋污染、固体废弃物污染、森林减少、水土流失、土地沙漠化……这些问题不仅成为制约经济发展的因素，而且给人类的生存带来了很大的威胁。

思考导航

1. 观看录像后回答以下问题：

（1）视频中哪个画面触动了你的心灵？你感悟到环保是一种（　　）。

（2）是什么决定着人们的行为习惯？要养成注重环保的好习惯最重要的是什么？

（3）深度思考：发达国家何以由环保公害大国发展为环保前沿国家？

2. 地球面临的环境问题有哪些？

3. 什么是可持续发展战略？可持续发展的模式有哪些？

4. 课前调查：

（1）假如在教室做作业时，发现脚下有一张废纸，你会把它捡起来吗？

（2）假如家里或者宿舍里的地上有一张废纸，你会把它捡起来吗？

（3）假如在马路上、车站里、广场上有一张废纸，你路过时会把它捡起来吗？

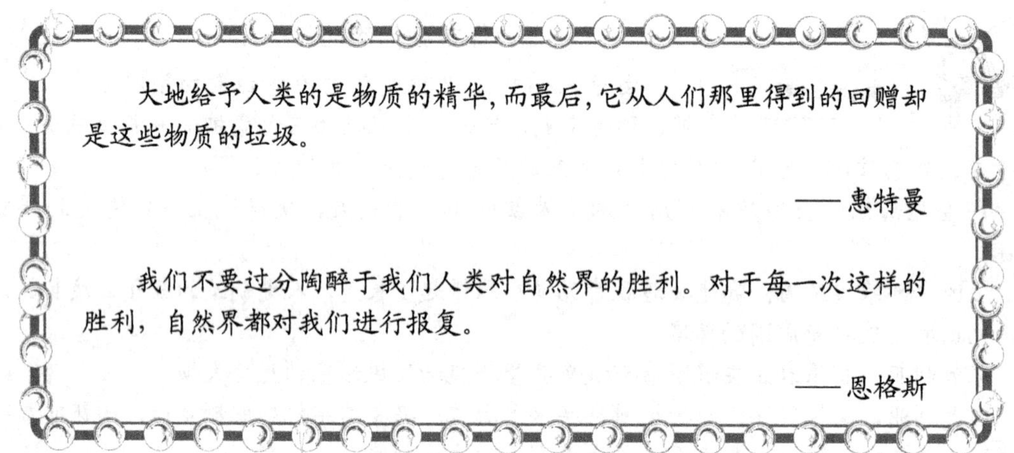

大地给予人类的是物质的精华，而最后，它从人们那里得到的回赠却是这些物质的垃圾。

——惠特曼

我们不要过分陶醉于我们人类对自然界的胜利。对于每一次这样的胜利，自然界都对我们进行报复。

——恩格斯

学习目标

环境是我们赖以生存的家园，任何破坏环境的行为都将影响到我们的生存质量甚至危害我们的生命，因此，保护环境就是保护我们自己，就是保护子孙后代的利益。通过本节课的学习，我们要理解保护环境、缔造生态文明对人类的意义，领悟“天人合一”是人与人和谐相处、人与大自然和谐相处的道德理念。体会到环境一旦被破坏，修复环境将是持久漫长的过程，代价沉重。

行为目标

在社会生活中，自觉维护公共卫生，不随地吐痰，不乱扔垃圾，节约自然资源，爱护花草树木，保护动物，注意维护人文景观；在经济生活中，按规定防治废渣、废水、废气和噪音污染。在生产过程中保持自身和环境卫生洁净，维护公共设施和自然资源，努力推动生活、生产垃圾实现再循环。

甘哈曼说过："人们常常将自己周围的环境当做一种免费的商品，任意地糟蹋而不知加以珍惜。"是的，很多人对存在于周围的环境不重视，甚至忽视，以至于经常遭到环境的教训，这不能不引起每个人的警示。

一、关注环境问题

从宏观上讲，环境是指人们所在的周围地方与有关事物，也就是人以外的一切都是环境。每个人都是他人环境的组成部分，每个生命体都离不开空气、土壤、水……所有这些都是环境的组成部分。保护我们赖以生存的地球环境，才能保障生物的生存。

（一）环境与人类的生存息息相关

环境为人类提供了各种物质和能量，是人类存在、延续的物质基础，是人类最宝贵的财富。有了大自然的给予，人们才能看到蓝蓝的天，喝到清澈的水，呼吸新鲜的空气，才能和谐地生活。如果环境遭到破坏，人类的生产、生活、健康将受到影响；假如破坏严重，甚至可能危害人类的存活。

世界著名的八大公害事件

1. 比利时马斯河谷事件：1930 年 12 月，比利时马斯河谷工业区内排放的工业有害气体和粉尘对当地居民造成了重大影响，一周内近 60 人死亡，市民中的心脏病、肺病死亡率增高，家畜死亡率也大大增高。

2. 美国洛杉矶烟雾事件：20 世纪 40 年代，美国洛杉矶的大量汽车废气在紫外线的照射下产生化学烟雾，造成许多人眼睛红肿、咽炎和呼吸道疾病恶化及神经紊乱。

3. 美国多诺拉事件：1984 年 10 月，美国宾夕法尼亚州多诺拉镇排放的二氧化硫及其氧化物与大气粉尘结合，使大气严重污染，造成 5911 人患病。

4. 英国伦敦烟雾事件：1952 年 12 月，英国伦敦冬季燃煤产生的烟雾聚集不散，在 4 天时间内造成 4000 多人死亡，两个月后又有 8000 多人死亡。

5. 日本水俣病事件：1953 年至 1968 年，日本熊本县水俣湾，由于人们食用了被含汞污水污染的鱼虾，造成近万人中枢神经疾病，其中甲基汞中毒患者 283 人，有 60 余人死亡。

6. 日本四日市废气事件：1961 年，日本四日市的石油冶炼和工业燃油产生的废气，严重污染大气，引起居民呼吸道疾病骤增，尤其是哮喘病的发病率大大提高。

7. 日本富山的痛痛病事件：1955 年至 1977 年，日本富山的居民，因为饮用了含镉的河水和食用了含镉的大米以及其他含镉的食物，引起痛痛病，就诊患者 258 人，其中死亡者达 207 人。

8. 日本的爱知粮油事件：1963 年 3 月，在日本的爱知县一带，由于对食用米糠油的生产管理不善，造成多氯联苯污染物混入米糠油，造成 13000 多人中毒，数十万只鸡死亡的严重污染事件。

世界著名的八大公害事件都是人类自食其果。人类对环境不珍惜，随心所欲，使生态环境的质量大大降低，环境问题便也随之产生了。大气污染了，水污染了，土地污染了，人类本来美好的家园面目全非，伤痕累累。环境对人类以牙还牙，疯狂地报复，令人类招架不住，甚至严重地威胁到人类的生存。如果还不能从中汲取惨痛的教训，将来世界的情形将不堪设想。

（二）环境的自我净化能力是有限的

地球上的资源是有限的；生态系统吸收人类排放的废物的能力也是有限的。世间万物是一个密不可分的整体，我们生存在一个“地球村”中，为其他物种敲响丧钟，也是为人类自己敲响丧钟。

1996 年，联合国环境署发表的一份报告指出，南极臭氧空洞正以每年相当于美国陆地面积的范围在增大，使地面紫外线辐射增强，皮肤癌发病率上升；温室气体过度释放造成全球气候变暖，12％的哺乳动物和 11％的鸟类濒临灭绝，每 24 小时有 150～200 种生物从地球上消失；12 亿人口生活在缺水的城市，14 亿人口的生活环境中缺乏生活污水排放装置；每年全球地表土壤流失 200 亿吨；化学杀虫剂使用量超过 270 万吨；全球 40 多种鱼类因捕捞过度而濒临灭绝；全球森林以每年 460 万公顷的速度消失。

在濒临灭绝的脊椎动物中，有 67%的物种遭受生存环境丧失、退化与破碎的威胁。人类能在短期内把山头削平，令河流改道，在百年内使全球森林减少 50%，这种毁灭性的干预导致环境突变，导致许多物种失去赖以为生的命根子——生态，沦落到灭绝的境地，而且这种事态仍在持续着。因此，我们必须选择一种与地球的承载能力相适应的生活方式，绿色、低碳生活就是我们明智的选择。

（三）保护环境，环境才能与人类友好相处

雨果说：“大自然是善良的慈母，同时也是冷酷的屠夫。”这句话形象地道出了一个真理：如果我们善待环境，环境就会与人类友好相处；如果我们肆意破坏，大自然就会以数百倍的力量把人类推向可怕的悬崖。因此，人类应该与我们赖以生存的环境友好相处，保护环境就是保护人类本身，是每个人的责任。

古老的环保故事

古时候，在我国江南某地有一个小官吏。一天，他接到一个出差的任务，是到当时的京城去送文件。他骑着一匹马匆匆上了路，傍晚，歇宿在一个旅馆里。旅馆里有一口水井，井水冬暖夏凉，还有一丝淡淡的甘甜。小官吏喝着井水，感到旅途的辛劳减轻了不少。这口井为南来北往的人增添了许多美好的回忆。但这个小官吏是个自私自利的人，第二天早上他离开旅馆时，顺手把马吃剩的残草败根倒在了水井里。过了一个月左右，小官吏从京城办完事回来，又来到这家旅馆。他赶到这里时，天已完全黑了。经过一天的长途奔波，小官吏感到又累又渴，便从水井里打水喝。由于天黑看不清水桶里的水，小官吏又渴得够呛，喝起水来如

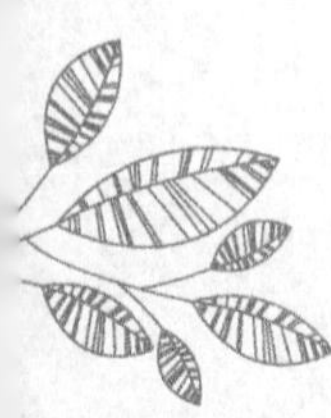

同牛饮一样，结果喝进去一根草秆。草秆卡在小官吏的喉咙里，吞又吞不下，吐又吐不出，不一会儿，小官吏就一命呜呼了。而这草秆正是他以前走的时候倒在水井里的。古人吸取小官吏的教训，告诫后人说："千年井，不反唾。"让人们自觉保护水源。

古人尚且懂得爱护自然环境的道理，今人更应如此。其实，环境的内部平衡能力如果没有被破坏，它会非常慷慨与大方，会有效提高人类生存的质量。因此，保护环境一直是全球性的话题，而且其形势刻不容缓。

二、践行环保

（一）提高环保意识

人类在追求舒适的生活时，也在无意识地破坏着赖以生存的环境。每个人都想让自己的物质生活和精神生活达到高度文明，然而，人们在尽情地享受高科技所带来的美好生活时，却不经意间破坏着环境的平衡，并为此付出了沉重的代价。日益恶化的生态环境使人们感到保护环境的重要性和迫切性。

鄱阳湖在哭泣

据 1997 年入秋以来的统计，鄱阳湖水域每天都有数以万计的捕鱼者进行掠夺性捕捞，使渔业资源急剧衰退，已面临枯竭的危险，不仅船只捕捞单产逐年锐减，而且渔获物的群体低龄化和个体小型化现象日趋严重，经济效益和食用价值越来越差，湖区鱼类品种明显减少，一些名贵鱼种已濒临灭绝。目前，有关专家呼吁，对鄱阳湖的渔业资源切莫杀鸡取卵，否则渔业资源将有在鄱阳湖绝种的可能。

值得庆幸的是，人类是一个有智慧的群体，面对当前存在的环境危机，我们的环保意识在不断提高，世界各国的重视程度也在与日俱增。环境保护是一项系统工程，环保是每个人义不容辞的责任，提高整个民族的环保意识，需要我们共同努力，需要从心灵深处去热爱自然，保护环境。

中国环保名人——路乞

路乞生于是 1939 年，美国犹他州人，法学博士，2010 年被有关部门表彰为投身于新中国建设并有着杰出贡献的外籍人士。他自称"路乞"，即马路上的乞丐。他通过自己的实际行动为环保做贡献，成为知名的环保大使。

路乞，英文名 K.L.Rothey。1984 年他因公第一次来到中国，从此对中国文化产生了浓厚兴趣，之后先后来华 50 余次。2003 年 9 月，路乞来到湖北省黄石市与该市女书法家孟顺波共结连理。居住在黄石期间，他走在路上看到垃圾就捡，让他的夫人孟顺波十分不解。路乞说："我重视我的'环境'，黄石是我的生活环境，我只是希望它更干净、更美好。"路乞也许不懂"身体力行"、"潜移默化"等中国成语，却用实际行动感动了他身边的中国人。在黄石，有数百名志愿者跟随他，投身于捡拾垃圾、宣传环保的工作。路乞把它称做"五意工程"（即义务、意识、意志、意气、毅力)。他相信:“只要每个人从小事做起,每天多做一点点,环境就会更美丽。

他说:“中国人瞧不起乞丐,但我认为捡垃圾的乞丐做的是爱护环境的工作,这是很高尚、很重要的工作。我现在是乞丐,到‘进棺材’也还是乞丐!”当然,乞丐并不是路乞的职业。退休前,他是一位法律工作者,他现在的名片上印着“法学博士”头衔。

路乞说:人不仅要清除环境中的垃圾,更要清除人们体内和思想中的垃圾。路乞并不认为环境问题仅靠捡垃圾就能解决,他更爱与市民交流,传播爱护环境的意识。路乞是一个在中国定居的普通美国人,但他义务捡拾垃圾的行为却在黄石和中国的其他地方激起了阵阵涟漪。很多人称赞他的行为,也有人感叹路乞捡回了我们失去的文明。

其实,对于保护环境的认识,我们周围的很多人并不缺乏,都知道随便扔垃圾是错误的行为,但我们缺乏的是改正错误的勇气和从我做起的踏实态度。“勿以善小而不为,勿以恶小而为之”,这是我们传颂了千百年的立身之道,路乞恰恰在这样一件小事上实践了我们的古训,给我们上了一课。改善人与自然的处境是一件迫在眉睫的大事,环境保护,需要你、我与大家共同的努力。

(二)履行环保义务

生态环境日渐恶化的今天,人们越来越重视环保,节约用电、保护环境、减少污染、为环境增加绿色,这些都是人类要做的事,保护地球是每个人的责任和义务。

攻克垃圾焚烧三大世界难题的陈泽峰

陈泽峰,丰泉环保集团董事长。中国环保产业协会副会长、全国青联委员、福建省人大代表、全国百名“公益之星”。

1998 年,当陈泽峰率领丰泉集团的考察团在全国各地进行市场调研时,见到城镇四处堆放的垃圾,散发着恶臭;到处可见塑料袋挂在树梢上随风舞动,他的心被深深刺痛了。陈泽峰做出了投身环保产业的抉择。

陈泽峰率领精兵强将多方取经,反复攻关,不惜耗费巨资,终于攻克垃圾焚烧的三大世界性难题——降低焚烧成本、实现烟尘无污染排放及热能的充分利用。2001 年 8 月,丰泉垃圾焚烧炉顺利通过国家环境分析测试中心的检测,成为全国首台二恶英排放通过达标检测的焚烧炉。同时,陈泽峰找到市场的切入点:生产 3~50 吨小型焚烧炉,将市场定位在中小城镇,并向宁夏、四川、湖北等省区的偏远地区赠送价值 300 多万元的焚烧炉。他认为“分片治理、就地消化”能简便、节约、有效地解决垃圾围城问题。

在陈泽峰的领导下,公司引进了德国技术,与北京环境保护科学研究院合作成功开发了“水解拼装式工业废水中小城镇装置”。该产品代替进口,填补了国内空白,已应用于福建、新疆等地的多项污水处理工程,被科技部等五部委认定为“国家重点新产品”,并与 LFW 系列智能型工业垃圾焚烧炉一起,双双被列入国家重点环保装备国产化国债项目,获得中央财政资金 1700 万元的支持,成为全国第一个荣获两个国债项目的环保企业。作为一个民营企业,丰泉集团集环保科研、项目开

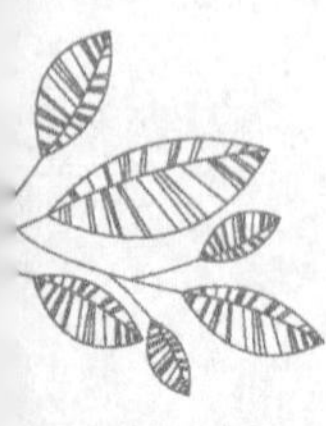

发、设备制造为一体，是福建省目前规模最大的污水处理和垃圾焚烧设备生产制造基地。

陈泽峰有个愿望，他希望以统一的规模设计、经营模式、售后服务体系，在全国各地建设5000个丰泉垃圾焚烧炉示范点，届时，每年将科学处理全国1/10的垃圾，创造20亿元的直接经济效益。

陈泽峰用自己的行动再一次告知我们，保护环境是我们每一个公民应尽的义务.面对污染问题，只要肯想办法，没有做不到的；关键是你是否愿意履行自己的这份义务.保护环境需要从我做起，从身边的小事做起。

64岁留学生专为“垃圾”写诗歌

2005年11月，韩国的柳先生来到中国宁波大学学习汉语。他发现公寓楼的卫生状况不如人意。于是，柳先生就去市场买了工具，每天早晨起床散步时，把房前屋后收拾得干干净净。后来，这种环保行动的范围延伸到了校园里。在去教室上课时，柳先生身上除了书本纸笔之外，还带有几个塑料袋，沿路看到果皮纸屑枯枝烂叶，他都会一一捡到袋子里，扔进垃圾箱。

在宁波大学学习了两年汉语，柳先生不但能用普通话与人无障碍地交流，甚至能写长长短短的诗歌。在他编写的诗歌集子里，单是专门为“垃圾”而写的诗有《捡拾垃圾乐》、《垃圾说》等七八首之多。他说，他把捡垃圾的体会都写进了诗歌里。

柳先生所在的班级的同学都是来自世界各地的留学生，文化差异巨大，生活习惯不同，但让他高兴的是，凭借他的年龄和在同学中树立的威望，没多久，同学们再也不好意思在他面前乱扔垃圾了；而且有趣的是，只要他一出现，他们就不由自主地往周围地上瞧，生怕有丁点纸屑。柳先生一开心，又写了一首诗《多么好》：早晨起得早，捡拾垃圾好，锻炼身体和心神安定好，我们居住的环境优美好，周围干净时学习效果好！

在柳先生的带动下，很多学生都关注起了环境问题，青年志愿者也组织了多次“洁净校园、清除卫生死角”活动，每次都有几百名同学主动报名参加，不仅把校园主干道打扫得干干净净，校门外的宁镇公路也被他们列入了包干范围，每个学院都划分了固定的责任区域。

作为中职学生，在实际生活中，从身边的小事做起，关注环保、践行环保，是我们的责任。我们要克服随手乱扔垃圾、随地吐痰、在公共设施上乱写乱画的恶习；在打扫卫生的时候，要主动承担脏活、累活，这样才能成为一名合格的公民。

（三）提升环保内驱力

保护环境不是一个独立的大主题，而是一个更大主题下的副标题。这个更大的主题就是“如何做人和生活”。很多时候，人不是因为生活压力才被迫地破坏环境，而是基于贪欲主动地榨取自然。知识不能净化环境，我们很多人缺乏的是情感认知。对自然、对生命真诚乃至虔诚的爱，才是保护环境的唯一真实的基础。

“环保企业家”陈光标

“中国首善”陈光标，男，江苏黄埔再生资源利用有限公司董事长。陈光标一直致力于免费为企业拆除大型厂房、道路桥梁及高层建筑物爆破。他的公司将建筑垃圾和生活垃圾环保再生处理，通常是利用国际先进的移动式混凝土破碎、筛分技术，承接渣土回收、加工再利用，将建筑垃圾粉碎成建筑骨料、道路填铺料、三合土集料等不同用途的再生集料，制成渗水环保砖销售。他把企业净利润的50%多用来回报社会，10年来向慈善事业捐款捐物累计超过10亿元，受资助的人数50多万人。陈光标被中共中央、国务院、中央军委授予“全国抗震救灾英雄模范”、“全国道德模范”、“全国五一劳动奖章”、“优秀中国特色社会主义建设者”等。

2008年5月12日，汶川大地震发生后两个小时，陈光标调集推土机、挖掘机、吊车等共计60台重型机械，连同120多人的救灾队伍合力向灾区进发。这支队伍几乎与军队同时抵达灾区，成为首支自发抗灾抵达地震灾区的民间队伍。他们推出了映秀镇的停机坪，在岷江边修出了几公里的道路，参与打通了通往北川、汶川和映秀的生命线，用推土机、吊车将路上的大石块等清理出来，为大部队迅速进入灾区救援赢得了宝贵时间。在灾区的废墟中，陈光标抱、背、抬出200多名遇难者的遗体，并亲手救出11名幸存者，参与掩埋遇难者尸体近万具。地震期间，陈光标把60台重型机械赠送灾区使用，捐赠帐篷3000顶、收音机20000多台、电视机1000台、电扇1500台、大米170吨，现场发放现金785万元。温家宝总理握着他的手说：“你是有良知、有灵魂、有道德、有感情、心系灾区的企业家，我向你表示致敬。谢谢你！

在全球金融危机的情况下，陈光标成为唯一的一个捐赠过亿的大陆慈善家。2010年8月初，台风莫拉克重创南台湾，陈光标在第一时间第一个倡议，并作为首个民营企业家给台湾莫拉克台风受灾地区捐赠500万元；投资上亿元捐建黄埔救灾减灾培训中心，免费为大中小学生、民兵预备役人群普及就灾减灾知识81期。作为政协委员，他还积极宣传环保，大力提倡公共交通、地铁免费，这些有助于降低地球“温室效应”。

三、多元化的环保措施

环境保护已经成为世界各国经济、社会、自然可持续发展的重要内容。保护气候，治理水污染，整治白色垃圾，维护生态平衡，减少温室气体排放，低碳生活……面对多元化的环保问题，各国也出台了多样的措施。

（一）美国泡泡政策和草坪文化

1979年，美国环保局试点一项被称为“泡泡政策”的新政策。此政策规定，整个工厂如果有若干个排放口，只要工厂的总污染量不超过标准，允许各个排放口的排污量有多有少，互相调剂。

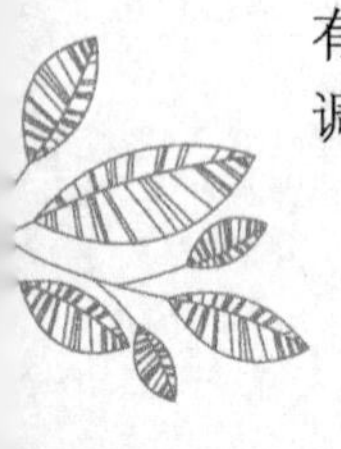

美国是个草坪大国，凡空旷之处皆营造了成片的草地或林木，修剪齐整的草坪远视如绿浪，

近观则如同地毯，让人流连忘返。草坪给美国人创造了美好的生活环境，亦带来了难以估量的好处。人们可以充分享受大自然的恩赐，不仅空气清新，而且能调节气温，给人们恬静、安详的感受。与草坪文化共存的是美国人良好的社会公德意识。人们习惯于将绿化环境视为自身生活空间的延续，为草坪文化的生存和发展提供了可靠的保证。

（二）意大利为森林“洗脸”

意大利全国各地300多座城市都有“清理森林”的志愿者，他们一天可清理各种垃圾1900多吨，相当于米兰这样一座大城市一天所产生的垃圾总量。垃圾主要有废旧油桶、废工业半成品、废家用电器、旧衣服、废旧汽车等。这些志愿者用他们的义务劳动为森林“洗脸”，美化环境，保护环境。

（三）德国的环保措施

（1）实施碳排放权交易。在碳排放参与企业的选择上，德国对国内所有机器设备的二氧化碳排放量进行调查，按照《京都议定书》和相关法律严格要求，每个企业在申报排放权指标时，都按照技术标准，核实自己的机器设备排放二氧化碳的情况等。对于排放量超过一定数额的设备，其生产企业要在与联邦环保局达成自愿协议的基础上，经审核才可取得一定的排放权，并进行排放交易。

（2）征收生态税。为了节约能源和提高能源利用率，大力发展可再生能源，保护气候与环境，创造更多就业机会，德国从1999年起实施了生态税改革，实际上是采取“燃油税”附加的方式收取“生态税”。其主要目标是通过征收生态税，使石化燃料对气候和环境所造成的危害的治理成本内部化，即治理费用纳入消费者购买石化燃料产品的费用中。

（3）循环经济，即让垃圾“循环”成资源。2000年，德国50%的生活垃圾得到再利用，包装纸和废旧玻璃的回收率达到80%，废纸回收率达到60%，建筑废物回收率达到90%；冶金行业产生的矿渣中，95%与70%以上的粉尘和矿泥被重新利用。

（四）日本宣传环保很到位

垃圾若不分类处理，将演变成一场环境灾难。日本人深谙其中的道理。在日本，无论是政府还是普通居民，扔垃圾必须严格遵守和认真执行规范，而且是一件已经做得非常细致的事情。日本市民如违反规定乱扔垃圾，就是违反了“废弃处置法”，会被警察拘捕并课以3万～5万日元的罚款。值得一提的是，垃圾分类投放已经成为日本民众的一种自觉行为，即使没人监督也会严格执行。这样的结果与日本政府的环保管制和宣传得力是分不开的。甚至连幼儿园的孩子都知道普通的环保知识，并以此来督促自己的父母长辈自觉遵守。日本政府对每一类垃圾都有相应的垃圾袋出售，而超市售出的每一样产品的外包装上都会注明此类包装属于什么样的可回收资源。这样养成习惯后，看似繁琐的垃圾分类也就得心应手了。

有的行政区年底还会向居民赠送新年历，在年历的下方注有说明：每一种颜色代表哪一天可以扔何种垃圾，年历上还配有如何区分垃圾的漫画，帮人们加以区别。

1. 环保意识影响着你的什么？改变着你的什么？怎样才能让“环保风暴”来得更猛烈些？

2. 分小组讨论下列主题，并制定出行之有效的环保策略。

主题 1——节约水电等能源的方法；

主题 2——节约木材纸张等的方法；

主题 3——减少及处理垃圾的建议；

主题 4——生活中环保做法的倡议。

1. 以班级为单位到社区进行一次环保行动。

2. 以班级为单位组织一次环保人物评选。

3. 到环保资料网（http://www.hbdoc.cn）下载环保诗歌，进行分组朗诵，并派代表在班内进行朗诵表演。

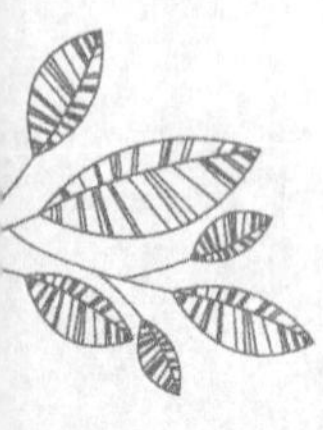

第3单元

自律与自强

人的生活是在不断变化的，人的发展是可持续的，因此，人需要靠提高“自信、自强、自律”的自我管理能力，去应对变化和发展。

自信是一种自我肯定，人只有通过扩充知识、认识自己、完善自己，才能阳光与自信。自律是在没有人现场监督的情况下，自觉地约束自己的一言一行，是防止个人私欲膨胀导致权力扩张、权力懈怠、腐败滋生的关键。自强是支持着中国人自立于世界民族之林的一种精神和信念，是流淌在中华民族文明血管中的生生不息的血液，是中国人民代代相传的传世之宝。

通过本单元的学习，我们要发展自己的能力，调整自己的心态，克服自负与自卑心理，树立健康的自信心。我们要做到无论遇到怎样的波折都能坚持不懈地追求自己的目标，做到自立自强。我们要在社会生活和职业生涯中做到不贪、不占、不损公肥私，用勤劳的双手和节俭的理财方式去积累自己的财富，做到“君子爱财取之有道”，以此提高自身的社会竞争力。

第10课

相信自己

Chapter 10

案例分析

马云背后的故事

马云一直在讲，自己很笨但很执著，初中考高中考了两次，高中考大学考了三次。在他第三次参加高考前，他的老师说："你要是考上的话，我的名字倒过来写。"但马云坚信自己一定能够成功，最终跌跌撞撞地考入杭州师范大学外语系，还幸运地上了本科。

大学毕业后，马云当了6年半的英语老师。1995年，"杭州英语最棒"的马云受浙江省交通厅委托到美国催讨一笔债务，虽然没要到一分钱，但发现了一个"宝库"——互联网，并且产生了一个疯狂的梦想——把中国企业的资料集中起来，快递到美国，由设计者做好网页向全世界发布，利润则来自向企业收取的费用。

马云相信"时不我待，舍我其谁"！他坚信这条路一定行得通。于是，他找了个学自动化的"拍档"，加上妻子，一共三人，两万元启动资金，租了间房，就开始创业了。这就是马云的第一家互联网公司——海博网络，产品叫做"中国黄页"。在以后的很长时间里，在杭州街头的大排档里经常有一群人围着一个叫马云的人，听他口沫乱飞地推销自己的"伟大"计划，但那时候，很多人还不知互联网为何物，他们称马云为骗子。1995年他第一次上中央电视台，有个编导跟记者说，这个人不像好人！其实在很多没有互联网的城市，马云一直被称为"骗子"。但马云不屈不挠，为了让人们接受他的想法，他天天提醒自己"互联网必将影响人类未来的生活"，然后，出门跟人侃互联网，说服客户，业务就这样艰难地开展了起来。

1999年，马云回杭州创办了"阿里巴巴"网站。临行前，他对他的伙伴们说："我要回杭州创办一家自己的公司，从零开始。愿意同去的，只有500元工资；愿留在北京的，可以介绍去收入很高的雅虎和新浪。”他说用 3 天时间给他们考虑，但不到 5 分钟，伙伴们一致决定：“我们回杭州去，一起去！”因为，他的自信感染了他的团队。就这样马云和他的团队造就了“阿里巴巴”。“阿里，阿里巴巴，阿里巴巴是个快乐的青年！”马云也是个快乐的青年，他讲述了一个中国版的天方夜谭。

如今，“阿里巴巴”服务的企业达到 240 万家，马云即使在睡梦中，“阿里巴巴”每天也有 100 万元的收入。

心灵启迪

马云最初之所以被称为“骗子”，是人们认为马云表现的是自负而不是自信；自信过了头就是可怕的自负。自负与自信的区别就在于，自信是一种基于现实的自我鼓励与肯定，而自负是明显的脱离实际。马云的“互联网梦”是基于国外的经验与实践，因此他的所作所为应该是自信的表现，而不是最初媒体所说的恃才傲物、刚愎自用。

自信是实现自我价值的必要条件，没有自信的人很难取得成功。马云始终相信自己的选择，无论遇见多少的鄙视和艰辛，他的脸上始终洋溢着阳光和自信，这种自信让他成了最后的赢家，成为一个能够掌握自己命运的人。

思考导航

1. 为什么马云会如此坚持自己的选择？

2. 一直被人们认为是自负的马云，是如何征服周围人相信自己的？

3. 通过马云的事迹谈谈你对自信、自负及自卑的理解。

4. 说一说自信对人生的意义。

5. 查一查自己周围，有没有自信、自卑、自负的典型？

6. 在最近一段时期，有没有什么事情让你体验到了挫折感？请分析阻碍这件事成功的最大障碍是什么。找一件类似的事，尽最大的努力，发挥自己的潜能，去完成它。

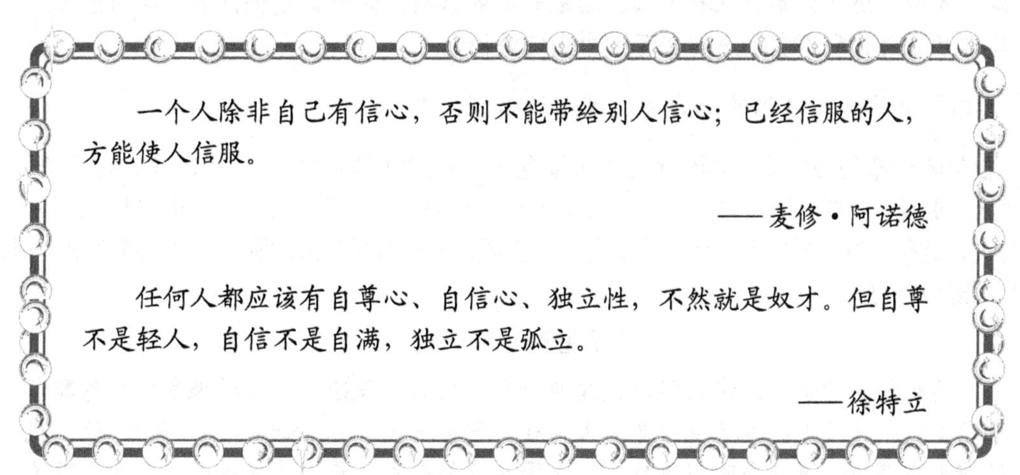

一个人除非自己有信心，否则不能带给别人信心；已经信服的人，方能使人信服。

——麦修·阿诺德

任何人都应该有自尊心、自信心、独立性，不然就是奴才。但自尊不是轻人，自信不是自满，独立不是孤立。

——徐特立

学习目标

一个想要获得成功的人必须对自己有信心。我们要认识自信及其对人发展的作用，能正确地认识自我，增强自信，克服自负或自卑。要树立起作为中职生的自信，从而在未来的就业和生活的道路上走向成功。

在日常生活和职业生活中，要克服自卑，树立敢拼才会赢的信念；要摒弃自负，理性分析自己的实力；要相信自己的潜能，凡事做积极的选择；要锻炼自己的才能，培养自己的信心。

一、解读自信的内涵

自信是在对自己和对事物的正确认识的基础上，相信自己有能力实现一定愿望的心理状态。一个想要获得成功的人必须对自己有信心。如果一个人连自信都失去了，那么他要想得到成功，恐怕只是幻想。

（一）自信是基于实际的自我肯定

没有自我肯定，自信也就随之丧失。自我肯定是基于现实的一种自我接纳和认可，其表现为：相信自己，肯定自己和超越自己。

美孚的自卑与李四光的自信

1915 年，美孚石油公司投资 300 万美元，在我国西部打了 7 口油井而一无所获。美国斯坦福大学的布莱克威尔教授因此断言：中国是一个“贫油的国家”，绝不会生产大量的石油。而年轻的地质学家李四光却不信这个断言，他反唇相讥：美孚的失败并不能证明中国无油可采。1921 年，李四光在强烈自信心的支配下，亲自到河北太行山东麓、长江中下游的庐山、九华山、天目山、黄山进行地质考察，用大量实证肯定中国冰川遗迹的存在，这对地质学、地理学和人类学都是一大贡献。历经 30 年，他运用地质沉降理论，相继发现了大庆油田、大港油田、胜利油田、华北油田、江汉油田，还预见西北也有石油。后来开发的新疆大油田就完全证实了他的预言。李四光靠自信和事实彻底粉碎了“中国贫油论”。

（二）自信是凭自己的能力实现超越的心理状态

自信源于超越自己。美国作家威廉·福克纳说过：“不要竭尽全力去和你的同僚竞争。你应该在乎的是，你要比现在的你强。”一个人要产生自信心，就必须从内心深处产生一股强大的力量，在这种力量的驱使下，让自己变得毫无畏惧，无论面对多大的困难、多强的竞争，都会轻松平静地应对。

“荣誉班”的奇迹

美籍物理学家钱致榕来华时谈起他中学时代的一段经历。当时很多学生作弊，不求上进。一位责任心很强的老师从 300 个学生中挑选 60 人组成了“荣誉班”，钱致榕也在其中。老师当时明确宣布，是因为他们有发展前途才被挑选出来的。听了老师的话，被选上的人十分高兴，对前途充满信心，踏实学习，后来大多成了才。后来，钱教授遇到那位老师时，才知道这 60 位学生是随意抽签选出的。

自信可以创造奇迹。不论是在生活中还是在工作中，只有“相信自己能”才能让一切变成可能。

自信心表现为超越别人。如果你能不断地超越自己，你的自信就会转变为有信心超越与你同等实力或比你实力强的人。超越他人是自信心得到进一步强化的过程。

充满自信的王军霞

提到“马家军”，王军霞无疑是其中杰出的一位，她不仅破了世界纪录，还赢得了世界田径最高荣誉——欧文斯奖。但她少年时却瘦弱多病。1974年1月9日，王军霞出生于吉林省蛟河县白石镇的一户农家，虽瘦小多病，但从小好动。1985年，王军霞读4年级时，她父亲携妻带子回到了故乡——大连市甘井子大连湾前盐村。这次跨省的迁移成了王军霞人生的转折点，这个极具长跑天赋的小姑娘来到了群众体育十分活跃的大连。在学校运动会上，她获得800米和1500米两项冠军。此后，她一步步走向长跑圣殿，最终成为马俊仁的得意门生，并为中国女子中长跑走向世界巅峰立下汗马功劳。在雅加达举行的第11届世界田径的锦标赛上，王军霞被评为最佳运动员。她说：“我喜欢长跑，喜欢赛场上那种激烈竞争的气氛，我对自己充满信心。”她说：“在跑道上飞奔时，有一种无法形容的快感，我要为自己创造光明的未来。”

王军霞的人生转折点源于第一个冠军的取得，不服输的精神让她对自己更加充满信心。成功源于实力，更源于一次次超越——超越自己和超越他人。在竞争日趋激烈的社会中，人要学会在提升自信和实力中前进。

二、自信对人发展的作用

（一）自信提升人的价值

你可以不相信别人，但绝不能不相信自己。当人拥有自信心之后，就可以化渺小为伟大，化平庸为神奇。

石头的价值

一个生活在寺院的弃儿非常悲观，他常常问收养他的高僧：“像我这样一个父母不要的孩子，活着究竟有何意义？或许我不该来到人世。”高僧总是笑着说，你会知道自己的价值的。

有一天，高僧给他一块石头，对他说：“明天，你把这块石头拿到市场去卖。记住，无论别人出多高的价钱，绝不能卖掉。”第二天，男孩蹲在市场的角落里，发现居然有好多人要买他的石头。回到寺院，男孩兴高采烈地描述着，高僧笑着道：“明天你到黄金市场上去试试。注意，价格再高也不卖。”出乎意料的是，黄金市场上竟然也有人买，而且比昨天价格高出10倍。第四天，高僧又让男孩到珠宝市场去展示，并让男孩说“不卖，只是展示”。结果，由于男孩不肯出售，这块石头被人们认为是寺院的稀世珍宝。男孩捧着石头，兴冲冲地跑回寺院，如实汇报给高僧。高僧说：“一块平常不过的石头，因为环境的变化和你的珍惜而升值。生命就像石头，珍爱自己，让自己有一个好的心态，你的价值也会提升。”

自信，是对自己的能力有充分的估计和坚定的信心。自信是一面充满魅力的旗帜，它能招来好运。

（二）自信是成才的关键

通往成功之路永远是畅通的，关键是要坚信“我就是成功最大的资本”。要知道，一件连自己都不相信能够做到的事是无法达成的，唯有坚定的信念才是带你前进并走向成功的力量。如果你真正建立了自信，那么你正在迈向成功之门。

自信铸就成功的数学家

华罗庚是我国著名的数学家。不过，在他读小学的时候，他的学习成绩并不好，没有拿到小学毕业证书，只是拿到一张修业证书。读初中一年级的时候，他的数学课还是经过补考才及格的，所以，同学们都讥笑他，叫他“废物”。同学们的嘲讽并没有让华罗庚灰心，他暗暗下决心：一定要学好数学。他相信自己能够学好数学。信心树立起来，就会产生无穷无尽的力量。他知道自己并不比别人聪明，就用“以勤补拙”的办法：别人学习一小时，他就学习两小时。最后，华罗庚终于成为我国著名的数学家。

（三）自信是取胜的精神支柱

人只要对自己不失望，充满自信心，精神就不会崩溃，战胜困难就有希望。人一旦自卑，甚至自暴自弃，就会给自己背负上沉重的枷锁，很难走出困境。

精神的力量

1900年7月，德国精神学专家林德曼独自驾着一叶小舟驶进了波涛汹涌的大西洋，他在进行一次历史上从未有过的心理学实验。林德曼认为，一个人只要对自己抱有信心，就能保持精神和肌体的健康。当时，德国举国上下都关注着林德曼独舟横渡大西洋的冒险，因为已经有一百多位勇士相继失败，无人生还。林德曼推断，这些遇难者并不是因生理原因失败的，主要是死于精神崩溃、恐慌与绝望。在航行中，林德曼遇到难以想象的困难，多次濒临死亡，有时真有绝望之感。但只要绝望的念头一升起，他马上就大声自责：懦夫，你想重蹈覆辙，葬身此地吗？不，我一定能成功！终于，他胜利渡过了大西洋。

自信能改变人生。一个有自信的人对未来会充满希望和力量，能迸发出精神饱满、意气风发、行为大方、谈吐自然、举止大度等高贵气质和状态，这种状态会推动人的持续发展。

亨利效应

多年前的一个傍晚，一个叫亨利的青年移民站在河边发呆。这天是他30岁生日，可他不知道自己是否还有活下去的勇气。因为亨利从小在福利院长大，身材矮小，长相也不漂亮，讲话又带着浓重的乡土口音，所以一直自卑，连最普通的工作都不

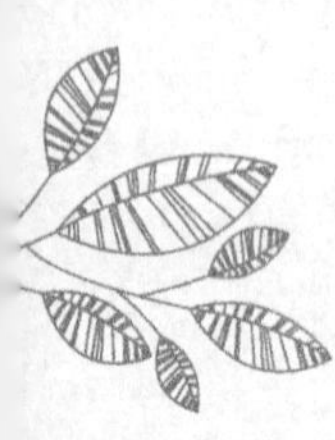

敢去应聘，没有工作也没有家。就在亨利徘徊于生死之间的时候，他的好友约翰兴冲冲地跑过来对他说："亨利，告诉你一个好消息！我刚从收音机里听到一则消息，拿破仑曾经丢失了一个孙子。播音员描述的特征与你毫不相差！""真的吗？我竟然是拿破仑的孙子！"亨利一下子精神大振。联想到爷爷曾经以矮小的身材指挥着千军万马，用带着乡音的法语发出威严的命令，他顿感自己矮小的身体同样充满力量，讲话时的口音也带着几分高贵和威严。就这样，凭着他是拿破仑的孙子这一"美丽的谎言"，30年后，亨里竟然成了一家大公司的总裁。后来，他请人查证了自己并非拿破仑的孙子，但这早已不重要了。

三、走向自信的途径

（一）多给自己打气

自信的关键在于自己，如果总认为自己不行，是无法得到自信的。一个丧失自信心的人会变得自卑、颓废与消极。因此，每个人在为人处事时，都要多给自己打气，经常对自己说"我行，我一定能行"，以此来提升自己的自信心。

尼克是一家铁路公司的调度人员，他工作认真、做事负责，不过有一个缺点，就是缺乏自信，对人生很悲观，常以否定、怀疑的眼光去看世界。有一天，公司的职员都赶着去给老板过生日，大家都急急忙忙地提早走了。不巧的是，尼克不小心被关在一个待修的冷藏车里。恐惧之下，尼克在车厢里拚命地敲打着、喊着，但全公司的人都走了，根本没有人听得到。尼克的手掌敲得红肿，喉咙叫得沙哑，也没人理睬，最后只好颓然地坐在车厢里喘息。他越想越害怕，心想：车厢里的温度只有零度，如果出不去的话，一定会被冻死。第二天早上，公司的职员陆续来上班。他们打开车厢门，赫然发现尼克倒在车厢里。他们将尼克送去急救，但已经无法挽救他的生命了。大家都很惊讶，因为冷藏车里的冷冻开关并没有启动，这巨大的车厢内也有足够的氧气，在十几摄氏度的气温下，尼克竟然"冻"死了！

尼克并非死于车厢内的"零度"，他是死于心中的冰点。一个给自己判了死刑的人怎么能够活得下去呢？自信的秘密是相信自己有能力战胜挫折和困难，自卑是失败的根源。凡事多给自己作积极的心理暗示，杜绝消极悲观情绪的滋生，人才能所向披靡。

（二）不要小看自己

做事情一定不要低估自己的潜力，要用奋斗和努力塑造真实的自我，提升自身实力和技能。只要不过分依赖外界的帮助或听天由命，始终坚信自己有改变命运的力量，任何人都会创造奇迹。

假设你接到这样一个任务：在一家超市推销一瓶红酒，时间是一天。你认为自己有能力做到吗？你可能会说："小菜一碟。"那么，再给你一个新任务：推销汽车，一天一辆。你做得到吗？

我想说的话：________________
____
____

你也许会说："那就不一定了。"如果是连续多年都是每天卖出一辆汽车呢？肯定会说："不可能，没人做得到！"可是，世界上就有人做得到，这个人在 15 年的汽车推销生涯中总共卖出了 13001 辆汽车，平均每天销售 6 辆，而且全部是一对一销售给个人的，他也因此创造了吉尼斯汽车销售的世界纪录，同时获得了"世界上最伟大推销员"的称号。这个人就是乔·吉拉德先生。

乔·吉拉德 1928 年出生于美国大萧条年代，父亲是西西里移民。为了生计他 9 岁就开始擦皮鞋、做报童，时常遭受父亲的辱骂和邻里的歧视。每当父亲辱骂他一事无成时，他都会暗下决心要证明父亲错了；每当受到别人歧视时，他都会暗暗说总有一天我要让你们折服。母亲的关爱让他始终坚信自己的价值无限。然而，35 岁以前，他没有实现自己的愿望，而且很失败。他患有相当严重的口吃，换过 40 多个工作，甚至迫于生计当过小偷、开过赌场，还背了一身债务。就在他几乎走投无路时，他走进了一家汽车经销店求职，3 年之后，他打破了汽车销售的吉尼斯世界纪录。

每个人都有巨大的潜力，关键是如何挖掘。乔·吉拉德运用的方法是苦难中不屈服，落魄时不放弃，知识和身体上有缺陷时注重超越，成功时懂得分享。如果你的出身比乔·吉拉德好，如果你不口吃，那你没有理由不成功，除非你对自己没有信心，认为自己卑微。除非你真的没有努力过、奋斗过，否则没有人能够贬低你。轻者自轻，自己的价值最需要自己的肯定。其实，每一个渴望成功的人都应该认识到，成功的种子就撒在自己身边。

（三）永远争坐第一排

无论做什么事情，你的态度决定你的高度。"永远争坐第一排"是一种积极的人生态度，激发你一往无前的勇气和争创一流的精神。在这个世界上，想坐"第一排"的人不少，但真正能够坐在"第一排"的人却不多。许多人之所以不能坐到"第一排"，就是因为他们只是把"争坐第一排"当成一种人生理想，而没有采取具体行动。

永远争坐第一排的人

20 世纪 30 年代，英国一个不出名的小镇上，有一个叫玛格丽特的小姑娘。玛格丽特的父亲罗伯茨是一个鞋匠的儿子，通过自己的努力，开了一个小杂货店维持生计。父亲爱好广泛，热衷于参加政治选举。玛格丽特从小受父亲的影响，博览政治、历史、人物传记等方面的书籍，从小对政治就有相当多的了解。

父亲经常向她灌输这样的观点：无论做什么事情都要不落后于人。

玛格丽特所在的学校经常请人来演讲，每次演讲结束，她总是第一个站起来大胆提问。不管她的问题是比较幼稚，还是比较尖锐，她总是充满好奇地脱口而出，而其他的女孩子则往往怯生生地不敢开口。回家后，玛格丽特向父亲汇报时，父亲总是鼓励她："孩子，你有这样的信心，我真为你感到骄傲。"上中学的时候，玛格丽特是辩论俱乐部的成员，演讲从不怯场。但老实说，玛格丽特的演讲技巧一点也不高超，用她同学的话说是根本不能振奋人心，自然不受同学欢迎。玛格丽特却毫不顾忌，一有机会就滔滔不绝地上台演讲。有一次，因为她讲的内容大家不感兴趣，而且她又讲了很长时间，台下时有嘘声，讽刺嘲笑声随之而起，但玛格丽特自信好强的个性却使她根本不把这些放在眼里，依然毫不脸红地演讲下去；甚至到后

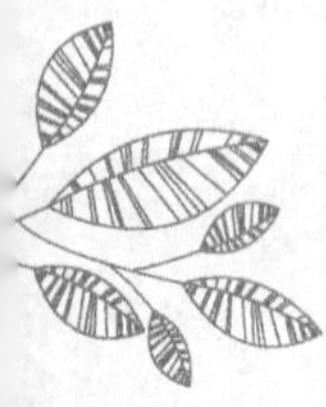

来，听她演讲的人都跑光了，她却仍然坦然地把自己想讲的话讲完才停止。许多同学对她这种个性不理解，但她对别人的议论毫不在意，一直维持着独立自信、我行我素的个性。

玛格丽特上大学时，学校要求学生上5年的拉丁文课程，她凭着自己顽强的毅力和拼搏精神，硬是在一年内全部学完了。玛格丽特不光在学业上出类拔萃，在体育、音乐、演讲及学校的其他活动方面也都一直走在前列，是学生中的佼佼者。40年后，英国乃至整个欧洲政坛出现了一颗耀眼的明星，她就是1979年成为英国第一位女首相、雄踞政坛长达11年之久、被世界政坛誉为“铁娘子”的玛格丽特·撒切尔夫人。

你是否注意到，在教学或各种聚会中，后排的座位是怎么先被坐满的吗？大部分占据后排座位的人，都希望自己不会“太显眼”。而他们怕受人瞩目的原因就是缺乏自信心。

坐在前面能建立信心。把它当做一个规则试试看，从现在开始就尽量往前坐。当然，坐前面会比较显眼，但要记住，有关成功的一切都是显眼的。

（四）应当积极去尝试

遇到困难时，不要找借口，不要说“我办不到”，应该多想一想，有没有别的解决方案？能不能将问题分解开来，一步一步地加以解决？或者，是否需要先提高自己在某方面的能力，然后再回头来处理这个难题？不要因为逃避而说自己没有选择或没有时间。

琴纳是英国医师。他在二百多年前，验证了用牛痘接种，可以使人对天花免疫。这一结论在当时遭到多方面的强烈反对。有人说他亵渎神明，有人指责他把人当牲口，有人提议剥夺他行医的权利，有人提议把他开除出医学会。但琴纳不理会这些世俗的偏见和恶意的攻击，坚信自己的结论是正确的。他说：“让人家去说吧，我走我的路！”事实证明了他的科学结论。琴纳靠自信打开了免疫学的大门，并因此拯救了无数的生命。

一定要相信自己的判断。做人绝不能做不自信的人。自信从何而来?当然来源于对自己正确的决策的相信。正确的决策源自于正确的判断，正确的判断源自于经验，而经验又源自于错误的判断。人生中那些看似错误或痛苦的经验，有时却是最可宝贵的财富。在你综观全局、果断决策的那一刻，你的人生便已经注定。两智相争勇者胜，成功者之所以为强者，乃在于他决策时的自信。

（五）绝不能狂妄自大

一个人自信过了头就变成了可怕的自负者，自负实质是不自知的表现。俗话说“自知者明”，“人贵有自知之明”，盲从和狂妄都属于不自知的范畴。

程东是一个精明能干的职员，他工作经验丰富，是个不可多得的人才。但他有个致命的弱点，就是自以为是，极爱炫耀自己，导致同事对他极为反感，认为他过于自负。

有一次，公司调来一位新主管。新主管在首次会议上将一个主要项目交给了其他员工，程东只分到一个无关紧要的次要工作。程东认为自己才华横溢却得不到重用，愤愤不平，竟然和新主管吵了起来，并且咄咄逼人。结局可想而知，程东这种自负的性格是无法与人交往和合作的，最终只能是被解雇。

自负的人往往把自己看得很牛，好高骛远，甚至在他们的视野内，没有可以与自己相提并论的人。这种人大多确实是有才华、有能力，但是他们固步自封，最终会导致失败。

像程东这样的自负者，其自负行为还有：自以为是，不把任何人放在眼里，不愿意听取别人的意见和看法；好勇斗狠，喜欢拉帮结派与别人争斗，来满足自己的自负心理；性格多疑，害怕别人超过自己，即使对共患难的朋友也不能真诚相待；语言举止偏激，总认为自己是对的，考虑问题不顾及别人的感受，做事易先入为主。

（六）挖掘自己的潜能，做适合自己的事情

每个人都有自己的潜能，但潜能一定要放在适合的地方才能得到释放，适合的事情才会提升自信心，因此，最适合的事才是最好的。

有两个少年边走边聊。其中一个少年说："这段时间，父母老逼我练钢琴，可我怎么也弹不好，这让我很自卑"。另一个少年说："钢琴难学吗？我从小就开始弹钢琴，越弹越好。可是，父母总是让我写诗，而我总觉得自己写的诗很幼稚，很无聊"。少年听后笑着从包里拿出一叠稿纸说："兄弟，我爱写诗，你看这都是我写的"。最后，不爱弹琴的少年成立大诗人，不爱写诗的少年成了钢琴家。

人一定要选对做事的方向，不适合自己事情会让人自卑。"好钢要用在刀刃上"，人与人的性格、学识、特长各不相同，只有发现自己的潜能，并将这种潜能投入到最合适的事情上，人的优势才能得到最大的展现。

作为新一代中职生，要成为一个有自信心的人，需不断挖掘自己的潜能，提升自己的竞争力，多为自己喝彩，遇到困难敢说、敢做、敢拼，既不能认为自己技不如人，也不能自我感觉技高一等，要以一颗平常心去积极奋斗和进取。成功的道路靠自己闯，美好的前途来自于自信心的建立，不屈服于任何权威，大胆尝试，用加倍的努力打造出属于自己的一片天空。

1. 雨果曾说过：应该相信自己是生活的战胜者。举例说明你是怎样看待这句话的？

2. 有一个叫肖敏的农民，经过查阅资料后，决定在一个从来没有果园的地方，建立一个果园。面对村民的不屑、家人的劝说、资金的不足，肖敏没有动摇。他始终坚信自己选择的这片田地会长出丰硕的果实。以后的日子里，人们常见到他在田间忙着种树的身影。当他的果园初见规模时，旱灾，虫害，暴风雪……让他措手不及。这位坚强的农民把泪水藏入心中，请来技术师，学防虫害、汗涝灾情的知识。接下来的日子里，人们也常看到他和技术师们讨论问题的身影。 当他的果园的规模不断扩大，并获得"无公害水果生产基地"荣誉称号时，面对村民的称赞、家里的富裕、政府的支持，他并没有引变得骄傲。这位诚挚的男人依然坚守自己的为人准则，帮助其他人改善生活，带领村民们共同富裕。有人问他，他这样做难道不怕有人超越他吗？可他带着一脸自信的微笑，坚信自己的选择是正确的。于是，以后的日子里，人们更常看到他教村民栽培果树的身影。

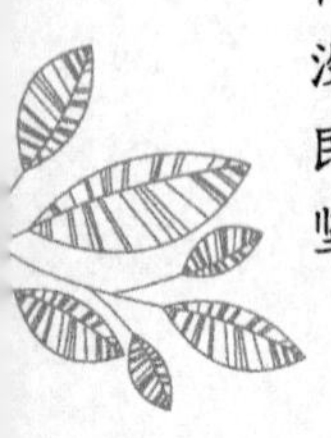

思考交流：肖敏的自信表现在哪些方面？对比这位朴实的农民，你觉得自己还需要进一步提升的品质有哪些？

3. "心态会毁灭，你也会拯救你"，你怎样理解这句话？分别列出你在自信和自卑两种状态下的心态，然后把它们进行对比。请分析一下你现在所生活的环境是否有利于你形成最佳的身心状态，如果不利，请写出原因，并立即去改变它。

1. 默念"我行，我一定能行"，尤其对那些总认为自己记忆不行、学知识不行、操作练习不行……这也不行那也不行的同学，这是克服自卑心理的好方法。默念时要果断，要重复几次，特别是在遇到困难时更要默念。只要你坚持默念，特别是在早晨起床后和晚上临睡前反复默念，就会通过自我的积极暗示，逐渐树立信心。

2. 面带微笑，抬头挺胸。

没有信心的人，经常眼神呆滞，愁眉苦脸；而雄心勃勃的人，则总是眼睛闪闪发亮，满面春风。遇到挫折就气馁，是没有力量、丧失信心的表现，渴望获得胜利的人会昂首挺胸，意气风发。因此，学会笑，学会微笑，学会昂首挺胸，会提升自信心。

3. 主动尝试，与人搭话。

见面主动与人打招呼，主动问候别人；对自己从前没有接触过的，能提高自己能力的领域，有一份好奇心和求知欲。不计较眼前的得失，也不提出过分的要求，鼓励自己大胆尝试，尽力去看、去想、去做，会使你充满力量和信心。

4. 请列出你感到自卑的方面，并分析产生这种想法的原因。每天晚上把上述内容读10遍，直到感觉腻味或滑稽可笑为止。

5. 从今天起，我不再消沉，不会自卑，我要用我的自信心创造一个辉煌的明天。为了实现愿望，我一定会做到：

6. 学唱一首励志歌曲。

第11课

自强不息

Chapter 11

阙磊的自强故事

阙磊的童年是在一个饱含着苦难与艰辛的环境中度过的。5岁那年，母亲因病去世，从此他与父亲相依为命。6岁那年，邻居家火盆发生爆炸，随着一声巨响，阙磊从此失去了左手。

独臂的阙磊面对家庭的贫寒和别人的嘲笑，用坚强和勤奋读完小学。初中没读完便辍学了，原因是家里再无力供他读书了。无奈之下他离开了家，靠捡破烂、扫街道、干一些零活为生。所挣的钱实在太少，常常忍饥挨饿，生活过得异常艰苦。

阙磊对人生的体验是深切而独特的：不在磨难中成长，就会被磨难击垮。于是，他产生了学点知识的念头。多学点知识，有朝一日总能派上用场。于是他开始有什么书看什么书，有时花几角钱买别人看过的旧书，有时是用自己捡的破烂到废旧收购站去换些旧书。他如饥似渴，发愤读书，从书籍中学到了很多东西，弄懂了很多道理，获得了很多力量。终于，在17岁那一年，他考上了原常德市城南会计学校。毕业后，被分配到常德县韩公渡公社卫生院当会计。有一份稳定的工作、稳定的收入，在一般人眼里应该已经满足了，但是阙磊觉得会计工作太清闲，既然在医院工作，就应该掌握一点医学知识，不能什么也不懂。于是他利用闲暇时间自学医学知识，不懂就问，虚心向同事们学习，不到一年的时间，便获得了从医执业资格。从此，他既当会计又当医生，很多时候都是白天出诊、晚上做账，他从繁忙的工作中感受到了生命存在的意义。

1980年，阙磊因工作出色，被调到常德市肉联厂工作。阙磊不负众望，在销售市场打开了一个缺口，产品畅销上海、广州、海口等10多个城市。因成绩突出，厂里奖励他10000元，并号召干部职工向他学习。他先后被厂里破格提拔为供销部门经理、分厂厂长。

1991年，年届五旬的阙磊办理了退休手续。生性不愿过清闲日子的他又只身一人南下广东，开始了全新的打工生涯。阙磊凭着多年的工作经验和吃苦耐劳的精神，很快就在一家合资的外贸公司谋得了一份供销主管的工作，后因业务突出又被提升为公司驻深圳办事处副经理。

1993 年，阙磊的女儿、女婿相继下岗。为了带领孩子们自谋出路，他放弃了外贸公司的优厚待遇，劝说老伴拿出了多年的积蓄，开始了艰难的创业历程。他先后开办过书社和超市，1995 年又在甘露寺大市场开办了一个综合批发部，还特意聘请了 3 名残疾人和自己一起工作。

经过 10 多年的努力，阙磊现在已经拥有了 8 个连锁超市，总营业面积近 5000 平方米。据有关方面统计，阙磊的企业安置下岗失业人员近 300 人，约占员工总数的 70%。近 3 年来，阙磊的企业共举行了 16 次义卖活动，把近 30000 元的义卖收入捐给了 20 名贫困学生和残疾人。同时，逢年过节，阙磊还带领员工为孤寡老人和残疾人等特困人员送去粮、油、腊肉和慰问金。

2008 年春节前夕，女儿女婿准备花 50 万元买一套住房给两老安度晚年，结果，阙磊用这笔购房款在市城区银线宾馆地段开了一家营业面积达 1200 平方米的超市，此举又解决了 60 多名下岗失业人员的就业问题。

阙磊始终认为：作为一名老党员、一名企业家，应该在自己的有生之年充分发挥余热，把党和社会给的关爱继续传递下去，将爱心进行到底。

心灵启迪

童年的伤痛与苦难，阙磊用坚强面对；少年的落魄与磨难，阙磊用勤奋面对；工作初期的悠闲与惬意，阙磊用不懈追求面对；退休后，阙磊带着子女艰难创业，走出了人生的辉煌，这都得益于一种意志——自强不息。这种意志促使他不断地向磨难宣战。正如阙磊所说：我改变不了上苍给我的摧残，但我可以改变自己的态度，绝不向命运低头。

思考导航

1. 通过观看视频阙磊的自强故事，分析阙磊在不同人生阶段都有哪些遭遇？面对挫折，他是如何克服的？他实现了怎样的愿望？

2. 阙磊是自强的楷模，在他身上令你感触最深的自强的品质是什么？

3. 用简练的语言述说“自强”的故事，从中感受“自强”的力量。

4. 同阙磊及其他自强人物相比，你在对待学习和生活的态度上存在哪些不足？

学习目标

自强是人生不断进取的动力，尊重客观规律是正确发挥自觉能动性进行人生选择、走好人生路的前提和基础。要树立自信自强的生活态度。必须正视现实，自强不息，脚踏实地。要把握客观规律，明确人生发展方向，努力做一个自强不息、勇于行动、善于行动的人。

行为目标

在生活实践里，我们要制定目标，并不懈追求；要意志坚强，遇事不退缩；要乐观处事，培养竞争失利不灰心、竞争取胜不满足的顽强斗志。

很多人认为自己生活得并不愉快，没有别人活得滋润，于是颓废地认为自己是最不幸的人。要知道，在大千世界，比你的遭遇还差的人何止千万？其实，人的生存和发展就是与困难、与挫折搏斗的过程。如果人生没有困难和挫折，生活也就没有了价值和意义。张海迪曾说过，在人生的道路上，谁都会遇到困难和挫折，就看你能不能战胜它。战胜了，你就是英雄，就是生活的强者。

一、认识自强的内涵

歌德曾经说过："凡是自强不息，终能自救。"这里的自强在字典中解释为：自己努力向上。不息就是不松懈，自强不息就是形容一个人能自觉地努力向上，永不松懈。

（一）自强是对目标的不懈追求

海明威说过："人可以被撕碎，但不可以被打倒。"成功的最大障碍就是放弃，很多时候，击败我们的不是别人，而是对自己失去了信心，失去努力的方向。一个人只要心中有目标，并且不停地追求，做到永不放弃，内心便会涌动出一股强大的力量，催人奋进。

成功属于不放弃的人

有这样一个年轻人。3 岁的时候就表现出惊人的音乐天赋。母亲拿出多年的积蓄为他买了架钢琴，教他弹得一手好琴。在读高中的时候，他确立了自己的音乐梦想。

高中毕业后，他没有考上大学，不得不到一家餐厅里当服务生。由于地位卑微，他稍不留神就会遭到经理无情的训斥。在艰辛的打工生活里，他一刻也没有忘记自己的音乐梦想。他几乎把所有的工资都用在了买音乐资料上，在业余时间，他一刻不停地积累着自己的音乐"资本"。

后来，餐厅配备了钢琴，经人介绍，他很快获得了一个伴奏演出的机会。但事与愿违，他的伴奏音乐与歌手的歌声很不和谐，他彻底演砸了。他伤心至极，但并没有灰心丧气。

不久，一家公司的老板发现他很有音乐天赋，就请他去写歌。刚上任他就发现这份工作并不轻松，除了写歌，还得包下所有杂事；更让他痛苦的是，他写的歌曲，老板一首也没有看上。在老板看来，他写的曲子怪怪的，不讨人喜欢。巨大的失落笼罩着他，有一瞬间他想到了放弃，但很快，他就把这个念头否定了，因为如果现在放弃，就等于放弃了自己多年的梦想。一连 7 天，他每天都创作一首歌。终于，老板感动了，答应向明星推荐他写歌曲，但条件是：10 天内写出 50 首歌，再从中挑出 10 首。一般人听了，都会放弃了，因为这几乎是不可能的。但这次，他拼了！他一头钻进创作室，任由激情迸发，一首接一首地创作。饿了就泡包方便面，困了就倒头睡一会儿。近乎疯狂的 10 天过去了，他竟然真的创作出了 50 首新作品！

半年之后，他的第一张专辑一经上市就获得了巨大的成功，被抢购一空。从此，他一发而不可收。在第八届全球华语音乐榜中榜评选中，他被评为"最受欢迎的男歌手"。他，就是当今的华语歌王周杰伦。

回首走过的道路，周杰伦感言："梦并非遥不可及，任何人都可以做。我之所以能有今天，是我永不服输的结果。"

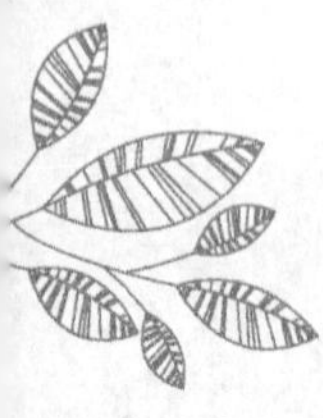

社会上，很多天赋超常的人起点也许并不比周杰伦差，但并不一定能像他那样成功，关键是面对挫折时缺少了那种永不放弃的韧劲。有才华的人如果没有毅力和恒心，只会成为转瞬即逝的火花。周杰伦不知疲倦地追求着自己热爱的音乐，他的所作所为很好地诠释了自强不息的概念。

实际上，推动社会前进的人并不全是那些天资卓越的才子，更多的是那些智力平平却不轻言放弃的人，是那些不论在哪一个行业都勤勤恳恳、劳作不息的人们。如果你是天才，自强将使你如虎添翼；如果你不是天才，自强将助你走向成功，因为命运掌握在那些自强不息的人手中。

让生命化蛹为蝶

让·克雷蒂安是一个有重度残疾的孩子。他相貌丑陋，说话口吃，而且因为疾病，导致左脸局部麻痹、嘴角畸形、一只耳朵失聪。

也许这个孩子注定是个生活的强者，他比一般的孩子更快地走向成熟。他默默地忍受着别的孩子的嘲笑和讥讽，他也自卑，但更有奋发图强的意志。当别的孩子在玩具中打发时间时，他却沉浸在书本中。他读的书中有很大一部分是励志书籍，他从中学到了坚强，学到了一种永不放弃的品质。

为了矫正自己的口吃，他模仿古代一位有名的演说家，嘴里含着小石子讲话。看着嘴唇和舌头都被石子磨破的儿子，母亲心疼地流着眼泪说："不要练了，妈妈一辈子陪着你。"懂事的他替妈妈擦干眼泪说："妈妈，书上说，每一只漂亮的蝴蝶都是冲破束缚它的茧之后才变成的。如果别人把茧剪开一道口，由此变成的蝴蝶是不美丽的。我要做一只美丽的蝴蝶。"

后来，他能流利地讲话了。因为他的勤奋和善良，中学毕业时，他不仅取得了优异的成绩，还获得了良好的人缘，他周围的人没有谁会嘲笑他，有的只是对他的敬佩和尊重。这时，他母亲为他找到一份不错的工作，她希望自己的儿子尽量顺利些。但他同样对母亲说："妈妈，我要做一只美丽的蝴蝶。"

1993年10月，博学多才、颇有建树的让·克雷蒂安参加总理竞选，他的对手居心叵测地利用电视广告夸张他的脸部缺陷，然后写上这样的广告词："你要这样的人来当你的总理吗？"但是，这种极不道德的、带有人格侮辱的攻击招致了大部分选民的愤怒和谴责。当他的成长经历被人们知道后，他赢得了极大的同情和尊敬，他的"我要带领国家和人民成为一只美丽的蝴蝶"的竞选口号，使他高票当选为总理，并在1997年的竞选中再次获胜，连任总理。人们亲切地称他为"蝴蝶总理"。他，就是加拿大第一位连任两届、跨世纪的总理让·克雷蒂安。

一个人可以平凡，但绝不能平庸；一个人可以出生在一个贫穷的家庭，但绝不能自甘堕落。吃饭是为了活着，可活着绝不只是为了吃饭。让·克雷蒂安告诉我们人生的意义在于"化蛹为蝶"，也就是经过不懈追求实现自己的目标。有些东西我们无法改变，如低微的门第、丑陋的相貌、痛苦的遭遇，这些都是生命中的"茧"。有些东西则人人都可以选择，如追求、勤奋、自强，它们是突破命运之茧的生命之剑。也许我们总是羡慕那些不经意间便在理想之路上走得很远的人们，但那毕竟是少数的幸运儿，总有一天我们会明白，一直坚持到最后的人们，才是走得最远最好的。

（二）自强是直面挫折的勇气

一个具有自强精神的人，面对困难不低头，面对挫折不放弃，面对失败有从头再来的恒心和毅力。自强作为战胜各种困难的法宝，可以成为推动人生进取的动力，成为通向成功的阶梯。

【案例 1】战胜残疾的巴雷尼

巴雷尼小时候因病落下残疾，母亲的心就像刀绞一样，但她强忍住自己的悲痛。她想，孩子现在最需要的是鼓励和帮助，而不是妈妈的眼泪。母亲来到巴雷尼的病床前，拉着他的手说："孩子，妈妈相信你是个有志气的人，希望你能用自己的双腿在人生的道路上勇敢地走下去！好巴雷尼，你能够答应妈妈吗？"

母亲的话像铁锤一样撞击着巴雷尼的心扉，他"哇"的一声扑到母亲怀里大哭起来。从那以后，妈妈只要一有空，就陪巴雷尼练习走路、做体操，常常累得满头大汗。有一次妈妈得了重感冒，她想，做母亲的不仅要言传，还要身教。尽管发着高烧，她还是下床按计划帮助巴雷尼练习走路。黄豆般的汗水从妈妈脸上淌下来，她用毛巾擦擦，咬紧牙，硬是帮巴雷尼完成了当天的锻炼计划。

体育锻炼弥补了由于残疾给巴雷尼带来的不便，母亲的榜样作用，更是深深教育了巴雷尼，他终于经受住了命运给他的严酷打击。他刻苦学习，学习成绩一直在班上名列前茅。最后，以优异的成绩考进了维也纳大学医学院。大学毕业后，巴雷尼以全部精力致力于耳科神经学的研究，最终登上了诺贝尔生理学和医学奖的领奖台。

【案例 2】塞曼的转变

塞曼小时候读书的自觉性并不高，成绩也一直平平。塞曼的母亲看到儿子的这种表现，心里十分着急。一天，她把儿子叫到跟前，注视着他的眼睛，神情激动地说："儿啊，早知道你是一个平庸无能之辈，我当初真不该在波涛中挣扎……"接着，她向默默呆立的塞曼忆起往事：在塞曼快要降生的时候，家乡突然遭到洪水的袭击，她死里逃生，好不容易才登上了一只小船，塞曼就降生在这只小船上。当时，母亲望着滔滔洪水和刚刚临世的小生命，想起了荷兰人的一句古训：我要挣扎，我要探出头来！

听完妈妈的回忆，塞曼才知道母亲所经历过的艰难，心灵受到强烈的震撼，暗暗发誓要发奋攻读，绝不辜负妈妈的厚望。功夫不负有心人，他终于以优异的成绩受到学校的赏识，被学校聘为助教。当他满怀喜悦去见母亲的时候，母亲已身染重病，奄奄一息了。在弥留之际，她用深情的目光注视着塞曼，嘴唇艰难地颤动着说出"挣扎，再——挣——扎！"留下这句遗言后溘然长逝。

挣扎就是奋斗。挣扎，再挣扎，就是不满足于现状，永远拼搏。塞曼把妈妈的话铭刻在心。他将嵌有母亲遗像的金制小相框挂在胸前，遇到困难和挫折时，他便凝视着母亲的遗像，回想母亲的谆谆教诲，以增加自己克服困难的勇气。塞曼在科学的道路上挣扎、再挣扎，终于攀上了一般人难以企及的高峰。1902 年，塞曼获得了诺贝尔物理学奖。

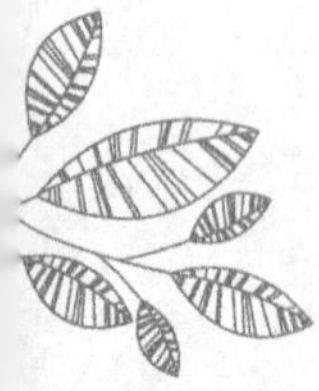

每个人都会遇到挫折，很多人遇到困难都会感到沮丧，这是人之常情，关键是在沮丧之后，绝不能永远意志消沉，这样只会加速悲剧的发生。事实上，挫折并不可怕，可怕的是失去面对挫折的勇气。

当今职教生大多是独生子女，一出生就得到了来自父母和祖辈加倍的疼爱。可以这么说，在 20 岁之前，我们并没有真正地吃过什么大苦，也没有经历几次真正的大风大浪。但是，我们不可能一辈子都生活在父母的怀抱里，父母也不可能庇护我们平安地走过一生。当有一天我们进入社会，不得不独自去面对生活的挑战，去实现自己的梦想时，我们究竟能不能经受住生活的挫折与考验，就得打一个问号了。因此，我们要坚信即使身体有残缺，即使没有过人的天资，即使有暂时的失意，只要具有自强的精神，就能改变别人对自己的看法，就能开拓出一片属于自己的天地！

（三）自强是民族升腾的希望

一滴水乘以 13 亿，汇成浩瀚江河；一份爱乘以 13 亿，汇成爱的海洋；一人坚强乘以 13 亿，聚成擎天的力量。自强是中华民族的传统美德，是流淌在中华民族文明血管中的生生不息的血液，是中国人民代代相传的传世之宝。“青山在，人未老；精神在，希望在。”是自强支持着中国人自立于世界民族之林。

摧不垮的民族

历史的车轮进入了 2008 年。大灾大难又一次次地降临到中华民族的身上，尤其是一场罕见的大地震，在刹那间以毁灭一切的力量骤然降临到中国人的身上，中华民族又一次在狂风暴雨中迎接上苍的考验！

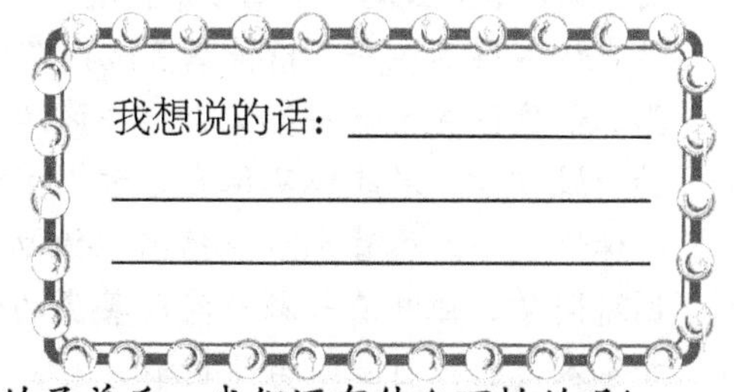

中华大地在痛苦地颤抖，中国人民在痛苦地哭泣。在这样的时候，在这样残酷的考验面前，我们的党、我们的政府、我们的人民再一次撑起中国的脊梁。天不会塌下来，有中华民族万众一心，有坚强有力让人民信任的中央领导集体，有世界上最出色最爱人民的子弟兵，我们还有什么可怕的呢！还有什么能吓倒我们的呢！大灾既然已经发生，就让我们擦干眼泪、就让我们倾全中国之力，一起面对眼前的残垣断壁。在大灾带来的苦难中，让我们挺起腰昂起头来积极投身到抗震救灾中。这样的灾难更能彰显出中华民族的英雄本色！

新加坡的《联合早报》指出：感动世界的不是地震本身，而是中国人在面临灾难时所显现的民族精神，是赈灾过程中不同的角色所写下的一个个有关人的故事。这些故事正在形成一个巨大无比的“人”字。正是这个“人”字，体现出了中华民族的精神核心。全球在关注中国，国际社会得到一个新的机会重新审视中国，审视中国人自强不息的精神。

二、实现自强的途径

（一）学会独立，勇于担当

一个人生活在社会上，不是独立的，总要与社会各方接触。人生，不学会自力更生，总是依赖别人，就永远不可能驾驭自己的生命之船驶进自由王国的浩瀚大海。陶行知告诫我们："滴自己的汗，吃自己的饭，自己的事情自己干。靠人靠天靠祖上，不算是好汉。"如果平时不尝试自己去解决一些日常遇到的生活难题，不勇敢应对生活中的各种考验,那以后又怎么能支撑起自己的家庭呢？年轻一代应该逐渐摆脱对于父母和长辈的依赖，力所能及的事情自己做，成为自己生活的主人！

我不能倒下——洪战辉

1994年，洪战辉的父亲突发间歇性精神病，造成母亲受伤骨折，妹妹意外死亡，家里欠下巨债。随后，父亲又捡来了一个和女儿年龄相仿的女婴。面对沉重的家庭负担，母亲离家出走了。年仅13岁的洪战辉默默地挑起了伺候患病父亲、照顾年幼弟弟、抚养捡来的妹妹的家庭重担。这副重担对于成年人来说尚且不易，何况一个10多岁的孩子！但洪战辉没有退缩，一挑就是12年。为了挣钱养家，他像大人一样，做小生意，打零工，拾荒，种地。他利用课余时间卖笔、书、磁带、鞋袜，在学校附近的餐馆做杂工，周末赶回家浇灌8亩麦地。为兼顾学业和谋生，他牺牲了几乎所有的休息时间。为了带好捡来的妹妹，洪战辉费尽心血。每天晚上，他都让妹妹睡在内侧，以防父亲突然发病伤及妹妹。妹妹经常尿湿床单、被子，他就睡在尿湿的地方，用体温把湿处暖干。从高中到大学，他一直将妹妹带在身边，每天都保证妹妹有一瓶牛奶和一个鸡蛋，自己却常常啃方便面。在怀化念大学的日子里，他安排妹妹上了小学，每天不管学习多忙，都坚持接送妹妹，辅导妹妹功课。为了治好父亲的病，洪战辉吃尽苦头。2002年10月，父亲突然发病，因为没有钱给父亲治病，洪战辉不得不在一家精神病医院门前跪求。在他孝心的感染下，2005年年底，河南第二荣康医院主动将他父亲接去诊治。凭着"我不能倒下，我要改变自己的命运"的一股韧劲，洪战辉不但自己考上了大学，还靠做小生意和打零工赚来的钱供捡来的妹妹读书。尽管生活很拮据，但他却从来没有申请过特困补助，还拿钱资助其他困难同学。他怀着一颗朴实而善良的心。顽强地学习和生活，真诚地关爱社会、呵护家人，自强自立，勇于进取。

当他还是一个孩子的时候，就对另一个更弱小的孩子担起了责任，就要撑起困境中的家庭，就要学会友善、勇敢和坚强。生活让他过早地开始收获，他由此从男孩变成了苦难打不倒的男子汉，在贫困中求学，在艰辛中自强。今天他看起来依然文弱，但是在精神上，他从来都是强者。"——这是感动中国组委会给洪战辉的颁奖词。这段颁奖词感召着我们要学会独立，勇于担当。

（二）相信自己，勇往直前

拿破仑说："默认自己无能，无疑是给失败创造机会。"人总要有一点精神，而精神的支柱源于相信自己能行。在生活中，我们应该相信自己，为自己的理想而奋斗。只有相信自己，才能为实现目标而努力克服困难。《东方之子》栏目记者采访邓亚萍时问道："你怎么会经常获得冠军呢？"邓亚萍竖起大拇指说："我——自信！"可见，相信自己的人会拥有巨大的力量。一个人有了信心，才能克服种种困难，取得胜利。

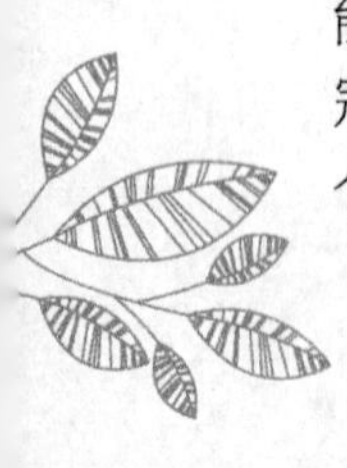

天助自助者

1995年，因中考意外失利，小江同学选择到青岛某职业学校学习。但他没有气馁，从不怨天尤人，而是以“天助自助者”自勉，乐观自信，积极进取。1996年，他当选为学校首届学生会主席。

1999年10月，小江通过朋友介绍，到沈阳最大的广告制作公司学习一个月，生平第一次接触到了喷画机器。这台巨无霸式的打印机让小江看到了潜在的商机，他把所有的心思都用在了学习电脑图像输出、广告制作、广告工程设计上。1999年12月，小江学成技艺后回到青岛，毛遂自荐加入了市内统一电脑部。凭借对工作的执着和勇气，很快被调任到青岛市某电脑喷绘公司担任车间主任，负责生产总调度。2001年4月，小江协助老板在青岛香港东路开办了青岛市电脑喷绘公司，并担任分公司的经理，成为这个公司的股东之一。

2001年10月，雄心勃勃的小江成立了注册资金10万元的广告庆典公司，利用喷绘业务带动其他行业发展，如庆典、舞蹈表演、开业仪式、节假日的演出表演，并成立了属于自己公司的演出队。在资金充裕的情况下，他又组建了工程队，开始承接工程，如铁艺、楼梯扶手、无框玻璃门窗制作、办公室简单装修等。2003年11月，小江在家乡开办了广告公司分部；2004年4月，又正式接手青岛市某电脑喷绘公司……

教育家都有一个这样的理念——要让每个孩子都抬起头来走路。心理学家在对学生的调查中发现，在IQ（智商）相同的情况下，自信的学生在学校的成绩高于不自信的学生。作为一名中职学生，要学会从细微处给自己树立信心，例如，在做事以前，暗示自己“我能行”，培养把事情做好的信念，树立排除各种困难的勇气。不放过在公共场合发言的机会，这样可以克服羞怯心理、增强自信心、提高做事热忱。行走时，要抬头、挺胸，步子迈得有弹性，因为懒惰的姿势和缓慢的步伐能滋长人的消极思想，而改变走路的姿势可以改变心态。与人对话时要正视别人，正视别人就等于告诉人家，你是一个很阳光的人。在今天这个充满机遇和挑战的时代里，只有那些充满自信、敢于迎接挑战的人才能取得真正的成功，才能实现从平凡到优秀再到卓越的跨越。

人的一生必定会遇到曲折和困难。每当此时，我们就应当有着“彼人也，予人也，彼能是，而我乃能不是”的自信和豪气。当然，自信绝不是盲目自傲、自负或自满，而是要以自己的辛勤付出，以无可辩驳的实力、令人称道的才能来充盈你的人格魅力，凸显你的非凡作为。

（三）乐观处事，奋发向上

在生活中遭遇严重的疾病或创伤时，有些人会坦然面对，采取积极措施来克服困难，而有些人则怨天尤人，消极避世；在工作中遇到重大的挫折时，有些人能勇于直面问题，努力寻求解决问题的办法，并能持之以恒，全力以赴，而有些人则会畏首畏尾，深陷失败不能自拔。前者眼中的世界是充满阳光和希望的，这类人无疑是积极的，时常体验幸福和愉悦，是我们所要学习的；后者眼中的世界是灰暗的，这类人是消极的，时常感到抑郁和失望，是需要改变的。性格决定命运，性格主宰人生，以乐观的性格处世，才能奋发向上。

筷子敲出梦想

一个叫田甜的女孩在梦一般的年华不幸被歹徒所伤，最后虽然保住了性命，但颈三椎骨以下高位截瘫。从病床上醒来时，她想到过死，然而由于手脚不能动，她连自杀的权利都被剥夺了。

在这种人生刚开始时，她12岁。16岁时，她尝试用嘴叼着筷子操作电脑。一番努力后，她在电脑上打出了第一句话："我是田甜，我来了！"因为心中有一份热望，很快，她熟练了电脑操作，每分钟能打50多个字。这种速度对于正常人并不难，但对于一个用嘴叼着筷子敲字的人来说，真算是奇迹。再后来。她通过苦苦钻研，做出了第一个Flash作品——她把妹妹的照片用Flash进行了处理，加上了一段英国音乐，做成了Flash版MTV。虽然作品非常粗糙简单，但是让她的心里充满了成就感。此后，她又陆续做了很多Flash作品，技艺不断精进，其间遭遇了许多常人不可想象的艰难。她以电脑为平台，以Flash为载体，在自己的作品中展示着清新、开朗、活泼的人生情景，欢快的音乐，流动的线条，幽默的故事。就这样，她用筷子点亮了自己，成了"闪客中的精灵"。她创作的Flash作品多次在评比中荣获大奖。

生活在逆境中的田甜不为逆境左右，始终胸怀梦想，对生活抱有希望，只要一息尚存，就永不言弃。与其说她是在用筷子敲击键盘谋生，不如说她是在用筷子成就人生。

挫折在人生路上是不可避免的，我们不应该一遇到挫折就气馁。挫折本身并不可怕，可怕的是经受挫折之后一蹶不振。对待挫折应该保持一种乐观的精神，这样才能由失败走向成功。即使身处顺境之中，也要居安思危，随时准备经受挫折。

（四）制订目标，奋斗不息

站高望远，从高处定位自己，尽自己最大的能力脚踏实地克服困难，这就是实现目标的过程。如果没有走到最后，就变成一种失败的教训；如果走到了尽头，那你就成功了。这样一路走来，你具有了敢为天下先的精神，会变得坚强而不懦弱，活出自我。

爱因斯坦的目标

爱因斯坦的一生所取得的成功是世界公认的，他被誉为20世纪最伟大的科学家。他之所以能够取得如此令人瞩目的成绩，和他一生具有明确的奋斗目标是分不开的。

他出生在德国一个贫苦的犹太家庭，家庭经济条件不好，加上小学、中学的学习成绩平平，虽然有志往科学领域进军，但他有自知之明，知道必须量力而行。他进行自我分析：自己虽然总成绩平平，但对物理和数学有兴趣，成绩较好。自己只有在物理和数学方面确立目标才能有出路，其他方面是不及别人的。因而他读大学时选读瑞士苏黎世联邦理工学院物理学专业。

由于奋斗目标选得准确，爱因斯坦的个人潜能得以充分发挥。他在26岁时发表了科研论文《分子尺度的新测定》，以后几年又相继发表了四篇重要科学论文，发展了普朗克的量子概念，提出了光量子除了有波的性状外，还具有粒子的特性，圆满

地解释了光电效应，宣告狭义相对论的建立和人类对宇宙认识的重大变革，取得了前人未有的显著成就。

为了避免耗费人生有限的时光，爱因斯坦善于根据目标的需要进行学习，使有限的精力得到了充分的利用。他创造了高效率的定向选学法，即在学习中找出能把自己的知识引导到深处的东西，抛弃使自己头脑负担过重和会把自己诱离要点的一切东西，从而使他集中力量和智慧攻克选定的目标。他曾说过："我看到数学分成许多专门领域，每个领域都能费去我们短暂的一生……诚然，物理学也分成了各个领域，其中每个领域都能吞噬一个人短暂的一生。在这个领域里，我不久学会了识别出那种能导致深化知识的东西，而把其他许多东西撇开不管，把许多充塞脑袋，并使其偏离主要目标的东西撇开不管。"他就是这样指导自己的学习的。

为了阐明相对论，他专门选学了非欧几何知识。这种定向选学法，使他的立论工作得以顺利进行和正确完成。

如果他没有意向创立相对论，是不会在那个时候学习非欧几何的。如果那时候他无目的地涉猎各门数学知识，相对论也未必能这么快就产生。爱因斯坦正是在 10 多年时间内专心致志地攻读与自己的目标相关的书和研究相关的目标，终于在光电效应理论、布朗运动和狭义相对论三个不同领域取得了重大突破。

特别值得一提的是，爱国斯坦不但有可贵的自知之明精神，而且对已确立的目标矢志不移。1952 年，以色列鉴于爱因斯坦科学成就卓越，声望颇高，加上他又是犹太人，当该国第一任总统魏兹曼逝世后，邀请他担任总统职务，他却婉言谢绝了，并坦然承认自己不适合担任这一职务。确实，爱因斯坦是一位伟大的科学家，他终生努力奋斗才实现了这个目标。如果他当上总统，未必会有多大建树，因为他未显示过这方面的才华，又未曾为此目标作过努力和奋斗。

给自己一个梦想，我们就有了飞翔的目标和方向。然而，很多青年不是缺乏梦想，而是缺乏实施这些梦想的执行力。年轻人少有足够的耐性，不懂得奋斗不息的真谛。人一辈子不会因为做过的事而后悔，而是在衰老时为没做过什么而后悔！因此，人生的意义在于坚持不懈的行动。

作为一名中职学生，当要做一件事情时，给自己一份坚持和信念，你将能走得很远。在行动时，要想清楚两个问题：第一，你想干什么？路是自己走出来的，往哪里走，一定要慎重选择。第二，你该怎样干好？你虽然有条件、有能力，但未必能比别人干得更好，因为别人是想方设法、排除万难干好这件事，而你往往只是在干这件事情！想好做什么，再坚持不懈地做好，你就会成为强者。

1. 模拟场景：毕业一年后，你在平凡的岗位上努力工作，积累经验，而你的同学小王却频繁地换工作，如今自暴自弃，终日沉溺于网络。

（1）如果让你开导小王，你会怎么做？

（2）如果你是小王，在接受开导后，会如何做？

2. 你知道哪些现实中自强的人物及故事？

3. 一位父亲很为他的孩子苦恼，因为他的儿子已经十五六岁了，可是一点男子汉气概都没有。于是，父亲去拜访一位禅师，请他训练自己的孩子。禅师说："你把孩子留在我这里，三个月以后，我一定可以把他训练成一个真正的男人。不过，在这三个月里，你不可以来看他。”父亲同意了。三个月后，父亲来接孩子。禅师安排孩子和一个空手道教练进行一场比赛，以展示这三个月的训练成果。教练一出手，孩子便应声倒下；他站起来继续迎接挑战，但马上又被打倒；他又站起来……就这样来来回回一共16次。禅师问父亲：“你觉得你孩子的表现够不够男子汉？”父亲说：“我简直羞愧死了!想不到我送他来这里受训三个月，看到的结果是他这么不经打，被人一打就倒!”禅师说：“……”

根据上述文章，请回答：

（1）请你根据自己对文章的理解，把禅师的话补上。

（2）这则故事给了你什么启示?

4. 填写内心独白卡：请同学们在内心独白卡上写出成长历程中遭遇的挫折，并回忆当时的想法和做法。

内 心 独 白	
成长历程中最大的挫折	
当时的想法	
当时的做法	
产生的原因	
解决挫折可选择的办法	
自已具有的优势	
重新确定的目标	
战胜挫折的合理的做法	

1. 为了培养同学们在面临巨大危机的时候能保持冷静的头脑并具有克服困难的信心、勇气，我们专门设置了“突出重围”游戏。

以15~20人为一组，所有同学手拉手围成一个圈，这个圈称为“包围圈”。让一名同学站在包围圈中央。游戏开始，要求站在圈中的同学尽快想办法冲出包围圈，可采取钻、跳、推、拉、诱骗等任何方式（以不伤害人为原则），其他组成包围圈的同学则必须要尽全力不让被围者逃出。若圈内的同学从某两个同学手拉手的缝隙中逃出，则这两个相邻的同学双双进入圈内，替换被包围者。

通过活动，我们一起分享突围的感受。讨论如下问题：

（1）闯关突围会令人想起什么?

（2）突围者成功了几次，失败了几次？为什么会失败?

（3）突围者在游戏中感觉如何？单兵作战容易吗?

2. 树立榜样：阅读5本创业成功人士的书籍，找一找他们每个人生发展阶段的目标是什么?总结一下他们在遇到困难和挫折时，是如何度过的?

3. 实践体验：在实训、实习不达标或考试成绩不理想时，写一下你准备如何处理?

4. 踏入职业学校掌握至少一门技术是你的主要任务，按照要求你需要考取哪些技能资格证书？记录一下，为考取这些资格证书你是如何坚持学习和训练的。

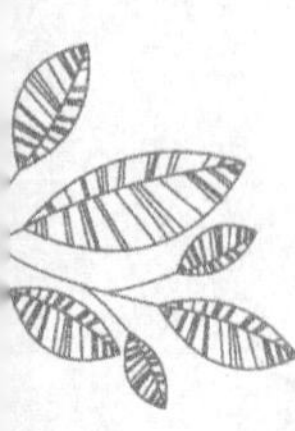

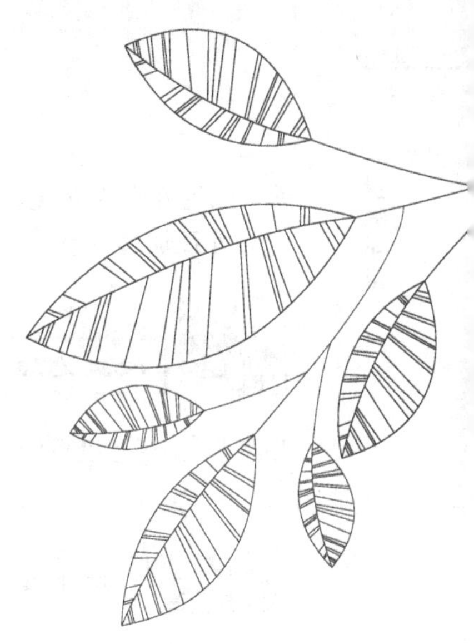

第12课

勤俭节约

Chapter 12

两双皮鞋穿10年

现年68岁的纽约市长迈克尔·布隆博格是身家超过180亿美元的亿万富翁，在《福布斯》世界富豪榜上排名第23位。和许多一掷千金的富豪不同，家财万贯的布隆博格十年如一日地过着“抠门”的生活。令人难以置信的是，他总共只有两双皮鞋，而且已经穿了整整10年！

布隆博格的这两双穿了10年的皮鞋均是经典款式的黑色休闲皮鞋，大小是9EE号(美国尺码，相当于41码)。他在2001年当市长前就开始穿这两双皮鞋，至今已穿了10年。布隆博格十分爱惜他的鞋子，平时两双鞋子轮流穿。而一旦鞋底磨破之后，并不丢掉，而是拿去找修鞋匠修补一下，或者更换鞋底再继续穿。

如今两双皮鞋上的商标都已磨损得无影无踪，以至于布隆博格自己都记不得是什么牌子。纽约皮鞋专家认为，布隆博格的两双皮鞋中至少有一双是由皮鞋公司“Cole Haan”制造的。该品牌专卖店的一名售货员也称这双鞋应该是该公司多年前推出的一款名为“Dennehy”的守旧派鞋，零售价为28美元，目前已停产。

由于皮鞋太旧，以至于连布隆伯格自己也觉得“羞于见人”。不久前，当布隆博格与第一夫人米歇尔并肩坐在一起谈话时，他下意识地将两只脚缩在一起，似乎试图将脚上的旧皮鞋“藏起来”。布隆博格两双皮鞋穿了10年的秘闻曝光后，令许多美国民众大跌眼镜。业内人士称，如果保养得当，这两双皮鞋甚至还可以再陪伴布隆博格10年！

他之所以10年只穿两双皮鞋，绝不是因为“买不起”。布隆博格的发言人斯图·罗瑟称：“布隆博格可以买任何他想要的鞋子，但他喜欢这样。这两双鞋都非常舒适实用，因此他觉得没必要再买新鞋。”尽管拥有一辈子都花不完的巨额财富，但布隆博格却极其节俭朴素，无论在个人开支还是政府财政方面都很节省。罗瑟举例称：“比如买一杯咖啡时，他总向店员强调选分量最小的给他。他只买他想要喝的饮料，只买他需要的东西。”

勤劳意味着通过诚实劳动获取生活资源，节俭意味着消费生活资源要精打细算、细水长流，合理使用。只勤劳而不节俭，再大的家业也会挥霍殆尽；只节俭而不勤劳，生活来源无以为继，必然坐吃山空。勤劳与节俭二者紧密联系，缺一不可。

1. 通过布隆博格发言人的话，你发现布隆博格有怎样的消费观念？你是否认同？为什么？

2. 在你的心目中，你认为勤俭节约能给我们带来什么或让我们失去什么？结合布隆博格的事迹谈谈你对勤俭节约的认识。

3. 社会上有很多人认为，如今生活水平提高了，再强调勤俭节约已经不合时宜了，对于这种观点你有何看法？

4. 你认为在中职学生中存在哪些不可取的消费观念？写出具体表现，及其对家庭、个人、社会都有什么影响？

5. 请你观察校园消费中的浪费现象，尝试写一份勤俭节约的倡议书。

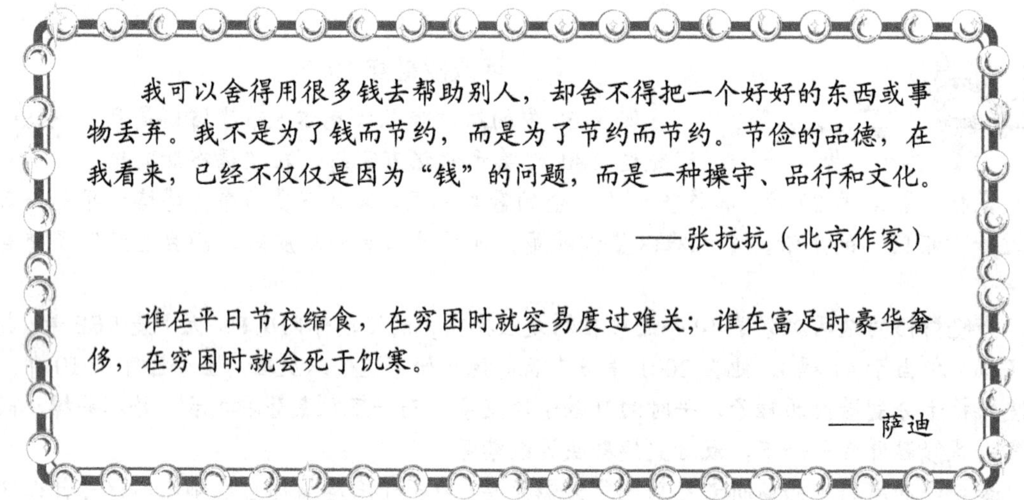

我可以舍得用很多钱去帮助别人，却舍不得把一个好好的东西或事物丢弃。我不是为了钱而节约，而是为了节约而节约。节俭的品德，在我看来，已经不仅仅是因为“钱”的问题，而是一种操守、品行和文化。

——张抗抗（北京作家）

谁在平日节衣缩食，在穷困时就容易度过难关；谁在富足时豪华奢侈，在穷困时就会死于饥寒。

——萨迪

勤俭持家是我国的传统美德，是对每一位公民个人提出来的道德要求。作为公民要懂得勤俭节约对个人及国家可持续发展的意义，要主张厉行节约，反对奢侈浪费和享乐主义的生活方式，要弘扬淳朴、善良、勤俭节约、艰苦奋斗；要懂得财富的积累是节约而来的，积攒创业的本钱也要靠节省。

生活上注意节俭，能够合理消费；在日后的职业生活中，学会靠勤劳的双手致富；无论何时都能力求节约，不铺张浪费。

诸葛亮在他的《戒子书》中写道：“静以修身，俭以养德。”他

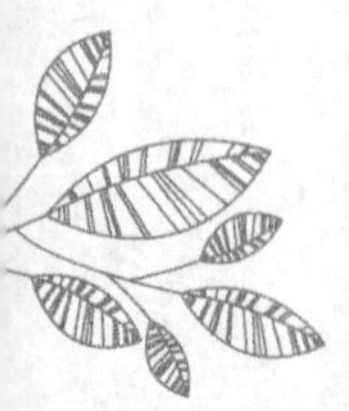

一语道破了勤俭是一种美德的道理。勤俭节约是中华民族宝贵的精神财富，凡是有卓越成就的人生活上都是勤俭节约的。所以我们也要勤俭。

一、认识勤俭节约的内涵

“勤俭节约”是中华民族的传统美德。勤俭节约即勤劳节俭。它由“勤劳”与“节俭”两个相辅相成的道德要素构成。何谓“勤劳”？勤劳就是对所从事的工作尽职尽责、吃苦耐劳，努力多做、做好。例如，孔子一直到晚年都勤学不辍，以至于“韦编三绝”；周总理操劳国事夜以继日、废寝忘食；袁隆平搞杂交水稻研究几十年如一日等等。勤奋劳动是一切财富的源泉。古往今来成大器者，无一不是从平凡岗位做起，苦干实干而成就事业的。

何谓“节俭”？节俭就是节约俭省，珍惜社会有限资源和人们的劳动成果。勤劳与节俭是互相联系、相互依存的两个方面。

二、理解“勤劳节俭”的重要意义

（一）勤俭是个人立身修德之基

孔子说：“谨身节用，以养父母。”可知孝悌之道，礼仪之事。《左传》中说：“俭，德之共也；侈，恶之大也。”“节俭”是善行中的大德，奢侈是邪恶中的大恶。古今有识之士无不把“勤俭”当做最重要的道德修养，以此严格自律作出表率。

勤和俭的故事

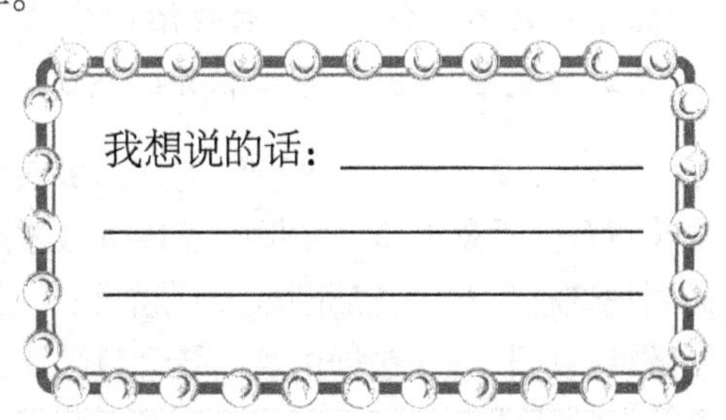

有这么一个民间故事：从前，在中原的伏牛山下住着一个叫吴成的农民，他一生勤俭持家，日子过得无忧无虑，十分美满。相传他临终前，曾把一块写有“勤俭”两字的横匾交给两个儿子，告诫他们说：“你们要想一辈子不受饥挨饿，就一定要照这两个字去做。”后来，兄弟俩分家时，将匾一锯两半，老大分得了一个“勤”字，老二分得一个“俭”字。老大把“勤”字恭恭敬敬高悬家中，每天“日出而作，日落而息”，年年五谷丰登。然而他的妻子却过日子大手大脚，孩子们常常将白白的馍馍吃了两口就扔掉，久而久之，家里没有一点余粮。老二自从分得半块匾后，也把“俭”字当作“神谕”供放中堂，却把“勤”字忘到九霄云外。他疏于农事，又不肯精耕细作，每年所收获的粮食不多。尽管一家几口节衣缩食、省吃俭用，毕竟也是难以持久。这一年遇上大旱，老大、老二家中都早已空空如也。他俩情急之下扯下字匾，将“勤”“俭”二字踩碎在地。这时候，突然有纸条从窗外飞进屋内，兄弟俩连忙拾起一看，上面写道：“只勤不俭，好比端个没底的碗，总也盛不满！”“只俭不勤，坐吃山空，一定受穷挨饿！”兄弟俩恍然大悟，“勤”“俭”两字原来不能分家，相辅相成，缺一不可。吸取教训以后，他俩将 “勤俭持家”四个字贴在自家门上，提醒自己，告诫妻子儿女，身体力行，此后日子过得一天比一天好。

人们改善吃穿住行等生活条件是很正常的需求，关键在于把握怎样的生活标准与尺度。是与劳苦大众看齐，还是与少数花天酒地者攀比，应区分出道德境界的高低。在社会经济繁荣、物质生活提高的今天，能否自觉克制奢华的欲望，戒奢以俭，是严峻的道德考验。一些贪官们，正是因为失去了节俭对私欲的克制，失去了勤俭这一道德根基，才贪欲膨胀、骄奢淫逸起来，最终成为人民的罪人。作为中职学生，我们更应该学会勤俭节约。

（二）勤俭是持家兴业之道

中国人历来讲究“勤俭持家”。“勤是摇钱树，俭是聚宝盆”，这是农村常见春联，更是千百年来中国人持家兴业的深刻体验。然而，现在一些中青年家庭兴起超前消费，及时享乐的奢靡之风，衣食追求华美，居住要求阔气，婚丧嫁娶、送往迎来讲究排场，以为这样才够“面子”。

李嘉诚教子

当李泽钜和李泽楷八九岁时，李嘉诚便专设小椅子，让他们列席公司的董事会，颇有点过去宫中培养太子的味道。为了培养他们独立生活的能力和掌握现代科技，李嘉诚将两个儿子都送到了美国留学。这种投入为李氏家族的长盛不衰打下了扎实的基础。

他平时也注重培养孩子的良好美德。在美国留学时，次子李泽楷的零用钱都是在课余兼职，通过做杂工、侍应生挣来的。每逢星期日，他都到高尔夫球场去做球童打工，背着大皮袋跑来跑去，凭自己的劳动，换得一份收入。李泽楷打工所得，除了日常零花外，还资助生活困难的同学。李嘉诚知道后十分高兴，他对妻子说：“孩子这样发展下去，将来准有出息。”

所以，说到底，平民教育也好，贵族教育也罢，对孩子的教育还是一个方法的问题，教育上花费多少不是本质，父母的言传身教才是重点。家庭条件好培养孩子当然有优势，关键是如何利用这种优势。杨韶刚教授说得好：“社会精英阶层大多在企业或某些部门担任要职。如果能够恰当地利用好这种优势，结合自己孩子的特点进行教育培养，就可以把孩子培养成为真正的社会精英。”

山西老板花千万元为儿娶亲

2007 年 11 月 12 日，一场奢华的婚礼在太原河口镇举行。两辆豪华轿车带着 12 辆悍马组成了迎亲车队，不少明星前来助阵。据知情人讲，婚礼的总体花费达千万元。参加此次婚礼的一些婚庆届人士纷纷表示，这样的场景在全省历史上还没有过。

婚礼现场场面宏大。婚礼当天，现场设置了两个舞台，都设施齐全；两辆龙凤造型的彩车停在旁边，每辆彩车的装修费用高达 6 万元。专门从太原请来的江南餐饮集团的厨师和服务员为来宾准备饮食。据厨师讲，午饭他们需要分四次准备 160 桌的流水席。从太原、静乐等地请来的锣鼓、军乐队伍也装备齐全，为现场营造气氛。婚礼的每一项工作都有细致的分配，仅负责此次婚礼各项事务的总管、副总管和助理就多达 80 余人。

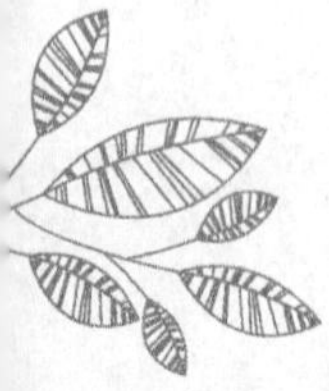

据一位接亲的工作人员称，婚礼各方面支出已经有 500 万元左右，一辆黑色奔

驰和一辆白色宝马轿车价格都在200多万元，还有一辆雪弗兰商务车，价格也在100多万元，总共下来少说也有千万元。

革命先驱李大钊先生早就告诫人们："衣食享用过度、亲友应酬过度、物质消耗过度、精神劳役过度，既成社会之弊，又会滋生罪恶。"当然，经济条件好了，生活富足、时尚一点也未尝不可，但应切记量入为出，享受适度，不要做"月光族"和"负翁"。不要忘记"勤俭"是永恒的持家兴业之道。

（三）勤俭是强国安邦之策

"历览前贤国与家，成由勤俭败由奢。"大到邦国，小到家庭，无不是兴于勤俭，亡于奢靡。新中国成立前夕，人民领袖毛泽东就高瞻远瞩地告诫全党："务必使同志们继续地保持谦虚、谨慎、不骄、不躁的作风，务必使同志们继续地保持艰苦奋斗的作风。"

同时，应清醒地看到，虽然我国经过几十年的改革开放，物质条件有了很大的改善，但我国仍旧是个发展中国家，人均资源占有量仅为世界人均占有量的一半；全国还有近3000万贫困人口，1100万低保对象和上亿的流动民工，相当多的家庭生活尚未达到小康；国家建设需要办的事情还很多。人口多底子薄的基本国情决定了我们必须勤俭办一切事业。邓小平同志说："艰苦奋斗是我们的传统，艰苦朴素的教育今后要抓紧，一直要抓六十至七十年。

反对奢侈浪费

墨子极力主张节俭，反对浪费。他曾经说过："我们这个社会差不多有一半的财富被浪费掉了。如果这一半节约下来，那社会不就等于多了一倍的财富吗?"

墨子和他的弟子们总是穿最朴素的衣服，吃最简单的饭菜，住最简陋的房子。墨子不但自己非常节俭，当他听到有人浪费时，也总是毫不客气地指责批评。

当时有一个叫曾的小国，国君非常浪费奢侈，每次吃饭的时候都要上几百道菜，这些菜有的甚至连尝都没尝过就被倒掉了。他的一顿饭足够一个穷人吃几个月了，可他每次不是嫌菜太少，就是嫌味道不好，经常骂仆人："就这么点儿菜，让我怎么吃饭！你们是不是想饿死我呀！"甚至连日日服用的滋补品驴胶也只取专用黑驴皮以及专用的井水来熬制，并且还要保证"经夏不软，油黑中带有琥珀色"的特点。

墨子知道这件事后，就对别人说："曾国就要灭亡了!"有人问墨子："你凭什么说曾国要灭亡了?难道你听说有哪个大国要攻打它吗?"

墨子坚定地说："我是从它的国君吃饭的习惯中知道的。他这么浪费，大臣们也一定会受他的影响，不知节俭。他们君臣不知百姓劳作的辛苦，只知一味地剥削百姓，满足自己奢侈浪费的生活，这样只会导致百姓生活越来越困苦，一个个挨饿受冻，最终逼得百姓人人都想造反。如果一旦有别国来攻打，百姓没有反抗能力，或者有反抗能力也不想反抗，这样的国家能不灭亡吗?"果然，没过多久，正像墨子预言的一样，曾国被别的国家灭掉了。

勤是甘泉水，俭是聚宝盆。节约不仅是在物质条件匮乏时的权宜之计，还是一个优秀民族所必须具备的道德品德和精神状态，也是一个社会进步所应当倡导的文明风尚，是一个当代公民应当具备的基本素质。节约是一种不竭的财富。无论是在艰难困苦的逆境之中，还是在条件优裕的顺利之时，这种道德要求都不会过时，也不应当过时。

（四）勤俭是青少年德育的当务之急

“一粥一饭，当思来之不易；一丝一缕，恒念物力维艰。”勤俭节约是中华民族的传统美德，然而不知从何时开始，中学校园里却刮起了铺张浪费之风。

【案例一】校园浪费让人寒心

镜头一：根据对岛城一所职业学校的调查统计，每个学生每学期平均使用纸大约4000张，每个学生一年使用纸大约9000张，作业本等学习用纸的利用率为91.5%，有8.5%的纸张被浪费；练习本的利用率只有70%，有30%的纸张被浪费；而作业本和练习本正反面都被使用的只有0.5%。据统计：制造800千克的纸要砍掉17棵大树，造成350吨的水污染。

镜头二：某职业学校学生自己调查得出，中学食堂一个月被倒掉的饭菜相当于一亩地的产量；餐餐用一次性饭盒和一次性筷子；刷牙洗脸时不关水龙头；白天进教室依然开着灯，学校一年浪费的电量足够一个普通家庭用48年！

镜头三：据《中国青年报》报道，调查者调查时经常听到这样的言论：“花的是我自己的钱，倒掉又没有损害别人的利益”、“现在生活水平提高了，倒点饭菜可以理解，用不着这么斤斤计较”、“我国是农业大国，这点儿粮食算什么”……

【案例二】母亲的求助信

我的孩子与许多学生一样，虽然很聪明，但比较懒惰。在小学和初中，他都是个品学兼优的学生。上高中后，由于正处于青春期，环境又发生了变化，加之他比其他孩子年龄稍小，他的性格发生了很大变化。他不愿与父母沟通，学习不努力，虽然不逃课，但业余时间偷偷上网吧，结交了很多朋友。我们常常试图与他沟通、交流，但均以失败告终。

为了他的成长，我们不知付出了多少艰辛与努力，但孩子的心扉从没有向我们敞开过。他变得越来越自私，对父母的话反感，自己房间的门总是上锁，对父母的感情很淡漠，而且完全比不上他对同学朋友的感情。

高考后，他非要买手机不可。想到他要上大学了，买就买吧。可从那时到现在的两个多月里，他给同学打电话就花去了300元话费，而父母给他打电话时他却很少接。300元钱对于工薪阶层的我们来说也不是个小数目。我常告诉他要养成节约的好习惯，但他对父母的话置若罔闻。

我本人身体很差，又要照顾年老多病的父母，为了养育孩子，我付出了比别人更多的辛劳。看到自己的孩子对我们做父母的不屑一顾的表情，我不禁潸然泪下。

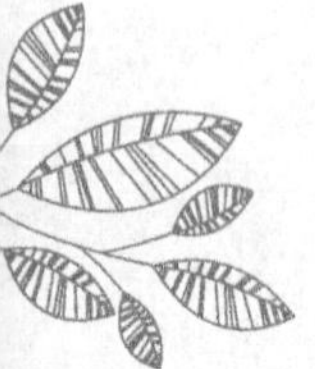

这就是我全身心爱着的儿子吗？

时下很多人在尽享小康的同时，淡漠了对子女勤俭节约的教育。有家长说："过去勤俭节约过紧巴日子，是因那时候没钱。现在有钱了，总不能苦了孩子。" 家长视独生子女若掌上明珠，百般娇宠，加上学校劳动教育不力，青少年中好逸恶劳、追求享受的倾向日益滋长：不爱劳动，不能吃苦受累，经不起挫折；学习懒得动脑，自理能力差，缺乏进取心和责任感；随意浪费社会资源，不体谅父母劳动的艰辛，攀比吃喝穿戴，买零食下饭店，挥霍浪费乱花钱。更令人吃惊的是好多青少年把勤俭节约视为"寒酸"，把艰苦朴素看做"土气"，把挥霍浪费当成"大方"，美丑不分、荣辱颠倒。青少年道德观念的严重扭曲实在让人担忧！"自古英雄多磨难，从来纨绔少伟男"。面对青少年成长中的种种问题，再不进行勤俭节约教育如何了得！针对这一问题，温家宝总理概括得很好，"一个很小的问题，乘以 13 亿，都将变成一个大问题；一个很大的总量，除以 13 亿，都将变成一个小数目。"

三、如何做到"勤俭节约"

"勤俭自古为美誉，节约至今是佳称"。如何才能做到勤俭节约呢？

（一）精打细算才能开源节流

精打细算与开源节流是勤俭节约的重要内容。精打细算可以让每一分钱花在适当的地方，从而生出更多的钱，这是理财的原则。精打细算才能把钱省下来，而不是把钱挥霍在享乐上。人人都想发财致富，而精通致富之道的关键在于一个人的态度和方法。有专家说："收入像一条河，财富是你的水库，花钱如流水。理财就是管理好水库，开源节流。"

曾有一个穷人，很穷。一个富人见他可怜，就起了善心，想帮他致富，于是送给他一头牛，并嘱咐他好好开荒，等春天来了撒上种子，秋天时就可以远离那个"穷"字了。穷人满怀欢喜，可是没过几天，牛要吃草、人要吃饭，日子比过去还难。穷人想：不如把牛卖了，买几只羊，先杀一只吃，剩下的还可以生小羊，长大了拿去卖，可以赚更多的钱。穷人说干就干，只是吃了一只羊之后，小羊迟迟没有生下来，日子又艰难了。他忍不住又吃了一只。穷人想，这样下去不得了，不如把羊卖了，买成鸡，鸡生蛋的速度要快一些，鸡蛋可以赚钱，日子可以好转。穷人的计划又付诸实施了，但是日子并没有改变，还是很艰难，他又忍不住杀鸡，终于杀到只剩一只鸡时，穷人的理想彻底崩溃。他想，致富是无望了，还不如把鸡卖了，打一壶酒，三杯下肚，万事不愁。很快春天来了，发善心的富人兴致勃勃来送种子，赫然发现穷人正就着咸菜喝酒，牛早就没有了，房子里依然一贫如洗。

其实，能够致富不是命运，不是投机，也不是运气，而要善于管理、维护和运用创造的财富。致富之道在于听取专业的意见,并且终生奉行不渝。人们常说：吃不穷、穿不穷，不会算计一世穷。这种算计不是搞阴谋诡计，而是巧妙运用自己的聪明才智。精打细算能省则省，让钱发挥出最大的作用，做事的效率会更高。

（二）量入为出，不过度消费

随着社会的进步、物质生活的富足，那些所谓的“穷大方”、“打肿脸充胖子”的闹剧在无数个舞台上演。一掷千金地吃一顿豪宴就是为了要面子。

校园里，一些习惯于挥霍的学生嘴里会经常说出这样的话：“没钱了，借呗！还不了？再说吧！”他们靠借钱出入网吧；他们用父母的血汗钱到高档酒店喝酒，吃大鱼大肉；他们为了满足自己的虚荣心，在步行街上尽情地购物，一件衬衫几百元，只要喜欢就买下，而他们的父母一个月也许只赚几件衬衫钱。殊不知这样的消费方式，消费的不是金钱而是人的良知，使人变得卑微和渺小。钱要量入为出，合理消费。钱要用在当用之时，生活才能过得有意义。

试想，那些不诚实地按照自己的消费能力生活的人，习惯于不断透支金钱，沉浸于安逸享乐，其结果只能是债台高筑，不能自拔，最终连做人的原则都丢失了，这也是导致社会上一些人穷困潦倒、生活凄惨的重要原因。因此，人应该学会克制，树立正确的金钱消费观。谨记，我们的能力和成功不是靠大手大脚地花钱充门面体现出来的，而是要懂得量入为出。

（三）不枉花一分钱，崇尚高层次消费

在现实生活中，有这样一群人，他们收入可观，但消费时却像穷人一样恨不得将一分钱掰成两半花，该花的钱出手大方，该节俭时节俭，日子过得有滋有味。他们就是拥有高层次消费观的人。

享誉世界的“杂交水稻之父”袁隆平教授认为，“钱是来用的，但莫奢侈浪费。”一份评估机构的报告称，袁隆平的身价已达1000亿元。而事实上，他每月的收入连工资加补贴只有几千元，但他总乐呵呵地说，“这些收入不低了，够花了。”袁隆平还认为钱要用在刀刃上：“该用的钱就要用，不要小气。”他将国家奖励的财物大都用来搞科研，并拿出1200万元设立了“农业科技基金奖”。他对教育事业、慈善事业慷慨大方，但自己从不乱花钱，饮食崇尚清淡，衣服朴素大方。

陈嘉庚曾说过：“应该用的钱，千万百万都不要吝惜；不该用的钱，一分也不能浪费。”如果你有了结余的钱，不要漫无目的地花费，去买那些没有用的东西或奢侈品。要学会通过节省的手段积累资本。你可以为自己制定一份理财计划书，这样用节省下来的钱做更有意义的事情。

众所周知，我们的生活既有物质生活又有精神生活，而唯有精神生活才是人生的路标。崇高的理想、成功的事业、幸福的家庭、知识和健康等，这些人生的追求虽然离不开金钱，却并非与金钱等值。高尚的人格、真挚的友谊、父母的亲情这些人生最珍贵的“财富”，是金钱“遥不可及”的。一个人只有拥有一颗真诚善良、光明磊落的心和高尚的情操，才能成为一个有价值的人。

1. 春秋时，齐国宰相晏婴辅佐三朝，功劳盖世，但他一生勤俭，再三谢绝齐景公赐予的豪宅和车马，坚持与百姓同食粗米、青菜。革命领袖毛泽东专为人民谋幸福一生粗茶淡饭，睡硬板床，穿粗布衣，生活极为简朴，一件睡衣竟然补了73次、穿了20年。经济困难时

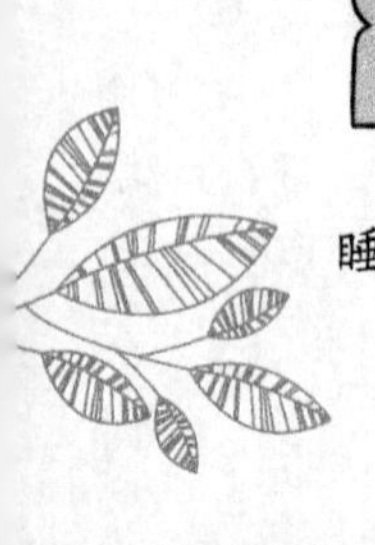

期，他主动减薪、降低生活标准，不吃鱼肉、水果。20 世纪 60 年代，有一次他召开的会议到中午还没有结束，他留大家吃午饭，餐桌上放着一大盆肉丸熬白菜、几小碟咸菜，主食是烧饼。伟人在勤俭节约方面为国人作出了表率。

英国女王伊丽莎白二世经常说的一句英国谚语是“节约便士，英镑自来”。每天深夜，她都亲自熄灭白金汉宫小厅堂和走廊的灯；她用的牙膏要挤到一点不剩。

“车到山前必有路，有路必有丰田车”的日本丰田公司，在成本管理上从一点一滴做起：劳保手套破了要一只一只地换，办公纸用了正面再用反面，厕所水箱里放一块砖用来节水。

以上案例让你得到什么启示？

2. 你认为在新时期保持勤俭节约的好习惯有什么重要意义？

1. 进行一次社会调查，搜集各行业勤俭节约的正反两方面的案例，整理出来。

2. 在班级或家庭中开展“勤俭节约我先行”活动，自觉践行勤俭节约的好习惯。

第13课

廉洁自律

Chapter 13

永远的朝霞

1983年，当英姿飒爽的任长霞警校毕业后来到郑州市公安局中原分局预审科当上一名民警时，她在日记本中写下了一段话："能成为一名打击犯罪、保护人民的人民警察，能亲手抓获犯罪分子、还老百姓公道，是我人生最大的追求。"也正是从这时开始，她立下了将自己一生献给公安事业的誓言。

任长霞也有美满家庭、儿女亲情。她爱丈夫、爱儿子，但不能享受天伦；孝敬父母，但不能床前尽孝。每当想到患病瘫痪在床的父亲那痛苦的呻吟，看到儿子那般切期待的目光，想起丈夫对她工作无言的支持，她常常深感内疚。春节期间，为确保全市人民度过一个祥和安宁的节日，任长霞无暇回家，她给上访老户送去了米面，到几十名业务骨干家中拜年，在街面上查看执勤情况。

作为一名女公安局长，任长霞集刑警的威严和女性的温柔于一身，尤其对被人们视为弱势群体的妇女、儿童，她更是事必躬亲、关怀备至。为最大限度地保护妇女儿童的合法权益，她先后组织开通了"110"反家庭暴力服务台，设立了妇女维权示范中队，成立了多警种联动、相互协作、共同作战，全方位、多层次、多渠道的快速反应机制。

2001年5月3日，登封市大冶镇西施村煤矿发生特大瓦斯爆炸事故，13名矿工遇难。任长霞在处理这起事故中，得知11岁的女孩刘春玉的父亲遇难，母亲也因心脏病突发去世，小春玉成了一名孤儿时，她毫不犹豫地承担起了小春玉生活和学习的全部费用。小春玉对记者说："任妈妈让我重新得到了母爱，我为有这样的好妈妈感到骄傲！"为了使更多的孩子得到救助，2002年1月，任长霞向民警发出倡议，在全局开展了"百名民警救助百名贫困学生”活动。全市有126名贫困学生得到了救助，重新回到了课堂。孩子们都亲切地称任长霞为“任妈妈”。

任长霞常说：“作为一名领导干部，要事事、处处、时时以个人的人格力量去教育大家，感化大家，激励大家”。作为一位公安局长，任长霞无疑面临着钱、权、法的考验。自入警以来，她从事的都是有一定权力的工作，总是有人通过直接、间接的关系来靠近她，给她送去金钱、物品，但都被她婉言拒绝。

2001年，她了解到松颖避暑山庄老板王松无视法纪，横行霸道，民怨很大，就决心要将这个“恶霸”绳之以法。后来，在一起刑事案件上，王松手下的爪牙因参与作案被抓获，王松企图以钱开路，打通关节，救出这几个“弟兄”。他来到任长霞的办公室，随手掏出一沓钱放在桌子上说：“手下人捅了漏子，请任局长高抬贵手，网开一面。”任长霞严词拒绝，并将计就计，指令民警将王松一举擒获。任长霞以自己毕生的心血忠实地履行了“立警为公、执法为民”的神圣职责。

任长霞本着“在我这儿没有金钱能打通的关节，只有公正的法律。对待发现的线索，我们必须去查，即便有牺牲的危险，也义无反顾”的办事风格，维护着社会公平。她办事无私心，处理事件不偏心，以规章制度为准则，坚决按照规章制度办事，保护群众的利益。她的工作作风与那些以权谋私、贪污腐败的违法行为形成了鲜明的对比，受到老百姓的拥护和爱戴，正所谓“公道自在人心”。

心灵启迪

任长霞全身心地为老百姓做实事、做好事，没有私心，树立起来一个廉洁无私的正义形象，用实际行动告诉我们做人要能守住清白、办事公道。守住清白，需要具备抵御各种不良诱惑的能力，做到不贪权，不贪钱，不贪色，不违法乱纪；办事公道要站在公正的立场上，不向权势屈服，不计个人得失，坚持公道办事。对待金钱和权力能做到从正道获取金钱，正确地对待权力，正当地行使权力，才能守住清白和公道。当下那些贪字当头，丧失原则，不顾国家、集体和他人的利益，权为己所用，中饱私囊的人，必将受到法律的惩罚。

思考导航

1. 任长霞最大的追求是什么？这体现她具有什么样的性格？他对家人为什么会有那么多内疚？

2. 对弱势群体的保护和关爱体现了任长霞什么品质？

3. 任长霞面临着钱、权、法的考验时，是怎样做的？

4. 通过任长霞的故事，谈谈你对廉洁的理解。

5. 找一找身边廉洁与不廉洁的实例，说说廉洁行为对人生和社会的意义，以及不廉洁行为会带来怎样的后果。

6. 通过对自己性格的分析，判断自己怎样做才能成为一个廉洁自律的人，并为自己的廉洁人生做一下规划。

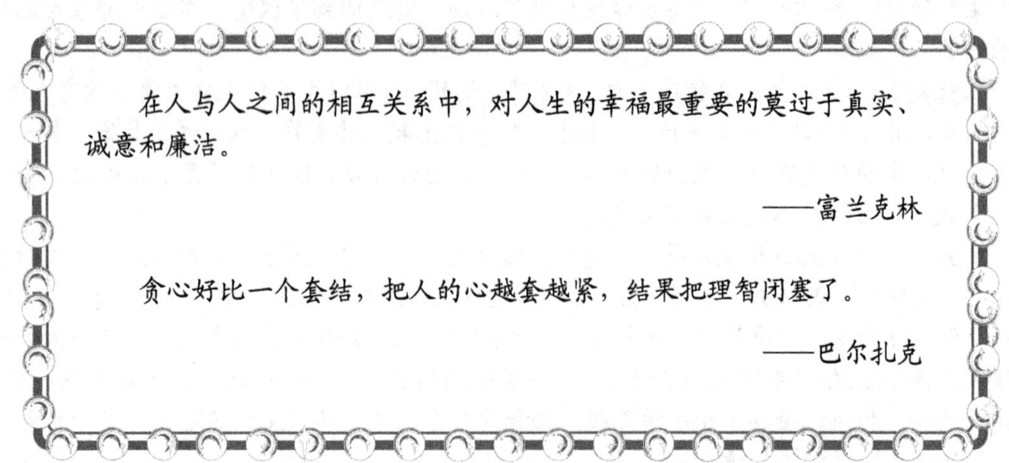

在人与人之间的相互关系中，对人生的幸福最重要的莫过于真实、诚意和廉洁。

——富兰克林

贪心好比一个套结，把人的心越套越紧，结果把理智闭塞了。

——巴尔扎克

廉洁是一个人的立身之本，我们要理解廉洁的内涵，坚信“源洁则流清，形端则影直”，一个人的是非曲直终会有体现；要树立“廉洁自律、恪守本分”，对自我、他人、社会负责的理念；要不贪财，不贪图享乐，不占小便宜，奉公办事，不徇私舞弊。

在日后的职业生活中，要君子爱财，取之有道，非义之财，毫厘不取；克制欲望，不损公肥私，行为纯洁，不贪污腐化，不奢侈浪费，不以权谋私，不贪赃枉法；维护公平，不随便索取不应有的报酬和不正当的财物，以身作则，同腐败现象做斗争。

廉洁是当前全体社会成员最大的呼声，对当今社会的一些不正之风，人民深恶痛绝。只有那些一心想着人民、以人民的利益为重的人，才能得到人民的尊重和爱戴，才能在历史上留下美名，否则只会遗臭万年。廉洁是为人处事的美德，是做人的应守之道。

一、解读廉洁的内涵

《汉语大辞典》对廉洁一词的解释是不贪财，立身清白；《辞海》的解释是清廉、清白；在我们眼里，廉洁是光明磊落、不贪不占，靠勤劳致富。

（一）不贪不占是廉洁的基本表现

对于属于自己合法劳动所得的财物，要堂堂正正地去拿；对于不属于自己的财物，绝不能不劳而获，更不能私自占有。

一位在实习中表现优秀的女生，在参加海尔集团物流管理员岗位竞聘时，表现出很高的综合能力。然而，后来发生的一件事，让其丧失了竞聘资格。原来，这位女生提交的策划方案所用的 4 页纸，是两家公司的稿纸；而这两家公司正是她曾经实习过的公司。就这样，4 张不应该用的纸，让这名能力不错的女生与一份好工作失之交臂。

在生活中，有的中职学生经常把别人的小物件，如本子、圆珠笔、训练工具顺手拿去用。这些看似小事，实际是一种陋习。如果带着这一陋习进入职场，往往会造成不可扭转的后果。不贪为宝、洁身自好和勤劳致富是走上幸福人生路的“三把钥匙”。

（二）廉洁是立身的根本

廉洁是一个人的立身之本，它体现的是责任和尊严，衡量出的是人生的价值。它对每个人都是严峻的考验，因为它不但要求我们与自身私欲作斗争，还要同社会上的腐败风气作斗争。

取财错“道”的代价

1995 年，对自己的前途满怀憧憬的刘某，考入职业学校学习财会电算化。1998 年，专业技能成绩优异的他被分配到大庆油田技术开发实业公司工作。不久，因工作细致入微而得到了领导赏识，被任用为财务科会计。两年后，被调到大庆油田公司装备制造集团担任审计部审计员，前途一片光明。2005 年，刘某娶妻生子，生活、事业都红红火火。

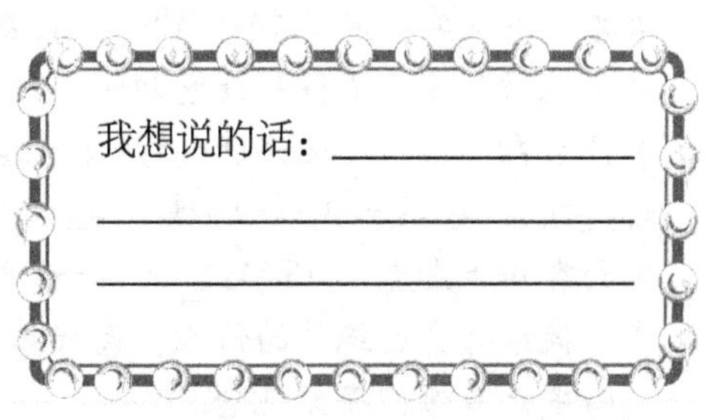

此时，只要刘某恪守职业道德，一如既往地为企业守好财，他就会拥有一个幸福的人生。然而，他却在困境里迷失了方向。2006 年，父亲得了癌症，医药费让刘某焦头烂额。为了减轻自己的经济负担，不让生活质量受影响，他将目光转到了每天经手的上百万元的账目上，最终用自己的“聪明才智”敲响了罪恶的大门。

2009 年 1 月，年仅 31 岁的刘某因贪污罪被判处有期徒刑 14 年。宣判时，刘某目光呆滞，万念俱灰。孔子说：君子爱财，取之有道。他却用自己非法的“道”骗得了 37 万多元。“法网恢恢，疏而不漏”，他为所取之错“道”付出了沉重的代价。

人要生存必须与金钱打交道，没有钱寸步难行，这是无可非议的事实。然而，金钱是一把双刃剑，人在金钱面前，一定要立场坚定，克制自己的私欲。一个人要活得有尊严，不走或少走弯路，清清白白地走完人生旅途，首要任务是树立正确的价值观。

农民儿子的清正廉洁

春天，海参养殖专业毕业的柳青应聘到一个海参养殖场工作。元宵佳节里，一场风暴肆虐而来，当老板蹒跚着赶往海边时，发现许多人奔跑着，捡拾被浪卷上来的海参，他内心抽痛着。突然，他发现远处仍有一个站立的大棚，不禁欣喜若狂。走近大棚，他被惊呆了：柳青正在冒着塌棚的危险，舍命为大棚加固绳索、堆放沙包，还在为苗池换水。老板颇为奇怪地问：“你怎么不去捡海参、别人都捡发了！”柳青说，参池被冲垮对老板已经够残酷了，再遭抢，岂不是天灾人祸？再说，捡几千元海参和保住几十万元的参苗，没法比。老板要送柳青 10 斤干海参表示谢意，被他拒绝。后来，老板非常信任柳青，把上百万元的海参养殖池全部交给他管理。在养殖场里，他既做粗活，也做技术指导。有人想以高价工资挖走他，被他断然拒绝。

立身清白不仅表现在价值观上，还表现在人生观上。柳青人穷志不穷，做人问心无愧，清清白白；做事公正无私，不趁火打劫，时刻做到不是自己劳动所得绝不要，只拿自己应得的劳动成果。柳青虽然平凡，却震撼着我们的心灵，让我们明白做人廉洁才能走得更远。

（三）恪守道德准则是廉洁从业的要求

有人说，廉洁是为官人员的道德准则，与普通老百姓无关。其实不然。廉洁不仅仅是一种官德，更是一种道德准则，一种崇高的境界。

心中只有锁

有个老锁匠想把开锁的手艺传下去，就精心挑选了两个徒弟，让他们分别去开两个保险柜。大徒弟只用5分钟就打开了保险柜，小徒弟却用了20分钟。旁人都认为大徒弟稳操胜券。不料老锁匠却问："保险柜里有什么东西？"大徒弟说："师傅，柜里装的都是钱！"小徒弟说："师傅，我只顾开锁，里面有啥我没看。"听罢此言，老锁匠郑重宣布小徒弟为自己绝技的传人。大徒弟不服气，老锁匠说："一个合格的锁匠，必须做到心中只有锁，而无他念。"

"心中只有锁"是锁匠的道德准则。作为锁匠，若稍有贪心，开锁入室或打开保险柜盗取财物易如反掌，但那样只会身败名裂，害人害己。不贪就是廉。小徒弟"心中只有锁"，不为金钱所动，展现的正是廉洁这一高尚的道德情操。

生活中有许多诱惑大、风险高的职业，如何在各种腐蚀和诱惑面前管住自己，守住心中的"底线"，值得我们深思。

27岁的小方负责公司的人事工作，主管招收工人、发放工资、办理医保社保和办理离职手续。老板很信任她，让她自己制作工资表。2005年3月至2007年5月期间，小方利用职务便利，采用虚列、冒领、伪造等卑劣手段侵占公司财产。截至被查时，她向公司虚列了122人的工资，共计人民币453512元。

新时代的青年是社会主义建设的主力军。在现实生活中，面对诱惑要果断地说"不"，不要有片刻犹豫，也不要患得患失，以免走入职场后，被利益与欲望所俘虏。

（四）廉洁奉公才能升华人的价值

物质财富对人们的生产、生活起着重要而不可缺少的作用，但它不是人生追求的目的和意义。人赚钱是为了生活，而活着的目的和意义在于为社会、为他人作奉献。

1992年，拉萨市周围的几个县发生地震。拉萨市长孔繁森在救灾过程中认识了3个孤儿，他们的父母都被震灾夺走了生命。他将这3个孤儿接到家里，担负起养育责任。他的家境本来就不富裕，再加上每次下乡总要接济生活贫困的藏族群众，有时不到半个月，工资就所剩无几。领养了3个孤儿后，孔繁森经济上更加拮据。为了不让孩子们跟着他受苦，他悄悄地来到了西藏军区总医院血库，要求献血。他先后献血900毫升，共收取医院按规

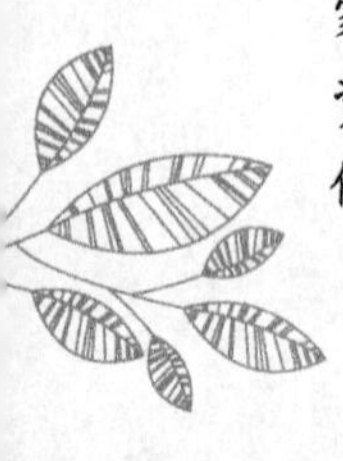

定付给的营养费900元，都用于生活补贴。孔繁森把工资中的相当大一部分用于帮助有困难的群众。他因车祸牺牲后，人们在他的遗体上找到的现金只有8元6角，在场的每个人都流了泪。

人生短暂，生命对人只有一次。孔繁森用实际行动诠释着这样一段话："当回忆往事的时候，你不会因为虚度年华而悔恨，也不会因为碌碌无为而羞愧。"一个国家的高级干部，多次要求到最艰苦的地方去工作，为改变人民群众的生活鞠躬尽瘁，自己用生命诠释出多做好事、善事，不断完善自己，创造光辉的业绩，造福子孙后代，才能让"生命"得以延续，唯有这样才能缔造有意义的人生。

廉洁是当前人民最大的呼声，对当今社会的一些不正之风，人民深恶痛绝。只有一心想着人民，以人民的利益为重，才能得到人民的尊重和爱戴，才能在历史上留下美名。然而，有些人为了取得金钱，不惜使用一切手段；为了满足自己的物质享受，不惜动用自己手中的权力；为了个人利益，唯利是图，把损害他人利益和集体利益看做实现个人利益的手段，这些人的行为与廉洁背道而驰，受人唾弃。

二、不廉洁行为的危害

廉洁是一种神圣而高尚的品质，表现为正直无私、克己奉公、无私奉献等优良品质，这些品质一直闪耀着人性的光芒。但令人痛心的是，伴随市场经济的飞速发展，各种诱惑也越来越多，有些意志薄弱的人出现贪婪、自私等不廉洁行为，腐蚀了社会风气，造成一系列社会危害。

（一）自毁前程与幸福

贪财、贪色、贪图权势等腐败行为一旦暴露，就会家庭幸福荡然无存，失去亲朋好友的信任，受到社会舆论的谴责，甚至受到法律的制裁。

企图"损公肥私"引来牢狱之祸

1968年8月，王某出生于一个偏远山村。23岁中专毕业后，成为某电力集团销售公司的收费员。他非常珍惜这份来之不易的工作，早出晚归，任劳任怨。从工人到干事再到副科长，在工作中多次得到提升。38岁时，又被提升为销售公司业务主管。他的每一次提升都是踏踏实实、一步一个脚印地走过来的。但就是这样一个看似忠诚而又努力上进的人，却干了一件足已令他悔恨终生的蠢事。

成为业务主管的王某，数额庞大的资金频繁过手，每天都与财大气粗的个体老板进行业务交往，由此滋生了对金钱的强烈欲望。在这种欲望的驱使下，他成为"有心人"，开始秘密筹划如何能为自己捞到好处。

2009年年初，他认为时机成熟，便将犯罪计划付诸行动……3月4日，销售公司在核对销售账目时，发现仓库的20吨石蜡去向不明。经过一夜紧张的摸排调查，有关部门于第二天对王某实施了"双规"并追缴赃款92966元。3月7日，王某因涉嫌诈骗罪被检察机关刑事拘留，4月10日被依法逮捕。2009年10月15日，人民法院以诈骗罪判处王某有期徒刑4年，并处罚金10000元。

廉则度年如日，贪则度日如年。在各种机制不断完善，法律日趋成熟的今天，一个贪字就等同于囚犯的囚字，做人已全无尊严可言。一个丢失了道义的人，也失去了生活的意义，早已被道德判了终身监禁。

（二）滋生腐败与堕落

腐败指为了个人以及小集团的私利，滥用职权、贪赃枉法的行为。腐败破坏了公平正义，损害着社会大众的利益，甚至危及人们的生命及财产安全。

腐败如同一个雪球，一旦滚动起来，就会越变越大，如不加抵制，对国家、对个人来说都是灾难性的，具有巨大的危害。

（三）败坏社会风气

不廉洁严重危害着人的成长和社会的进步。部分社会成员对腐败的态度由痛恨转变成一定程度上的容忍甚至羡慕，甚至有机会还会效仿腐败者的做法。有的同学竞选班干部时，送礼拉选票，缺乏公平意识；当班干部为的是有利可图，缺乏责任心；归还别人丢的东西时索要感谢费，缺乏爱心；借给同学东西用时，收取使用费，没有团结互助的意识；上学时，叫家长开车送到校门口，为了满足虚荣心；过生日时，摆上十来桌请同学吃饭，对送来的礼物按贵贱排队，谁的礼物高级就和谁玩；怕别人的成绩超过自己，不愿意帮助同学解答疑问，甚至还冷言讥讽别人；为了成绩不择手段，作弊、抄袭；上学带的手机越来越名贵，比阔气已成为时尚……

低龄化的浮夸行为吞噬着莘莘学子的爱心、责任心和信心，更吞噬着社会的公平与道义。不廉行为不分大小，都有很大的危害性。青年是国家的希望，要自觉抵制贪图享受、不愿吃苦、自私自利、崇尚金钱、不择手段、恶性攀比等不廉行为，传承艰苦奋斗、清正廉洁的美德，履行一名合格公民的义务。

三、廉洁的基本途径

（一）不义之财坚决不取

“君子爱财，取之有道”，现实生活中，每个人都会对金钱充满渴望。想方设法致富并没有错，错的是那些不想勤劳致富，抱有侥幸心理，贪婪地做着“弯腰拾金”一夜暴富美梦的人。这种心理如果不加约束，一旦陷得太深，还会走上犯罪的道路。

2008年，胡明到超市买了几件小东西，在出口处交钱时，看到人很多，于是试着从进口处往外走，竟然没有人拦他。拿了不花钱的东西，胡明心里特别美。此后，他越“拿”越上瘾，竟然还梦想将来开一个商店，把偷来的东西卖掉，买车、买房子、旅游等。好景不长，就在胡明琢磨着怎样将一个电脑笔记本“拿”出去时，被当场抓获。在监狱里，胡明痛哭流涕，伤心地说：“是贪财害了我的前程，我怎么就这么糊涂啊！贪财就是魔鬼，会让人丑陋无比，会让人堕落下去。有贪财心理的朋友千万要以我为戒啊，不要陷进来。”

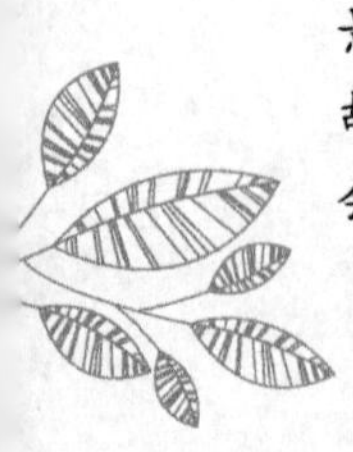

可悲的胡明，抱有侥幸心理，把不劳而获当做最大的快乐，贪婪无止境，满脑子都是要偷更多的钱财，直到事情败露，才后悔至极。

（二）假公济私行为不能有

在未来的职业生活中，一旦成为职业人，要做到权为民所用，不能为自己谋私利。行为举止要遵循以下原则：一是要摆正权力和利益的关系，不利用手中的权力假公济私、化公为私；二是要当个人利益与集体利益发生冲突时，要以集体利益为重。三要正确对待自己的正当利益。我们都有拥有、维护、发展自己正当利益的权利，但这个利益应是公私分明的，属于你自己的利益。对不属于自己的利益，绝不能有非分之想，更不能想方设法进行侵占。如果违背这些原则，最终的结果只能是丧失权力。

（三）扬正气，做正直的人

生活中，要不损人利己，不以公谋私，要勇于维护社会公道，凡事从我做起，扬正气，净化社会风气，使自己成为具有正义感、为人正直的人。

“官可以不做，老百姓的事情不能不管。”2002年感动中国十大人物之一的山西省运城市纪检委副书记梁雨润这样说。作为一名工作在基层的纪检干部，短短五年时间，他组织查处了数万起群众上访案件，尤其是处理了一批事关老百姓生活疾苦的陈年积案，因而备受人们称赞。赢得了“梁青天”、“梁包公”这样的称呼。他用清廉书写了一个百姓爱看的“官”字。

每次找他的百姓在他面前一掉眼泪，他就显得有些激动，“我就想假如他是我的父母姐妹，假如他是我的姑舅伯姨，假如他是我的亲戚朋友，我该怎样对待？”带着这样一种感情，梁雨润可以为解决一个问题先后到一户农家跑15趟；可以为了解决一桩17年没有解决的案件，挤进人群抬起棺材板……

梁雨润是一个用正气和勇气，用责任和追求当好了“官”的人。他的眼睛是向下看的，时刻关注着人民的疾苦，用自己的实际行动赢得了老百姓的口碑。

（四）自觉抵制贪污腐败

每个人都要常修为政之德，常思贪欲之害，常怀律己之心，绝不能利用自己的职务之便索取和接受别人的财物，绝不能丧失做人的底线。注意做到以下几点：一是，要有所“怕”：怕因小失大，得不偿失；怕贪点小钱，抛却一世英名；怕一时快乐，换来长期痛苦。只有怕，才能自觉抵制不廉洁行为。二是，要有一颗“平常心”：不管地位怎样变，持有何种权利，该得的堂堂正正的去拿，不该得的毫厘不取。 三是，要交益友：在社会中人肯定需要与人交际，有朋友、有友谊。古人云：“千金易得，知己难求”，“近朱者赤，近墨者黑”。一定要谨慎交友，冷静交友，从善交友，择廉交友。 四是，要学会辨别是非：腐败分子不贴标签，腐蚀拉拢行为也多在平平常常中发生。当一个人在金钱的诱惑下，战战兢兢地接过第一个红包后，从此就会一发不可收拾。五是，自觉抵制各种腐败现象，克服拜金主义、享乐主义，正确使用手中的权利，才能真正做到权为民所用，利为民所谋，才能实实在在做事、老老实实做人。

作为一名中职学生，现在要做的是从学校生活开始，筑好“防火墙”，分清是非，有羞耻感，时刻警戒自己的一言一行，对不正常、不正当、不正义的行为，不近、不涉、不掺和，守住廉洁的阵地。如果所谓的“朋友”为了自己不正当的利益，拉你做帮凶，你一定要抵制和拒绝。

要树立“与腐败水火不容”的思想，勇于同腐败现象作斗争，为构建社会主义和谐社会贡献自己的力量。

（五）用劳动创造财富

人们依靠自己的劳动创造财富、获取财富，是光荣的；而用偷盗、贪污、受贿、欺诈等手段不劳而获，则是可耻的。

2008年的春节，一场大雪让人寸步难行。无数的环卫工作者放弃了与家人的团聚，吃咸菜啃馒头，冒着严寒，从凌晨2点开始，认真地清理着道路上的积雪。鞋被雪水浸透了，他们说不怕，脸被冻肿了，他们说不痛。他们用自己的劳动创造着价值，他们平凡而伟大。与之相反，某公司销售主管却为了区区1000元钱出卖了公司客户资料，出卖了自己的良心。

勤劳致富、正道取财是从业的根本。千万不要冒天下之大不韪，非法地攫取金钱。作为一名中职学生请一定记住：如果你当了领导，决不能拿权力做交易；如果你从商了，一定不能为了钱丢失诚信，去干弄虚作假、坑蒙拐骗的事情；如果你成了一名技术工人，那就用勤劳和汗水收获属于你的财富。

1. 谈谈你对下面几种现象的看法：

一个高大的男生对一个瘦小的同学拳打脚踢；个别同学在考试中作弊；王嵌经常让老实厚道的李小华替自己做值日；小高经常趁交警不注意时闯红灯。

2. 阅读下面两则事例，谈谈你的感受和看法。

案例一：徐某原来是一家国有企业销售业务员，年收入2万多元，妻子在同一企业当工人，年幼的女儿天真可爱，三口之家的日子过得平静殷实。然而，这样平静的生活却在2007年冬天被打破了——一个偶然的机会，生性好玩的徐某听说某酒店设有赌场，特地赶去小试身手。一开始，他赢了几次，由此兴致大涨，随后便时常光顾。怎奈赌场无常，不久他就十赌九输。眼看囊中日渐羞涩，一心想翻本的徐某便将手伸向了自己经手的货款。到2009年8月案发时，他挪用的货款已达80余万元，最终因挪用资金罪获刑8年。

案例二：陶侃是东晋浔阳人，曾任荆州、江州等地刺史，是晋代很有作为的官员。陶侃幼年丧父，家中十分贫穷，他的母亲湛氏靠纺织供养他读书，湛氏还教导他要好好做人。长大后，陶侃做过管理捕鱼的小官，名谓“鱼梁吏”。一次，很爱母亲的他派人给妈妈送去了一罐鱼干，以表自己的孝心。谁知湛氏见了，并不领情，她让来人原封不动地把东西带回去，同时还捎去了一封信。在信中，湛氏批评儿子道：“你在外当差，把公家的东西送给我，这是不孝顺，你这样做会让我为你担心啊！”

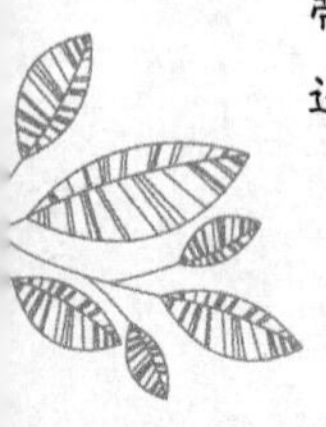

1. 到“中国网”观看《廉政中国》的视频，并写出观后感。
2. 参与班级或学校组织的“道德学堂”廉洁修身美文评选活动。
3. 以班级为单位进行一次廉洁自律的宣誓。
4. 以我身边的廉洁人物为题，撰写一份人物调查及启示录。
5. 设计廉洁的小标语，将学生分成4队，讨论交流后，制成宣传牌。

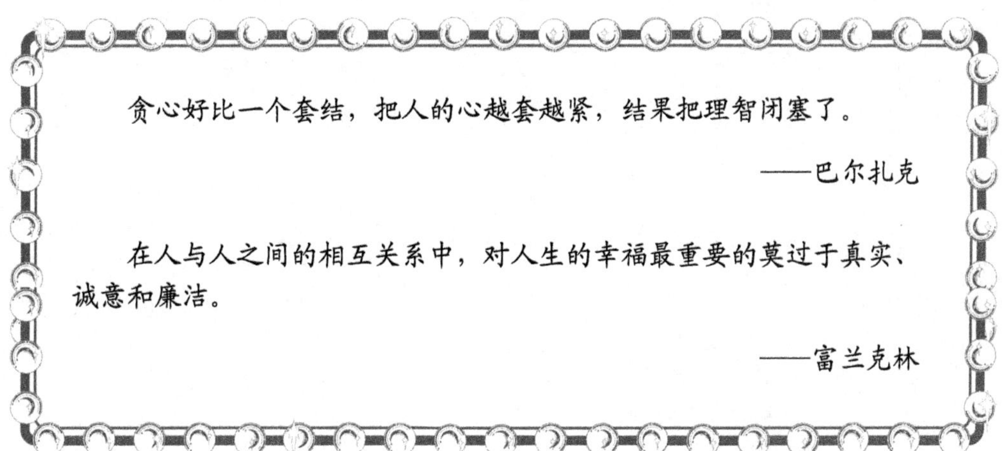

贪心好比一个套结，把人的心越套越紧，结果把理智闭塞了。

——巴尔扎克

在人与人之间的相互关系中，对人生的幸福最重要的莫过于真实、诚意和廉洁。

——富兰克林

第4单元

责任与事业

一个人要想提升自己的职业竞争力，成就一番事业，实现自我的不断超越，需要强烈的事业心、责任心。这是做好一切工作的重要法宝和根本保障，也是各行各业对员工的基本要求。事业心是推动人前进的巨大动力和精神支柱，责任心是成就事业的基石与保证。

通过本单元的学习，我们要使自己具备强烈的进取心，让自己产生对知识与技能的渴望，对既定目标孜孜以求的精神，以此提高自己的“事业心”。我们要在实现理想的过程中自觉地增强责任感和使命感，做到遵章守纪，对工作兢兢业业、踏踏实实，力求把工作做实做好，提升自己的“责任心”。唯有具备勤奋进取、求知乐学、敬业爱岗、开拓创新的品质，才能到达成功的彼岸。

第14课

勤奋进取

Chapter 14

勤奋学习的典范

案例一： 湖南高考考生莫天池来自湖南师大附中，身患脑瘫，但他与疾病顽强抗争，高考考出了604分的高分。熟悉他的老师和同学们都说，取得如此优异的成绩，他付出了数倍于常人的努力。

莫天池家庭原本就贫寒，因为一场意外事故，莫天池变成了“脑瘫”。身体的残疾让莫天池在求学路上格外艰辛。他的写字速度只有普通人的三分之一，为了提高做题速度，他每天对着秒表咬牙握笔练习，手指经常磨得通红出血。

在高三第一次摸底考试时，他的数学只有50多分，英语也刚及格。为了攻克这两个薄弱环节，他付出了常人所不能想象的艰辛努力。

为了给儿子加油打气，母亲特意买来了一件崭新的红色T恤，莫天池就穿着这件红色的战袍迎来了高考的考验。高考成绩公布后，莫天池的高考总分超过了理科一本分数线37分，达到604分，数学竟然考了121分，英语考了144分，这个成绩让一家人都颇感意外。懂得感恩的小莫说，奇迹是最爱的爸爸妈妈、老师和他一同创造的。

案例二： 重庆市大渡口区茄子溪的徐仁洋同学接到了来自北京大学的录取通知书。这天大的喜事不仅让一家人高兴坏了，连附近的邻居也替他们开心。大家都觉得为了这一天，这一家子确实太不容易了。

徐仁洋从小家里就很困难。他爸爸曾经是一家木材厂的工人，10多年前由于头部受伤，无法工作，一直在家休养。这些年来一家三口的生活，除了领一点低保金，全靠母亲在街上摆了一个缝纫摊，帮邻里干点针线活来维持。但徐仁洋很争气，读书成绩每年都很棒。俗话说：“穷人的孩子早当家。”也许是了解爸妈非常辛苦，小仁洋从小就很懂事，平日生活很节约，省吃省穿。有一次，妈妈看到儿子穿的鞋子已经破了好几个洞，想给他买双新鞋，但仁洋请求母亲说：“这鞋子拿去补一下还可以穿，几十元的鞋钱能否用来给我买书？”在学习上，徐仁洋更是从来不让爸妈担心，从小学习就很优秀，尤其是对化学课特别感兴趣，家里很多的瓶瓶罐罐都是徐仁洋用平日节俭下来的钱买的。他酷爱研究化学反应，时常忘记时间，妈妈劝他休息一会儿，他却总是说自己不累。小仁洋默默地付出终于有了回报，由于夺得过全国高中生化学竞赛的大奖，他幸运地获得了推荐保送北大的资格，在前往北京参加选拔考试之后，顺利地被北大录取。但高兴之余，高额的学费摆在这个贫困的家庭面前。不过懂事的小仁洋说，他会边上学边打工来支付学费的，他说，前面的20年，父母已经为自己付出了很多很多，现在他长大了，会靠自己的努力来完成学业。

心灵启迪

身残志不残的莫天池，用604分的高分给了我们心灵冲击，让我们懂得了勤能补拙的道理；出生于贫寒家庭的徐仁洋，用自己的行动告诉了所有人“精勤则道成，懒惰则道败”。勤奋是成功的重要途径，想一步登天或不劳而获那不是正道，只有孜孜不倦地追求，锲而不舍地坚持，才能成才。任何伟大的工程都始于一砖一瓦的堆积，任何辉煌的成功都是从日复一日、年复一年的勤奋耕耘中收获的。我们要坚信即使是天才，也需要靠1分幸运加99分的勤奋才能获得成功。

思考导航

1. 请用简练的语言分析莫天驰、徐仁洋靠什么取得了成功？
2. 谈一谈你从莫天池、徐仁洋这样的楷模身上学到了什么？
3. 说一说通过莫天池、徐仁洋的事迹，你是怎样理解勤奋与进取的？
4. 找一找身边靠勤奋进取实现目标、成就的事业的典型。
5. 结合故事中的人物及身边的典范，反思一下自己还存在哪些不足。
6. 想一想今后应该采取哪些措施抵制懒惰、散漫、不积极进取的颓废心理，为自己制定一个改变自我的短期或长期规划。

才华是刀刃，辛苦是磨刀石，再锋利的刀刃，若日久不磨，也会生锈。

——老舍

学习目标

勤奋向来被誉为世人为人处世的优良品质。我们要认识勤奋进取对人实现理想的意义，了解阻碍勤奋的不良观念，明白如何养成勤奋的好习惯。坚决抵制懒惰、享乐心理；养成利落、高效的办事风格；树立竞争意识，促进自己的发展。要发愤进取，不偷懒，不自卑；要有持之以恒的毅力和从一点一滴做起的踏实精神。凡事有“做”的强烈愿望和行动，不断取长补短，使自己更有竞争力。

在学习、生活及未来的职业生涯中，要惜时如金，办事不拖沓；要勤劳，踏踏实实做事，不偷懒；要有毅力，持之以恒，不轻言放弃；要肯努力，凡事尽心尽力，不推脱责任。

“勤”是中国的传统美德，也是一切智慧的来源。勤能补拙、勤出成果，唯有勤奋进取才能收获成功。具备了勤奋进取的品质，你的一只脚就已经踏进了成功的门槛；反之，如果懒惰颓废，不能坚持不懈地拼搏，那么成功永远是海市蜃楼。

一、勤奋的含义

勤奋是一种执著的态度，是一种不懈怠的工作和学习状态，是工作和学习过程中实现由量变到质变的飞跃的基础和保障，是做人的美德，是处世的素养，是成功人生的基石。

（一）勤奋是一种对良好行为习惯永不懈怠的坚持，是智慧和才能的源泉

一个人如果能做到善于珍惜时间、勤于学习、勤于思考、勤于探索、勤于实践，那这个人肯定会成为智者。凡是历史上有所建树的人，都付出过辛勤的汗水。正如歌曲《真心英雄》所唱的：“把握生命里的每一分钟，全力以赴我们心中的梦，不经历风雨怎么见彩虹，没有人能随随便便成功”。

勤奋能造就伟大的人

被誉为“镭之母”的玛丽亚·居里是世界杰出的科学家，她一生先后发现钋和镭两种天然放射性元素，两度荣获诺贝尔奖。辉煌的成就让她毫无争议地成为成功女性的先驱，同时她刻苦学习的事迹也成为激励世人的典范。

1891年，24岁的居里夫人来到巴黎大学理学院，开始了她向往已久的大学生活。为不影响学习，她放弃了姐姐家里舒适的生活环境，在学校附近租了一间没有暖气、没有煤气、没有水也没有电的阁楼住了下来。生活中，她放弃了娱乐时间、聊天休闲时间，拼命地苦读。正如她给父亲的一封信中所说的：“读书、读书！这就是我目前生活的全部。”居里夫人的学习简直到了废寝忘食的地步，甚至忘记了照顾自己的身体，有一天竟然因为过度学习而晕倒了。这样苦读了两年，居里夫人以第一名的成绩取得了物理学学士学位；第二年，她又以第二名的成绩取得了数学学士学位。

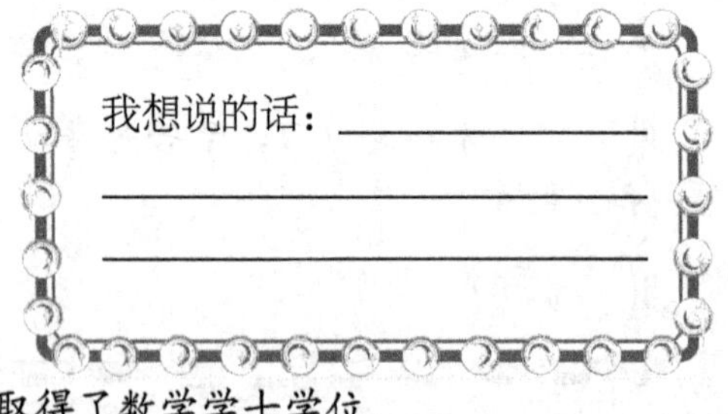

纵观居里夫人的学习和研究，给人触动最大的不是她的智商有多高，而是她那种坚韧的学习态度、那种对学习痴迷的境界。学生时期勤奋刻苦的学习为她以后的辉煌成就奠定了坚实的基础。其实，在学习、工作中，人和人之间的差距并不在于智力水平，而是学习、工作的态度和学习过程中韧性的差别。有的人做事情仅凭一时的心血来潮，三天打鱼两天晒网，没有持久性，这就注定与成功无缘；而有的人则志虑忠纯，持之以恒，用一种抱定青山不放松的韧劲坚

持不懈地学习，自然就会距离成功越来越近，直至最后取得骄人的成就，这其实是一个水到渠成的过程。

如果说成才有什么秘诀的话，那么，勤奋是第一位的。一个人即使天资很好，如果不勤奋，很懒惰，也很难雕琢成器；那些智力平常的人，如果勤奋进取、不自暴自弃，就能走得很远。

（二）勤奋进取是克服困难的不二法门，是补拙的法宝

人的天赋是有差别的，但事业上取得辉煌成就的人并不一定是天资最佳的人，而是肯下功夫的人。孟子在《劝学》中说："骐骥一跃，不能十步；驽马十驾，功在不舍；锲而舍之，朽木不折；锲而不舍，金石可镂。"这是对勤能补拙的最好说明。

雷声响——一个用脚书写传奇的人

蘸墨、润笔、凝神、笔走龙蛇……"志当高远"，一幅刚劲有力的字很快呈现在人们眼前。这一系列的动作都是雷声响用脚来完成的。

雷声响，1986 年出生于祁东县一个普通的农民家庭。幼时的他活泼可爱，然而 4 岁时，灾难突然降临，一场高烧后，他患了小儿麻痹症。雷声响被病魔捉弄得无法握笔，行动和说话都不方便。从 6 岁开始，雷声响开始用脚练习毛笔书法。别人半个小时就可以完成的家庭作业，雷声响要写两三个小时；写完家庭作业后，还要坚持用脚夹着毛笔练习书法。初中毕业后，雷声响进入祁东职业中专学习美术专业。2004 年，一心想上大学的雷声响参加了高考，并接到了南方大学的录取通知书。

"功夫不负有心人"，如今雷声响用勤奋补拙，取得了不少成绩，出版过《雷声响书法作品集》、小说《迷茫的春情》、诗歌《旧年的泪水》等，除此之外，还举行过书法展。用实际行动彰显天道酬勤的深厚内涵。

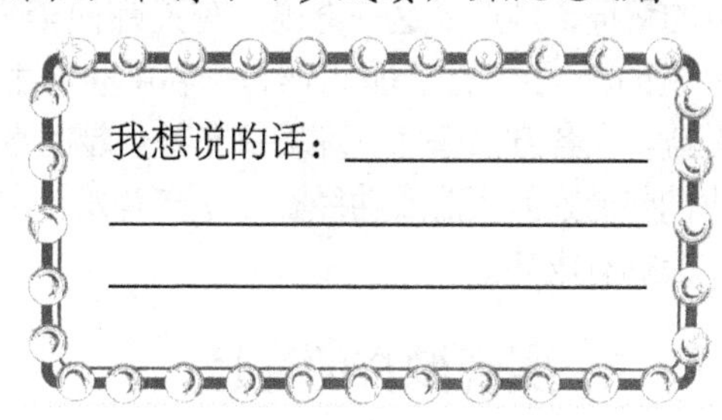

勤奋造就伟大，也能造就最好的自己，无论你的基础如何。勤奋是补拙益智的催化剂，是通往成功的桥梁。作为中职学生，不要懒惰，积极行动起来，充分运用好勤奋进取的利器，不屈不挠，顽强克服学习、生活中的困难与挫折，坚持不懈地向着人生的理想目标奋斗，相信我们的未来肯定不是梦。

（三）勤奋进取是勇攀高峰的勇气，唯有勤奋才能创造奇迹

文学家说勤奋是打开文学殿堂之门的钥匙，科学家说勤奋能使人聪明，政治家说勤奋是实现理想的基石。遍观古今中外，那些成功的人如果缺少勤奋努力的毅力和敢想敢做的精神，就不可能走向高峰。

几十吨矿石残渣和0.1克镭盐

1898年12月，居里夫妇根据实验事实宣布，他们又发现了第二种放射性元素，这种新元素的放射性比钋还强，他们把这种新元素命名为“镭”。可是，当时谁也不能确认他们的发现，因为按化学界的传统，一个科学家在宣布他发现新元素的时候，必须拿到实物，并精确地测定出它的原子量。而居里夫人的报告中却没有针对镭的原子量，手头也没有镭的样品。居里夫妇决定拿出实物来证明。当时，藏有钋和镭的沥青铀矿，是一种很昂贵的矿物，主要产在波希米亚的圣约阿希母斯塔尔矿。人们炼制这种矿物，从中提取制造彩色玻璃用的铀盐。

生活十分清贫的居里夫妇哪有钱来支付这件工作所必需的费用呢？他们的智慧补足了财力。他们预料提出铀之盐后，矿物里所含的新放射性元素一定还存在，那就一定能从提炼铀盐后的矿物残渣中找到它们。经过无数次的周折，奥地利政府决定馈赠一吨废矿渣给居里夫妇，并答应若他们将来还需要大量的矿渣，可以在最优惠的条件下供应。

我想说的话：________________
____
____

居里夫人立即投入了提取镭的实验。她每次把20多公斤的废矿渣放入冶炼锅熔化，连续几小时不停地用一根粗大的铁棍搅动沸腾的材料，而后从中提取含量仅为百万分之一的微量物质。他们从1898年一直工作到1902年，经过几万次的提炼，处理了几十吨矿石残渣，终于得到0.1克的镭，测出它的原子量是225。

几十吨矿石残渣和0.1克的镭，这是多么悬殊的比例！居里夫妇硬是凭借着过人的勤奋和进取的精神，创造了这一奇迹。有关诗仙李白的“铁杵磨成针”的故事我们都耳熟能详，他所说的是同样的道理。作为一名中职学生，这些伟人的事迹是否对你有所启示？勤有功，嬉无益。在各方面条件、环境都非常优越的今天，我们没有理由无所事事，没有理由学无所成。我们要借鉴前人的成功经验，立志奋发，勤奋进取，坚持不懈地学习、工作，只有这样，我们才会拥有成功。

二、实现勤奋的途径

（一）增强计划性，力戒拖拉

凡事预则立，不预则废。勤奋进取不能靠头脑发热，不能靠一时热血，而要依据合理的计划。计划是学习科学性的保障。有了计划，就有了明确的目标和具体的步骤，就可以协调自己的行动，增强工作的主动性，减少盲目性，提高学习效率。

崔淑立的“夜半日清”

“拿下美国B客户非常难！”洗衣机海外产品经理崔淑立接手美国市场时，大家都这么说，因为前任各位产品经理针对这位客户的业绩都很平平。

真这么难吗？崔淑立不信。这天，崔淑立一上班就看到了B客户发来的要求设

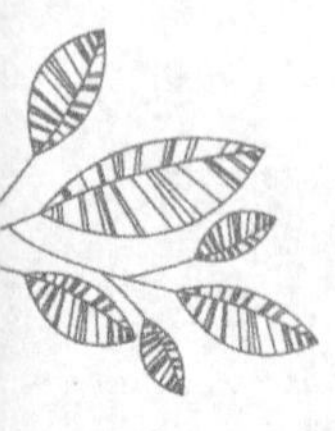

计洗衣机新外观的邮件。因时差 12 个小时，此时正是美国的晚上，崔淑立很后悔，如果能即时收到邮件及时回复，客户就不用等到第二天了！从这天起，崔淑立决定以后晚上过了 11 时再下班，这就意味着可以在当地上午的时间里处理完客户的所有信息。

3 天过去了，“夜半日清”让崔淑立能与客户及时沟通。开发部很快完成了新外观洗衣机的设计图。就在决定把图样发给客户时，崔淑立认为还必须配上整机图，以免影响确认。当她“逼着”自己和同事们完成“日清”，将整机外观图一并发给客户时，已经是晚上 12 时了。大约凌晨 1 时，崔淑立回到家，立刻打开家中电脑。当她看到客户的回复：“产品非常有吸引力，这正是美国人喜欢的。”她高兴得睡意全无，为自己的“夜半日清”有效果而兴奋不已。

样机推进中，崔淑立常常半夜醒来开机看邮件，可以回复的就即时给客户答复。美国方面的客户被崔淑立的精神打动了，推进速度更快了。B 客户第一批定单终于敲定了！

拿下美国 B 客户非常难，但崔淑立做到了。她凭借的就是建立在超强计划性和执行力基础上的勤奋进取。借鉴海尔日事日毕、日清日高的管理模式进行自我管理，可以让你从中受益无穷。他山之石，可以攻玉。作为学生，在勤奋进取的过程中，我们也应该很好地借鉴这些先进的经验，力戒拖拉。拖拉是一种恶习，是对生命的挥霍，让生命在不知不觉中消耗。成功的秘诀就是绝不拖拉立即行动。

（二）不要懒惰，要不断的耕耘

勤奋是宝贵的财富，这笔财富不仅表现在身体力行上，还表现在精神上。勤奋需要坚韧的毅力和坚持不懈的努力。自身的缺陷并不可怕，可怕的是倦怠的心理和懒惰的行动。自身有不足和缺陷并不是我们走上成功之路的最大困难，心理的惰性才是。只要保持勤奋，保持一颗进取心，就没有人会失败。

清末梨园“三怪”和古希腊演说家德摩斯梯尼的故事

据说，清末时梨园中有“三怪”，他们都是因勤学苦练成材。瞎子双阔亭，自小学戏，后来因疾失明。但他没有自暴自弃，反而更加勤奋学习，苦练基本功。他在台下走路时需要人搀扶，可是上台表演却寸步不乱，唱功超群，终于成为功深艺湛的名须生。另一位是跛子孟鸿寿，幼年身患软骨病，身长腿短，头重脚轻，走起路来很不稳便。但是，他暗下决心，勤学苦练，扬长避短，后来一举成为丑角大师。还有一位是哑巴王益芬。他先天不会说话，平日看父母演戏，一一记在心，虽无人教授，但他每天起早贪黑练功，常年不懈。艺成后，一鸣惊人，成为戏班里有名的武花脸，被戏班子奉为导师。

我想说的话：

古希腊的演说家德摩斯梯尼小时口吃，登台演讲时，声音含混，发音不准。德摩斯梯尼没有因为自身的缺陷而放弃对理想的追求。他坚持每天含着石子，面对大海朗诵，无论春夏秋冬，50 年如一日，最终克服了自身生理上的不足，成为全希腊最有名气的演说家。

一个想成就一番事业的人，不会害怕诸多辛苦，不会惧怕身体的缺陷。有时候，我们总在赞叹别人的成功、别人的富有，而自己却懒得行动，不肯努力，只能继续过自己的清苦生活。冰心语：成功的花，人们只惊慕她现时的明艳，然而当初的芽儿，浸透了奋斗的泪泉，洒遍了牺牲的血雨。

（三）明确目标，志掘一井，务求及泉

目标是一种牵引，是促进人不断进取的动力。只有强化心中的目标，才会进一步增强进取过程中战胜困难与挫折的力量。晚清中兴名臣曾国藩曾经说过：“用功譬若掘井，与其多掘数井而皆不及泉，何若老守一井，力求及泉而用之不竭乎？”要想成功，在明确了目标之后，必须要有坚持不懈的品质。

陈景润与哥德巴赫猜想

我国数学家陈景润完成了“哥德巴赫猜想”的数理演算和证明，以震惊世界的成就被誉为摘取“数学皇冠上的明珠”的人。

在中小学读书时，陈景润就对数学情有独钟，一有时间就演算习题，是学校出了名得“小数学迷”。在福州英华中学读书时，他有幸聆听了清华大学调来的一名很有学问的数学教师的讲课，得知了一个在 200 年前名叫哥德巴赫的德国数学家，用一生都没有证明出来的数学难题“哥德巴赫猜想”。从此，“哥德巴赫猜想”像磁石一般吸引住了陈景润。1953 年，陈景润毕业于厦门大学数学系，留校当了一名图书馆的资料员，并担负着为数学系学生批改作业的工作。为了解开“哥德巴赫猜想”，他利用这段时间，除了系统学习数学专著外，为了更直接地掌握外国信息，在英语基础上又攻读了俄语、德语、法语、日语、意大利语和西班牙语。1957 年，陈景润被调到中科院数学研究所。在日复一日、年复一年的研究过程中，陈景润常常废寝忘食，达到了忘我境界，就连吃饭、走路的时候都在不停地思索、演算。经过刻苦钻研，1965 年，他发表了论文《大偶数表示一个素数及一个不超过 2 个素数的乘积之和》。这篇论文震动了世界数学界，英国数学家哈伯斯坦称之为“陈氏定理”，这不仅是陈景润一生最重要的成就，也是新中国成立以来，中国人最重要的数学成就之一。为了这个成果，光是计算用的草纸就装了几麻袋。中国的数学家们这样说：“陈景润是在挑战解析数论领域 250 年来全世界智力极限的总和。”一堂课在幼年的陈景润心中播下了一颗攻克难关的种子，在以后的学习、工作中，陈景润坚持把证明哥德巴赫猜想作为一个目标，日复一日、年复一年地努力着，最终摘取了这颗数学皇冠上的明珠。

确定目标后发奋进取，不懈努力，不偷懒，不自卑；要持之以恒踏踏实实地从一点一滴做起，凡事都要有“做”的强烈愿望和行动，不断取长补短，使自己更有竞争力。

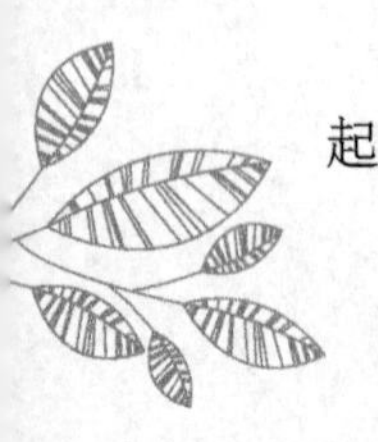

作为中职学生要勤奋踏实，戒骄戒躁，尽早确定自己的奋斗目标，并不懈地追求，要知道

“业精于勤，荒于嬉”，只有勤于奋斗、不断进取，我们才能拥有更多的智慧和财富。

据《青年博览》载，少年大学生钱某12岁时就会微积分，被认为是神童。进了安徽科技大学后，他不愿意参加学校统一安排的高中文化补习班，只到图书馆看微积分类书籍，一个月就声称已学完。之后，同学们上课，他在校园里闲逛，无奈，老师只得让他休学。一年后，钱某的父母重新将他送回校园，但他狂妄地认为在大学里学不到什么，经常拿着气枪在校园里“巡猎”。学校只得让他退学。退学后，钱某当了油漆工，从此结束了“神童”生涯。

思想交流：1. “人的天赋就像火花，它既可以旺盛地燃烧起来，也可以熄灭。”你读了后有什么感想？

2. 将陈景润与少年大学生钱某的发展历程比较后，交流一下心得体会。

1. 历史上和现实中勤奋好学的成功典范有很多，课后用心搜集，讲给同学们听，并说说他们最基本的共同点是什么，从他们身上你得到了什么启示。

2. 结合学校的期中和期末考试，全班同学民主选举“勤奋之星”，被选出的同学与同学们分享自己的经验及收获。

3. 学习和生活中有哪些有关勤奋好学的格言警句？汇总整理起来以激励鞭策自己。

第15课

乐于求知

Chapter 15

知识改变命运 鞋匠律师姜锦程自学成才

他叫姜锦程，是青岛街头一名修鞋匠。虽然他已经获得了三个大专文凭和一个法律本科文凭，但在他的心中，还有一个梦想。为了这个梦想，他奋斗了10年。

1966年，姜锦程出生在山东高密一个农民家庭。18岁时，由于父亲病故，成绩名列前茅的他不得不放弃7月的高考回到农村，挑起家庭的重担。1989年，姜锦程从农村来到青岛建筑工地，做了一名民工。后来为了维持个人生计，姜锦程购置了套修鞋的工具，在青岛的街头摆起了修鞋摊。为了省下房租给老家的弟妹当学费，他总是在建筑工地上住宿，给工地看大门，每天吃挂面，偶尔配点咸菜。生活就这样一天天地维持着。

1993年10月的一天，姜锦程的一个远房亲戚因为诉讼超过了两年的诉讼时效，输了官司。当时姜锦程根本不懂两年诉讼时效的事，但他想：假如我是一名懂法律的律师就好了，就可以帮助许许多多人来维护自己的合法权益。从此他开始自学法律知识。1998年，姜锦程准备参加全国律师资格考试。为了能有更多的时间学习，他将书本带到了修鞋摊上。街头行人和顾客看到这个普通的修鞋匠一有空就看书时，充满了好奇，但也有很多人认为他“不务正业”。但姜锦程不在乎别人的猜疑，一有空，就抓紧时间学习。

6个月过后，姜锦程的律师考试结束了，但差了5分没考过。1999年5月，姜锦程参加了全国专升本的成人高考，考入了山东省政法管理干部学院的法律本科专业。

1999年10月，姜锦程第二次参加了全国律师资格考试。这次考试又差2分。但姜锦程仍不气馁，他想到过成功，也想到过失败，但从没想到过放弃。2分，姜锦程好比一个攀登珠穆朗玛峰的人，当他快要到达山顶的时候，即使再向前挪动两厘米也是相当困难的。

但姜锦程相信自己只要坚持下去，就一定能够攀上顶峰。

2000年10月，姜锦程第三次走进了律师资格考试的考场。这一次，他以高于合格线3分的成绩通过了全国律师资格考试。

如今，他已是青岛江河海律师事务所的律师。正像他自己所说的，知识改变了他的命运。

在很多时候，我们总是一味地抱怨命运的不公平，却没有想到其实命运就把握在自己手中。在科技日新月异的今天，知识就是创造财富的基石。

鞋匠律师姜锦程的成功事例告诉我们，命运并不是一成不变的。人生会遇到许多困难与压力，但在任何情况下我们都应清醒地认识到，只有知识才是改变命运的金钥匙。正如比尔·盖茨所说的："幸运之神会光顾世界上的每一个人，但如果她发现这个人并没有准备好要迎接她时，她就会从大门里走进来，然后从窗子里飞出去。"

1. 看了视频《知识改变命运 鞋匠律师姜锦程自学成才》你有什么感想？
2. 姜锦程经历了生活中的哪些挫折？
3. 是什么力量让姜锦程在经历了一次次失败后仍旧没有放弃希望？
4. 姜锦程的乐于求知体现在哪里？
5. 对照姜锦程，我们与他的差距是什么？我们应该向姜锦程学习什么？
6. 在科技发展日新月异的今天，我们应该怎样把握自己的命运？

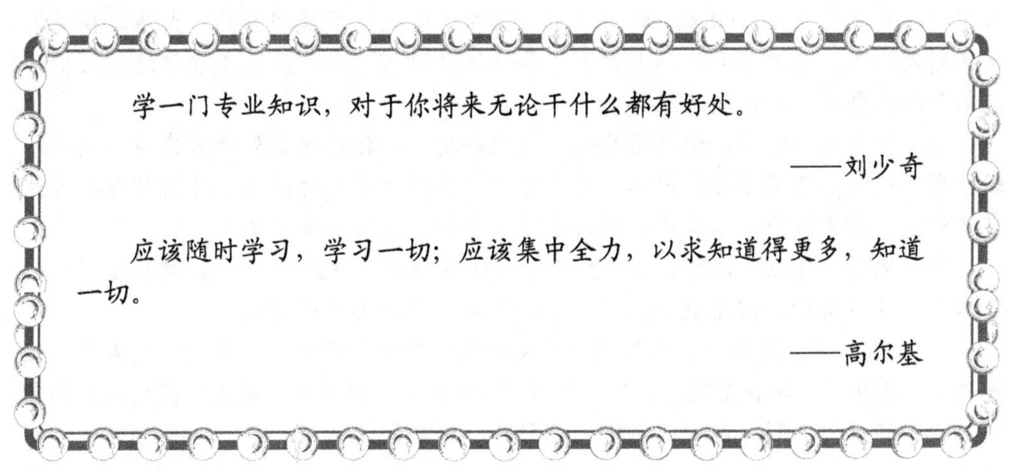

学一门专业知识，对于你将来无论干什么都有好处。

——刘少奇

应该随时学习，学习一切；应该集中全力，以求知道得更多，知道一切。

——高尔基

只有用知识丰富完善自我，才能在激烈的社会竞争中立于不败之地。我们要认识求知对人生发展的意义，熟知乐于求知并掌握适合的求知方法，养成良好的求知习惯。我们要认同乐于求知是可持续发展的唯一来源。

乐于学习，自觉学习，及时充电，经常阅读，规范写字，学习刻苦钻研，勤奋求知，见贤思齐，取长补短；学会应用知识，自觉培养条理清晰、协调连贯的思维能力；要反对愚昧无知，不断地用科学知识武装头脑。

古人云："玉不琢，不成器；人不学，不知义。"人生充满机遇，也随时要面对挫折与挑战。在科技日新月异的今天，学习是我们每一个人，乃至整个社会开启富裕之门的钥匙。比尔·盖茨说过："最有希望的成功者并不是才华最出众的人,而是那些最善于利用每一时机发掘开拓的人。" 所以学会学习才能学会生存，才能在激烈的社会竞争中立于不败之地。

一、乐于求知的内涵

求知是人类的本性。王充在《论衡》中指出："不学自知，不问自晓，古今行事，未之有也。"可见求知的重要性。那么何为求知？求知就是对知识的探求过程。孔子曰："知之为知之，不知为不知，知之也。"所谓"乐"，字典中的解释是：对某事心甘情愿。乐于求知就是能积极主动地学习，并在对知识的探求中体会愉悦。

乐于求知的华罗庚

华罗庚小时候家境贫寒，初中未毕业便辍学在家。辍学之后，他对数学产生了强烈的兴趣。他从一本《大代数》、一本《解析几何》及一本50页的《微积分》开始，刻苦自学，踏上了成长为数学大师的路。

华罗庚辍学期间，帮父亲打理小店铺。他一有空就埋头看书或演算习题，有时入了迷，竟然忘了接待顾客。时间久了，父亲干脆把华罗庚演算的一大堆草稿纸撕碎扔到大街上，有时甚至扔到火炉里。每逢这种时候，华罗庚总是拼命地抱住他视之如命的演算纸，不让父亲毁掉。

为了抽出时间学习，他经常早起。伏天的晚上，他很少到外面去乘凉，而是在蚊子嗡嗡叫的小店里学习。严冬，为了防止用来做题的墨汁结冰，他常常把砚台放在脚炉上。逢年过节，华罗庚从不去亲戚家串门，埋头在家里读书。

华罗庚就这样在单调的站柜台生活中自学着数学。1929年冬天，他得了严重的伤寒症，虽然治愈，但左腿却落下了终身残疾，走路要借助拐杖。

1936年，华罗庚到号称世界数学中心的英国剑桥大学学习。期间，发表了十几篇论文，提出了"华氏定理"，彻底解决了19世纪欧洲"数学之王"高斯提出的完整三角和的估计问题，轰动了剑桥，被誉为"剑桥的光荣"。

知识的取得必须依靠刻苦的学习和不息的进取精神。所以，在看重学位的同时，我们更应该看重知识获得背后的巨大付出。

二、乐于求知的重要性

（一）乐于求知，才能把事做好

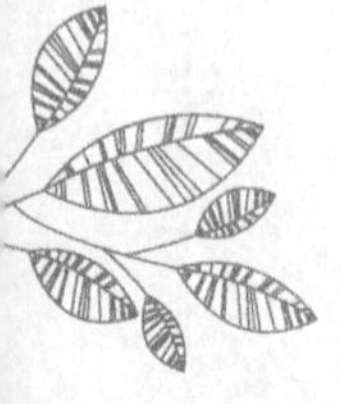

学习可以不断完善自我，同时也可以提供职业发展和生活改善的机会。学会学习才能学会

生存。只有用知识丰富完善自我，才能在激烈的社会竞争中立于不败之地。

张新和汪华从小到大一直是好朋友。两人都很聪明，但因家境贫寒，初中毕业后，不得不辍学，外出打工。两人凭借那份机灵，很快在制陶厂找到一份工作——干搬运工。

一段时间后，张新对汪华说：想继续学习，掌握一些工商管理的知识和制陶技术。汪华苦笑着点点头，有一丝不屑。一个月后，张新报考了一所夜校。半年后由于一名技术工人偷窃工厂里的产品，被开除。张新就毛遂自荐，经过一番测试他得到了自己想要的岗位。张新成为技术工人后，感觉是多一种本领就多一条出路。于是，张新对求知更加痴迷，并经常结合夜校的管理知识为公司提些可行性建议。而这一切老板都看在眼里。

转眼间，张新在制陶厂干了四年。他所在的车间主任因到年龄退休，张新很顺利成为一位非常年轻的车间主任。这个时候，他的朋友——汪华，仍然在做原来的工作。

管理科学的创始人泰勒有一句名言："千百万人用笨拙的方式生产是社会的最大浪费。人类社会今天的繁荣来自有效积累前人的知识与智慧，没有这种有效的知识承传，后人只能事事摸索缓步在原始人的时代。摸索的成本向来极其昂贵，前人思考、探索的经验有效传递给后来者，会带来社会巨大的精力与资源的节约，成为发展的捷径。"人只有自觉地进行知识积累，把过去的好经验、好方法、好技术储存下来，也就是做到乐于求知，我们在做事时才会迅速复制并运用到工作中，有利于提高工作质量，把事情做出色。

（二）乐于求知是实现自我价值的有效途径

英国著名哲学家培根说"知识就是力量"。人总是渴望被重视，渴望成功，渴望实现自我价值，但是一个没有知识、没有文化的人，是不可能跟上时代前进的步伐的，只有学习才能不断武装我们的头脑，增长我们的本领。一句话：学习可以改变人的命运。

金牌工人许振超

青岛港桥吊队队长许振超，是"文革"时期毕业的"老三届"。这个年龄层次的群体，受教育少，年龄偏大，相当一部分人成为下岗再就业的"特困户"，但许振超却成为世界一流的"技术专家"。许振超踏着时代节拍前进的武器是"学习"。

刚进青岛港当皮带机电工时，他努力学习电工知识，看设备图纸，逐渐掌握了电工技术。领导见他好学，就调他去操作当时最先进的机械门机。他更来劲了，把队里仅有的几本技术书都看遍后，就到处找同学借书看，还从牙缝里省钱买书。新书贵买不起，他就骑自行车跑 40 多里路，到书摊上讨价还价买旧书。

许振超的学习是围绕着工作进行的。为了学习英语，他买了一本《英汉词典》，看着图纸，对照词典认单词，一个一个地背。学计算机时，他把计算机原理贴在笔记本上，把不认识的英语单词抄在笔记本上，天天背，很快，就能熟练操作计算机了。工作中只要碰到了难题，他就开始学习，从学习中寻找攻克难题的钥匙。许振超修桥吊的技术，不只限于排除一般性机械故障，连一些精密的技术部件也敢碰。桥吊上的重量传感器是国外厂家的“王牌”产品，按规定不能打开，坏了只能换。但许振超憋足了一口气：外国人能造出来，咱就一定能修好！他把重量传感器拆下来，带回家仔细研究，经过认真的研究与实践，用了整整一周的业余时间，终于将外国人的“王牌”产品攻下来了。

功夫不负有心人，许振超学出了名堂，在工作中练就了“一钩准”、“一钩净”、“无声响操作”等绝活，并带出了“王啸飞燕”、“显新穿针”、“刘洋神绳”等一大批具有社会影响力的徒弟。许振超在日记中写道：“悟性在脚下，路由自己找。”“要自己教育自己。”正是凭着这种韧劲，许振超学得真功，从工人迈进了技术主管的行列，并创造了世界纪录。

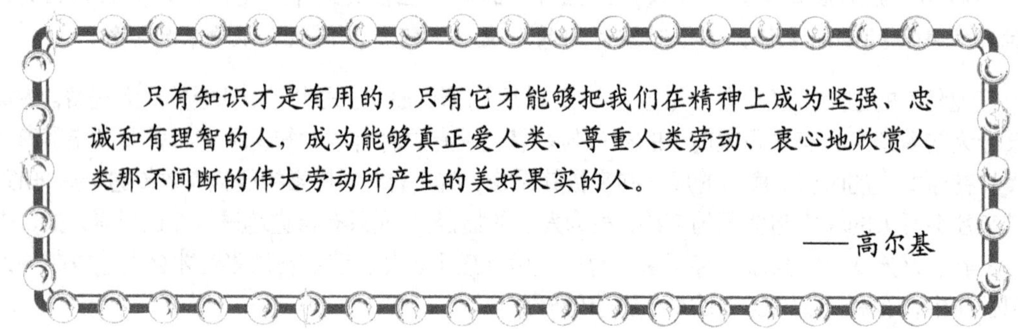

只有知识才是有用的，只有它才能够把我们在精神上成为坚强、忠诚和有理智的人，成为能够真正爱人类、尊重人类劳动、衷心地欣赏人类那不间断的伟大劳动所产生的美好果实的人。

——高尔基

人的一生会碰到很多机会，但机遇只偏爱有准备的头脑。从普通工人到全国劳动模范，许振超实现了自己的价值，为自己也为国家争得了荣誉。他的成功再一次印证了这样一个道理：知识可以改变命运。

（三）乐于求知是提升自我素养的重要途径

学习可以提高人的文化修养，可以优化人的心理素质。一个现代社会的新型人才，应该具备诸多方面的良好心理素质，如高尚的品德、超凡的气质、敬业的精神、专一的性格，以及坚韧不拔的意志等。这些都可以通过学习来达到。正如萨克雷所言：“读书能够开导灵魂，提高和强化人格，激发人们的美好志向；读书能够增长才智和陶冶心灵。”

周恩来机智应答

一次，周恩来接见的美国记者不怀好意地问：“总理阁下，你们中国人为什么把人走的路叫做马路？”他听后没有急于用刺人的话反驳，而是妙趣横生地说：“我们走的是马克思主义之路，简称马路。”这个美国记者仍不死心，继续出难题：“总理阁下，在我们美国，人们都是仰着头走路，而你们中国人则是低头走路，这又怎么解释呢?”周总理笑着说：“这不奇怪，问题很简单嘛。你们美国人走的是下坡路，当然要仰着头走路了；而我们中国人走的是上坡路，当然是低着头走了。”记者又问：“中国现在有四亿人，需要修多少厕所？”这纯属无稽之谈，可是，在这样的外交场合，又不便不予理睬，周总理轻轻一笑回答：“两个！一个男厕所，一个女厕所。”

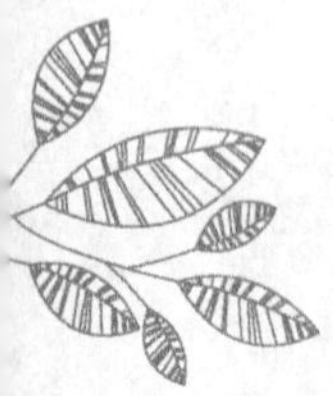

又有一次，欧洲的外交官问周总理："请问总理先生，你们中国每年发行的人民币的总额是多少？"这是国家机密的问题，怎能向外透露呢？这分明是想让周总理出丑。如果总理说出真实数字，是泄露国家机密；如果随便编造一个数字，则有损国体。众人面面相觑。但周总理马上回答："中国每年发行的人民币总额是: 18 元 8 角 8 分。"他样的回答既不泄露国家机密，同时又是真实的。当时，的人民币面值分别为 10 元、5 元、2 元、1 元、5 角、2 角、1 角、5 分、2 分、1 分，总额刚好是 18 元 8 角 8 分！

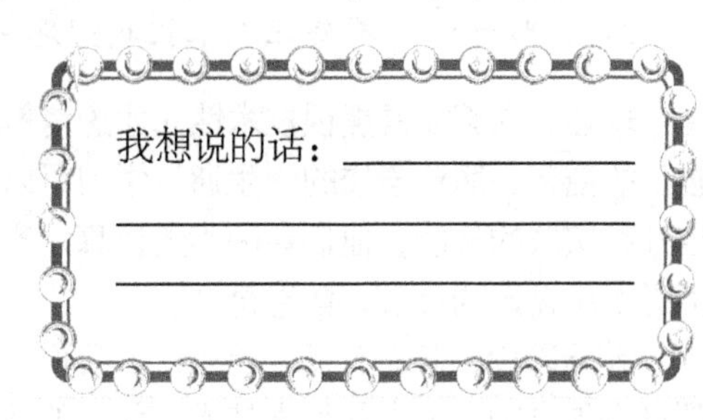

周恩来总理的捷才令人佩服，而周总理回答问题的巧妙，跟他过硬的素质是分不开的。他从小志高，12 岁就发出"为中华之崛起而读书"的誓言。古人说："修犹切磋琢磨，养犹涵养熏陶。"可见修养的重要性。修养是一种胸怀，是一种胆略，是一种执著，是一种坚忍，是一种自信，是一种心态。历史上，凡是做大事、成大器者，无不具备良好的修养。而良好的修养跟智慧、学识是分不开的，所以，为了提高我们的修养，努力学习吧！

（四）知识是社会生产力发展的主要力量

我们生活的时代是知识大爆炸的时代，社会的需求不断演化着，新的职业也不断产生。在这种情况下，那些有才华懂技术的人，将在工作中渐渐发挥自己的特长，也会一步步得到重用。而那些没有技术的人，将会在科技日渐发展的未来被无情淘汰。

中国原子弹之父邓稼先

1950 年 8 月，邓稼先在美国获得博士学位 9 天后，谢绝了恩师和同校好友的挽留，毅然决定回国。同年 10 月，邓稼先地中国科学院近代物理研究所任研究员。此后的 8 年间，他进行了原子核理论的研究。

1958 年秋，二机部副部长钱三强找到邓稼先，说"国家要放一个大炮仗"，征询他是否愿意参加这项必须严格保密的工作。邓稼先义无反顾地同意了。1959 年 6 月，苏联政府中止了原有协议，中共中央下决心自己动手，搞出原子弹、氢弹和人造卫星。邓稼先担任了原子弹的理论设计负责人后，部署同事们分头研究计算，自己也带头攻关。在遇到一个苏联专家留下的核爆大气压的数字难题时，邓稼先在周光召的帮助下以严谨的计算推翻了原有结论，从而解决了中国原子弹试验成功的关键性难题。数学家华罗庚后来称，这是"集世界数学难题之大成"的成果。

邓稼先不仅在秘密科研院所里费尽心血，还经常到飞沙走石的戈壁试验场。1964 年 10 月，中国成功试爆的第一颗原子弹，就是由他最后签字确定了设计方案。他还率领研究人员在试验后迅速进入爆炸现场采样，以证实效果。接下来，他又同于敏等人投入对氢弹的研究，设计了"邓于方案"，最后终于制成了氢弹，并于原子弹试爆后的两年零 8 个月试验成功。这同法国用 8 年、美国用 7 年、苏联用 4 年的时间相比，创造了世界上最快的速度。

1972 年 7 月 29 日，邓稼先去世。他临终前留下的话仍是如何在尖端武器方面努力，并叮咛：“不要让人家把我们落得太远……”

现在各国都非常重视技术性人才的培养，技工纷纷成为企业的“抢手货”。而职业学校就是技工的摇篮，职业学校的学生通过学习可以具备基本的理论知识与社会通识，又可以掌握一种或几种实践的技能，他们会因为胸怀真才实学、手握高强本领而更自信，因知识与实践相结合而迸发出创造的灵感，创造奇迹。

天下兴亡，匹夫有责。历史告诉我们，中国的腾飞需要发展科学技术；时代告诉我们，赶超世界先进国家离不开科学技术；前进的社会不断地提醒我们，祖国需要有知识有文化的接班人。我们要从今天做起，努力学习，向着世界科技的高峰攀登。

三、乐于求知的途径

知识好比宝石，求知如同采金。一个人在成长过程中，时时刻刻都需要拥有一颗求知的心。悬梁刺股、囊萤映雪是一种求知，李白、徐霞客遍游名山大川是一种求知，陈景润钻研歌德巴赫猜想是一种求知，甚至 5 岁的小孩在地上观察蚂蚁搬食也是一种求知。可见，求知在我们生活中处处可见。那么，我们怎样才能拥有一颗求知的心呢？

（一）要培养良好的学习兴趣

爱因斯坦有言：“兴趣是最好的老师。”孔子曾说：“知之者不如好知者，好知者不如乐知者。”这句话道出了兴趣在探求知识中的重要性。兴趣是我们最真挚的朋友，它对学习有着神奇的内驱动作用，能变无效为有效，化低效为高效，即便是遭遇困难挫折，也能“衣带渐宽终不悔，为伊消得人憔悴”。所以我们需要去拜访它、接近它，这样才能和它携手合作，才能拿到藏有求知宝库的钥匙。

微软创始人比尔·盖茨

比尔·盖茨出生于美国西北部的西雅图市。他从小就精力过人，极爱思考，一迷上某事便全身心投入。

外祖母特别喜欢和聪明的小比尔一起做游戏。玩游戏时，外祖母总爱对小比尔说：“使劲想！使劲想！”外祖母还常常让比尔·盖茨读书，给他讲故事，比尔·盖茨从中受益匪浅。他在外祖母的帮助与指导下，成了兴趣广泛、废寝忘食的读者——读书成了他打发时光的好方式。盖茨最喜欢看且反复看个没完的是那套《世界图书百科全书》。他经常几个小时地连续阅读这本几乎有他体重 1/3 的大书，一字一句地从头到尾地看。他常常陷入沉思，希望能造出一个香烟盒那么大，能包罗万象的百科全书。这个奇妙的思想火花，后来竟被他变成了现实，而且比香烟盒还要小，只要一块小小的芯片就行了。

小学毕业后，比尔·盖茨进了湖滨中学。在湖滨中学，比尔痴迷上令他以后倾注毕生精力的计算机，他常按自己的兴趣爱好来安排学习。1969 年，盖茨所在的西雅图湖滨中学成为美国最早开设计算机课程的中学。当时还没有 PC，学校只搞到一台终端机。这台终端机连接其他单位所拥有的小型电子计算机 PDP-10，每天只能使

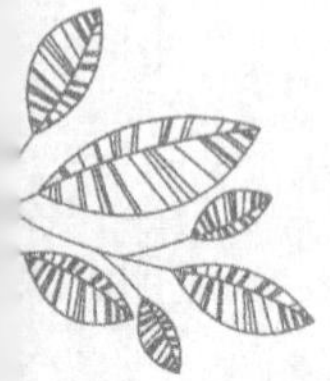

用很短时间，每小时的费用也很高。盖茨像发现了新大陆一样，只要一有时间，便钻进计算机房去操作那台终端机，几乎到了废寝忘食的地步。13 岁时，他独立编出了第一个计算机程序，可以在计算机屏幕上玩月球软着陆的游戏。可是好景不长，只过了半年，湖滨中学就再也没有钱支付昂贵的 PDP-10 小型计算机的使用租金了。这件事使盖茨像失去了上学机会那么痛苦，因为这时候他对计算机已经入迷到神魂颠倒的地步。于是他和同学四处奔走，终于找到一个机会，就是帮助一家名为 CCC 的计算机公司抓臭虫，用除虫的报酬来支付他们操作计算机的费用。在那里有许多台电传打字终端机可用，有各种计算机软件可尽情研究，比尔·盖茨真是如鱼得水。盖茨对计算机软件太着迷了，几乎整晚都呆在那里。通过这段时间，盖茨在电脑硬件和软件方面学到了许多书本上和学校里学不到的知识和技能，为日后的研究开发打下了精深的功底。

1970 年，当盖茨 15 岁时，他的计算机才能已远近闻名了。在哈佛期间，盖茨为第一台微型计算机 MITS Altair 开发了 BASIC 编程语言。BASIC 语言是 John Kemeny 和 Thomas Kurtz 于 20 世纪 60 年代中期在 Dartmouth 学院开发的一种计算机语言。大学三年级时，盖茨从哈佛退学，全身心投入其与童年伙伴 Paul Allen 组建的微软公司。

美国有一个中学在入学考试时曾有这样一道题：比尔·盖茨的办公桌上有 5 个带锁的抽屉，分别贴着财富、兴趣、幸福、荣誉、成功 5 个标签。盖茨总是只带一把钥匙，而把其他的 4 把锁在抽屉里。请问盖茨带的是哪一把钥匙？比尔·盖茨本人是这样回答的："在你最感兴趣的事物上，隐藏着你人生的秘密。"可见兴趣对一个人发展的重要性。如果忽视了兴趣，努力得越多，反而可能离成功越远。

（二）要树立远大的志向

唐太宗贞观年间，长安城西一家磨坊里有一匹马和一头驴子，它们是好朋友，马在外面驮东西，驴子在屋里拉磨。后来，这匹马被玄奘大师选中，经西域前往印度取经。17 年后，这匹马驮着佛经回到长安。它到磨坊看望驴子朋友，谈起了这次旅程的经历：浩瀚无边的沙漠、高入云霄的山岭、凌峰压顶的冰雪……那些神话般的美景使驴子听了极为惊异。驴子叹道："你有多么丰富的见闻啊!那么遥远的道路，我连想都不敢想。"老马说："其实，我们跨过的距离大体相等。当我向西域前行的时候，你一步也没停止，不同的是我同玄奘大师有一个遥远的目标，按照始终如一的方向前进，所以我们打开了一个广阔的世界。而你被蒙住眼睛，一生围着磨盘打转，永远走不出这个狭隘的天地。"

这是一个简洁的寓言故事，但我们从中却能看到一些生活的本质。其实绝大多数人的智力都相差不多，然而，这些人在走过漫长的人生之路后，有的功盖天下，有的却碌碌无为。他们最根本的差别并不在于天赋，而在于有无人生的目标。

对于没有目标的人来说，岁月的流逝只意味着年龄的增长，当我们在心中为自己设下目标并持之以恒朝它迈进时，人才不会在原地打转，而是去发现新事物，探索新知识，学习新本领。我们的生活也就掀开了新的一页，享受探索与求知的乐趣。

（三）要刻苦学习

“不经一番寒彻骨，怎得梅花扑鼻香。”晋代名士孙敬昼夜苦读，唯恐困倦，就用绳系发悬在房梁上，瞌睡时把自己拽醒，继续学习。凭借其独特的“头悬梁”的苦学精神，终能通今博古、满腹经纶，成为晋时知名的大儒。

战国时候的苏秦游说秦惠王，上书10次而游说不成。黑貂皮衣穿破了，百两黄金用光了，回到家里“妻不下饪，嫂不为炊，父母不与言”。苏秦下了狠心，日夜苦读姜太公的《阴符经》，研究其中的奇谋策略。至更深夜半时，头迷眼闭，但一想到自己所受的奇耻大辱，就拿一把锥子，在大腿上扎一下，痛的清醒了以后再读。如此苦读一年后，苏秦再次出山，说服六国，联合抗秦，完成了合纵大计，自己也腰挂六国相印，成为历史上著名的纵横家。

伟人毛泽东

毛泽东一生刻苦好学。他不仅有丰富的学习经验，在求学方面也有独到的见地。毛泽东的论学思想主要有：学要胜古人，积学贵有恒；书要反复读，广收博览，系统钻研，勤动笔墨；学思结合，不闭门求学，学离不开问；善于挤和钻，学而不厌，诲人不倦；学习的目的在于应用等。

毛泽东是个终生与书为伴的人，他热爱学习、热爱读书无人能比。自少年时代起，毛泽东就善于挤时间看书学习。在长沙求学时他勤学苦读，革命战争年代他利用战争空隙争分夺秒地研读，社会主义建设时期更加嗜读。中南海里的毛泽东的故居就是个书的天地，屋子里到处都是书，甚至连厕所里也摆放着书。为了读书，毛泽东把一切能利用的时间都用上了。在游泳之前活动身体的几分钟里，他有时还要看上几句名人的诗词，游泳之后顾不上休息，又捧起书本翻阅起来；他利用上厕所的时间，把宋代淳熙本《昭明文选》等书陆陆续续地看完了；外出开会或视察工作时，也总是带着几箱子书，一有空闲就读。有一次，毛泽东高烧39度多，医生不准他看书。他难过地说，我一辈子爱读书，现在你们不让我看书，叫我躺在这里，整天就是吃饭、睡觉，你们知道我是多么的难受啊!工作人员不得已，只好把拿走的书又放在他身边，毛泽东这才高兴地笑了。直到病重临终之前，毛泽东也未放弃对书本的钟爱。

只要功夫深，铁杵也能磨成针。毛泽东孜孜不倦地读书学习，是他成为伟人、做出丰功伟绩的先决条件之一。作为学生的我们，应该以伟人为榜样，培养对知识的兴趣，端正求知态度，养成良好的学习习惯。古人尚能求知若渴，更何况生活在新时代的我们。知识的更新、科技的日新月异要求我们必须不断地丰富自我，才能跟上时代发展的步伐。

（四）要持之以恒

成功贵在坚持，要想取得成功就要持之以恒。荀子的名言“骐骥一跃，不能十步，驽马十驾，功不在舍”、“水滴石穿，绳锯木断”，说的都是持之以恒的重要性。家喻户晓的龟兔赛跑的故事不也说明了坚持就能取得胜利么？功到自然成，成功之前难免有失败，然而只要耐心地等待、坚持不懈地努力，那么，成功自会到来。

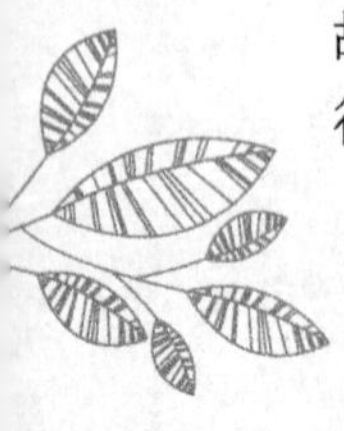

无臂女孩罗凤枝

一段记录山西无臂女孩罗凤枝的生活视频于 2011 年出现在国内几大知名网站上，引起网民极大关注，点击量迅速超过 30 万次。视频中的罗凤枝没有双臂，但凭借灵活的双脚，缝衣、做饭、画画、打字几乎无所不能。被感动的网民称其为“无臂阿童木”。罗凤枝 1984 年出生于太原市清徐县吴村。由于先天没有双臂，一出生，她就被亲生父母无情抛弃，后来被一对善良的夫妇收养。从最初的用脚夹筷子吃饭，罗凤枝开始了长达 20 多年的艰难练习。为了增加脚的灵活性，她练习用脚夹黄豆、剥花生，经常磨得一脚血泡。为了尽快掌握一项新技能，即使最冷的冬天，她也不敢有丝毫懈怠，每天坚持练习。慢慢地，罗凤枝的双脚变得越来越灵活，不仅能熟练地缝衣、做饭、包水饺、切土豆丝，而且能够打字、画画、进行广告平面设计。看着电脑里一张张精美的设计图、书桌上存放的一幅幅书法和风景刺绣、盘子里一根根细细的土豆丝，记者几乎不敢相信这是罗凤枝用脚完成的。罗凤枝说：“脚就是我的双手。如果你用 20 多年的心血去磨炼一件事，你就会发现这个世界上没有什么事情是不可能的。”

尽管身体残疾，生活也十分困难，但是罗凤枝即便是在最困难的时候，也没有向家人和政府伸过手。她说：“靠天靠地不如靠自己，我不要成为社会的负担。虽然没有双臂，但靠自己的双脚，我一样可以描绘五彩的人生。”罗凤枝在淘宝网上开了一家“罗凤枝皮具店”，并利用空闲时间学习广告设计。尽管身体不便，但她从没有放弃对生活的渴望和对未来的憧憬。2009 年，为迎接全国第十届残运会，罗凤枝代表山西的残疾人，展示了用脚操作电脑、进行平面设计的技能，感动了很多参观者。罗凤芝说，她有一个广告设计梦，尽管很遥远，只要不懈地坚持下去，梦想终究会实现。

有人把罗凤枝叫做“无臂阿童木”。事实上，罗凤枝不仅用无臂的身躯撑起了生活的一片天，更用一双灵巧自强的脚成就了自己的幸福。其实肢体的残缺并不可怕，可怕的是面对残缺的抱怨与消沉。罗凤枝的事迹告诉我们：不管遇到什么困难与压力，只要坚持再坚持，肯定会有成功的那天。

假如不懂得地质学，人们就不会知道我国辽阔土地下的宝藏；不懂得信息科学，就会变成耳聋眼花的现代人；不懂得基因科学，就不能克服遗传障碍，满足人类生存的需要。奥斯特洛夫斯基说过：“人的一生应该这样度过：当他回首往事时，不会因为虚度年华而悔恨，也不会因为碌碌无为而羞愧。”其实生命的价值并非名利的拥有，而在于对社会作出多少贡献。生命没有彩排，生命没有等待，他一旦错过，不可以重来。毛主席说过“世上无难事，只要肯登攀”。 建设祖国需要知识，管理国家需要知识，建设好我们的学校也需要知识。没有科学文化知识的人，难以在现代社会生存；不重视科学技术的国家，就会落后挨打。所以珍惜青春吧，在青春的舞台上挥动激情的画笔，绘写五彩缤纷的未来。让我们在青春的激流中，扬帆远航！

1. 选取教材中令自己感触最深的事例，谈谈感受。

2. 见贤思齐：你的身边有哪些乐于求知的事例？谈一谈。

3. 查你所学的专业发展都需要那些基本知识和基本技能，你在学习过程中是准备如何激发自己兴趣的。

4. 我的青春我做主，谈一谈你要怎样为自己的学业做主，成为一名有知识有技能的名副其实的专业人才？

5. 一个不热爱学习，不主动发展一门专业技术的人，预测一下他的职业发展之路。

1. 观看影片《暖春》，写出观后感。

2. 每学期选择 5 本能促进自己发展的书籍，并坚持阅读。记录下你学习书籍的名称。

3. 从同学中为自己找一个技能小师傅，坚 持每周解决 1 ~ 2 个问题，学习你以前没有学会的知识或技能，记录下你问的问题及学习的知识点与技能。

4. 以班级为单位，每周评选一名发言最踊跃，学习积极性最高的学生，并授予一颗星，累计一学期后，评选出十名“学习之星”，体验乐于学习带来的成功感受。

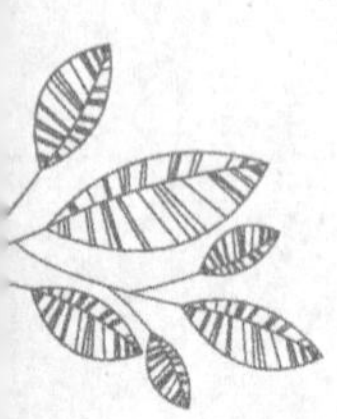

第16课

敬业爱岗

Chapter 16

雪域鸿雁尼玛拉姆

尼玛拉姆，女，33岁，藏族，中共党员。1999年，她勇敢地接过老投递员的邮包，成为云南省迪庆州德钦县邮政局云岭乡邮政所的第二个投递员。尼玛拉姆心系群众，徒步在雪山峡谷的邮路上穿梭了20余万公里，取送邮件无数，从来没有延误过一个邮班，也没有丢失过一封邮件，被誉为“藏族群众心中的格桑花”。

尼玛拉姆所走的邮路在白马雪山和梅里雪山的峡谷之中，总长350公里，海拔高差2000多米，一天之内数次感受低温严寒和高温酷热。这段邮路大部分是悬崖峭壁间的羊肠小道，经常遇到飞石、滑坡和泥石流，很少有人敢走。尽管条件十分艰苦，并且凶险重重，但尼玛拉姆在这条邮路上一走就是10年。她服务的几十个村寨中，有一个在波涛汹涌的澜沧江对岸。由于条件所限，过江通道只有一条锈迹斑斑的溜索。在那命悬一线的细细溜索上，随时都有可能发生各种意外，尤其是雨天，溜索太滑刹不住车，经常会撞在对岸的挡墙上。可是为了乡亲们能及时收到信件和报刊，尼玛拉姆冒着危险10年间在这条溜索上来回1200余次。在取送邮件的路上，尼玛拉姆时常被飞石击伤，在过溜索时被江对岸的木桩撞疼，但她始终风雨无阻，无怨无悔。

尼玛拉姆对待工作兢兢业业，对待群众亲如家人。产后才20天，她就把孩子托付给母亲照看，背起邮包又走上了邮路。雪山峡谷气候变化无常，尼玛拉姆的邮包里常备有三块油布，为的是遇到下大雨时包裹邮件和报纸杂志。为了送一份重要邮件，她曾连闯3道泥石流，虽然自己全身被泥水淋透，但交到村民手中的却是崭新干净的邮件。为了按时把一份高考录取通知书送到考生本人手上，她曾花了整整6天时间翻过崇山峻岭在牧场上寻找收件人。2008年1月雨雪冰冻灾害肆虐的时候，她不顾个人安危，冒着雨雪把100多封第二代身份证特快专递如期送到了红坡村的乡亲手中。有些群众住在深山里出门不容易，便托付她捎带一些急需的日用品，她从没多收过群众一分钱。

尼玛拉姆先后荣获了全国邮政系统先进个人、全国城镇妇女巾帼建功标兵、全国五一劳动奖章、全国交通运输系统劳动模范、第十九届全国十大杰出青年、首届全国道德模范提名奖等荣誉称号。

一份雪域高原的邮递工作让无数人望而却步，然而，柔弱而坚强的尼玛拉姆却用辛勤劳动和无私付出，走出了一条辉煌的职业路。她不仅打破了一个地区对外封闭的困境，架起了人们对外交流的桥梁，还为我们诠释了这样一个道理：每一个岗位都是社会机器中不可或缺的部件，都需要有人从事。只有每个人都认真对待自己的岗位，不畏艰险、尽心尽力地履行岗位职责，社会才能良性和飞速发展。

1. 邮递路上劳累与乏味共生，困难与危险并存，如果是我们，可能经历一次就会退缩，但尼玛拉姆干了 10 年。是什么让她如此执著？

2. 尼玛拉姆的感人事迹让我们折服，也让我们思考：现代人应该如何理解爱岗敬业？

3. 找一找身边的敬业爱岗的典型，谈谈他们的爱岗敬业精神对社会和个人的发展有什么重要意义。

4. 查一查那些工作拖沓、“三天打渔两天晒网”、频繁跳槽的人，他们的前途如何？

5. 谈一谈你想怎样对待自己的第一份工作，规划一下 10 年内你的岗位发展目标。

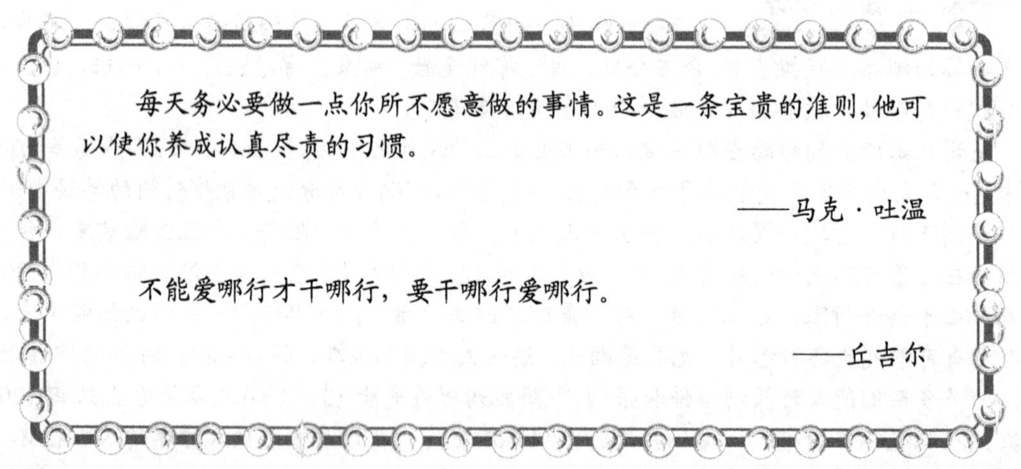

每天务必要做一点你所不愿意做的事情。这是一条宝贵的准则，他可以使你养成认真尽责的习惯。

——马克·吐温

不能爱哪行才干哪行，要干哪行爱哪行。

——丘吉尔

“爱岗敬业”是公民道德建设的基本规范之一，是企业员工的第一素质。我们要领悟爱岗敬业就是不论做任何工作或劳动，都要认真负责，精益求精；明白一个人的价值大小是他在平凡的工作岗位上爱岗敬业的态度所决定的。要体会到一个不履行职业责任的人将被淘汰。认同爱岗敬业就是为国家、为社会、为他人作出有益的贡献。树立正确的择业观和创业观，做

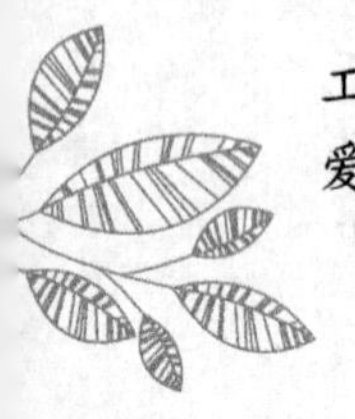

好在艰苦中创业、在实践中成才的准备。要努力工作，提高效率和自身价值。

在职业生活中，要正确看待职业岗位，要热爱岗位，对待工作一丝不苟，学会在岗位劳动中实现人生的价值，促进自身的发展。要甘于奉献。因为一个人的职业发展基于在岗位上的奉献，应理性对待职业报酬与职业发展的关系。

一、爱岗敬业的诠释

爱岗敬业就是认真对待自己的岗位，对自己的岗位职责负责到底，无论在任何时候，都尊重自己的岗位职责，对自己的工作勤奋有加。也就是说，爱岗敬业包括以下几个方面的含义：珍惜并热爱自己的岗位；岗位在，责任就在；在自己的岗位上默默奉献。

（一）爱岗敬业，从珍惜自己的岗位做起

每个岗位都承担着一定的社会职能，是社会分工的必然结果；但每一个岗位都要有人去干，缺一不可。这就要求每一个从业人员都要认真对待自己的本职工作和岗位。因此，无论我们从事什么工作，一定要有"干一行，爱一行"的精神，千万别糊弄工作，否则受损的不仅是企业，还有我们自己。

毕业生小王经过苦苦寻觅终于找到了一份销售员的工作，但令人遗憾的是，小王并没有珍惜这份来之不易的工作。看看，早晨的闹铃响了好几遍了，他还没有起床的意思，并且，脑子里的第一个感觉就是：痛苦的一天又开始了。他匆匆忙忙地赶往公司，早餐也顾不上吃，跨入公司大门时还是精神恍惚。他坐在会议室，迷迷糊糊地听着经理布置工作……一天的工作就这样开始了。小王上午拜访客户，结果遭到拒绝和冷遇，心情简直糟透了，仿佛世界末日将要来临；下午下班前回到公司填工作报表，胡乱写上几笔凑合一下交差……一天就这样结束了。

平时不肯花时间学习，从不好好去研究自己的产品和竞争对手的产品，没有明确的计划和目标；从不反省自己一天做了些什么，有哪些经验、教训；从不认真去想一想顾客为什么会拒绝自己，有没有更好的办法解决问题，在销售产品的过程中应为顾客带来什么样的服务；当一天和尚撞一天钟，混一天算一天……这就是小王职场生活的真实写照。

到了月底一发工资，小王心生抱怨：才这么点，真没意思！看来该换地方了。于是小王很牛气地炒了老板的鱿鱼。一年下来，他换了五六家公司。日复一日、年复一年，小王的时间就这样耗尽了，结果还是"三个一工程"：一无所获，一事无成，一穷二白。

在社会生活中，每个人都有不同的分工，有些人负责一些比较重要且引人注目的工作，有些人则负责极其平凡的工作。假如你因为工作平凡而感到沮丧，往往会连成长的机会都丢失。因此，作为从业者，要从基层做起，逐渐增长才干，这样才能赢得别人的认可和发展的机会。

（二）爱岗敬业，从热爱自己的工作岗位做起

热爱自己的工作岗位是对人们工作态度的一种普遍要求。一个人对自己的工作岗位有热情，才能在平凡的职业工作中做出不平凡的事业。人只有爱岗，才能体会出工作的幸福与快乐。

北京市21路公共汽车售票员李素丽，十几年如一日，在平凡的岗位上，把“全心全意为人民服务”作为自己的座右铭，真诚热情地为乘客服务。

21路公共汽车北起北京北站，南到北京西站，沿线10公里分布14个车站。在这个平凡的岗位上，李素丽根据乘客的不同需求，给他们最需要的服务：老幼病残孕人员怕摔怕磕怕碰，李素丽搀上扶下；“上班族”急着按时上班，李素丽尽量让他们快速上车；外地乘客容易上错车或坐过站，李素丽及时提醒他们；中小学生天性活泼，李素丽提醒他们车上维护公共秩序、车下注意交通安全；她的车上设有方便袋，遇到堵车，就拿出报纸、杂志，让乘客看一会儿，缓解焦急；看到有人晕车或不舒服想吐，她会赶紧送上一个塑料袋；遇有不小心碰伤的乘客，她的小药箱里有“创可贴”；姑娘们夏天穿着长裙上下车，她忘不了提醒姑娘们把裙子往上拎一拎，以免让人踩上摔跟头；在售票台的抽屉里放着一个小棉垫，这是李素丽特意为抱孩子的乘客准备的，把小棉垫垫在售票台上，孩子就可以坐在上面。李素丽用自己日复一日的劳动给人们带来真诚的笑脸、热情的话语、周到的服务、细致的关怀，被人们誉为“盲人的眼睛、病人的护士、乘客的贴心人、老百姓的亲闺女”。

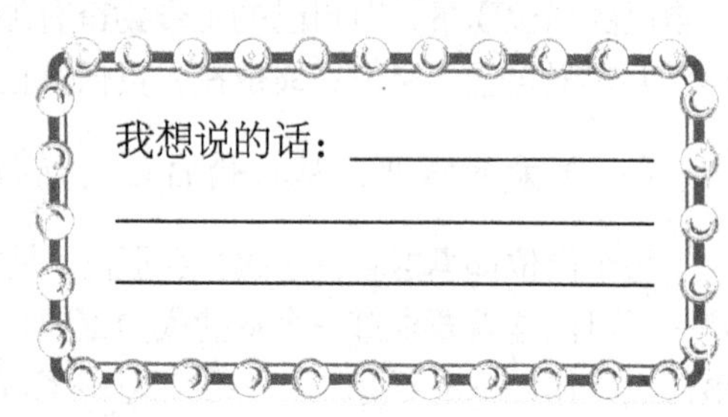

“礼貌待客要热心，照顾乘客要细心，帮助乘客要诚心，热情服务要恒心”——这是李素丽为自己定的服务原则。

“多说一句，多看一眼，多帮一把，多走一步；话到、眼到、手到、腿到、情到、神到”——这是李素丽对自己工作的要求。

李素丽为她的岗位感到自豪。她说：“是它给了我每一天都能向他人奉献真情的机会。如果我能把这10米车厢、3尺票台当成为人民服务的岗位，实实在在去为社会作贡献，就能在服务中融入真情，为社会多增添一份美好。即便有时自己有点烦心事，只要一上车，一见到乘客，就不烦了。”

李素丽处理与乘客之间的矛盾，更显示出她的服务水平。一次，李素丽查验下车乘客的车票，一个小伙子掏完衣兜掏裤兜，就是拿不出票来。李素丽看出小伙子没买票，说：“您可能一时着急找不到票了。要不，你今天再买一张，下车后，你要是找到了，下次坐我的车就不用买票了。”小伙子不好意思了，拿出两元钱说：“大姐，刚才我没买票。您说怎么罚就怎么罚吧！”“按我们的规定，下车逃票才罚款，您及时补票就行了。下次上车要主动买票，这样就不耽误您的时间了。”事后，李素丽说：“人人都有自尊心，售票员不能得理不让人。让乘客下台阶，我的服务就上了台阶。”

对待一些不讲理的乘客，李素丽也是以礼待人、以情感人。有个小伙子刚上车就

往干干净净的地板上吐了一口痰。李素丽轻声提醒他不要随地吐痰。不想气呼呼的小伙子又吐了一口。这时，李素丽没有再说话，而是走过去，掏出纸把地板上的痰迹擦干净。在全车人的注视下，小伙子脸红了，下车时连连道歉："刚才全是我不对，请大姐原谅。"

"每一条公共汽车的线路都有终点站，但为人民服务没有终点站。我永远属于我的乘客，属于我的岗位。"李素丽这样说。

由于在平凡的岗位做出了不平凡的业绩，李素丽先后获得了"全国优秀售票员"、"五一劳动奖章"、"优秀共产党员"等多项荣誉。

对于条件好、待遇高的工作，从业人员做到爱岗相对容易；对于工作条件艰苦、劳累、单调，甚至有危险性的工作，要做到爱岗就不容易了，在这种情况下，爱岗除了需要认真工作外，还需要有高尚的品德。

（三）爱岗敬业，从担起岗位责任做起

一个人无论做什么工作，都要勇于承担责任，并且在自己的工作岗位上，勤勤恳恳、尽职尽责。只有这些有责任心的人，才能认真地做好每一件事。责任是金，工作意味着担负责任，做事不负责任，注定一事无成。

乔治是一位木匠。从 15 岁到 50 岁一直从事建筑这一行业。由于技艺精湛，深得老板赞许。50 岁生日刚过，乔治就向老板请辞。老板一再挽留他，但乔治去意已决。老板无奈，只好批准，但希望乔治能再辛苦一次，为他建最后一幢房子。乔治无法拒绝老板的最后请求，可归心似箭很难将心思转移到工作上了。在建材的选择上，没有以前那么严格，做的工作也没有达到以往的标准，因为乔治想尽早回家，房子很快便建好了，老板却把钥匙交给乔治说："为了感谢你的敬业和忠诚，我把房子送个你"可怜的乔治肠子都悔青了。

我们常常强调人要敬业爱岗，并不单纯要求人们按时上下班，不迟到、不早退，更重要的是认真的工作作风，忠于职守的工作精神，以及严谨细致的工作态度。

一个把敬业当成一种习惯的人

作为上海普陀区中山北路房管所的水电修理工，徐虎发现：居民下班以后是用水用电高峰，也是故障高发时段，而此时的水电修理工早已下班休息了。于是，他在管辖的地区挂出 3 只醒目的"水电急修特约报修箱"，每天晚上 19 时准时开箱，并随即投入修理工作。

小小的"报修箱"受到居民们的热情称赞，徐虎却谦虚地说："我是平凡人，只不过努力做好平凡事。"但是，受到徐虎服务的居民不这么认为。华池路 35 号居民陈敬泉说："徐虎在平凡的工作中做出不平凡的成绩，这平凡就是伟大。"

10 多年里，徐虎从未失信于他的用户。十年辛苦不寻常，徐虎累计开箱服务 3700 多天，共花费 7400 多个小时，为居民解决夜间水电急修项目 2100 多个。他被群众誉为"晚上 19 点钟的太阳"。

徐虎爱岗敬业，十年如一日义务为居民服务，在平凡的工作中做出了不平凡的成绩，他两次被授予“全国劳动模范”荣誉称号，被上海市委市政府评为“上海十大先进标兵”。

企业是由员工组成的，大家有共同的目标和共同的利益，有自己的岗位职责。企业里的每一个人无论职位高低都必须具有很强烈的敬业精神，担负起自己的责任。没有敬业的员工，就没有企业的发展，没有敬业精神的人，想要成功就是奢望。成功并非易事，只有那些把敬业当成一种习惯的人才能够成功。

（四）爱岗敬业是人类社会最为普遍的奉献精神

敬业与奉献紧密相连。奉献就是在需要舍弃个人利益时，能坦然面对；在团队困难时，甘愿牺牲个人利益；在他人遇到困难的时候，甘愿不计得失提供帮助。

“我的生命延续一天，就要把工作干好一天！我的工作对象是一个特殊群体，能在有生之年，多挽救几个误入歧途的人，是我最大的心愿”——摘自孙炎明语录。

孙炎明是浙江省金华市公安局东阳看守所的民警。自 1982 年从警以来，兢兢业业、恪尽职守，教育和挽救了大批失足人员。

2004 年，孙炎明被确诊患上脑癌，先后动过三次大手术……死神与他擦身而过。可每当身体稍好一些，他就主动要求上岗工作。他分管的监室在所里始终保持两个最好：在押人员秩序最好；教育改造效果最好。这两个最好的背后凝聚着孙炎明多少心血！

2008 年，孙炎明所在的看守所来了一位死刑犯，情绪暴躁，屡次闹事。孙炎明仔细询问案情，看卷宗、主动要求监管。一段时间后，犯人平静下来，并认识到自己的罪行。被执行死刑那天，犯人主动要求见孙炎明最好一面。他说：“孙教官，这些日子给你添麻烦了。谢谢你，你的恩情我来生再报。”当孙炎明被问及其中的秘密时，他说“没有执行死刑前，尊重他的人格，他也是一个人。”

孙炎明的女儿认为：“我的爸爸很幸福，因为警察这份职业，让爸爸的生命在奉献中得到升华，奉献自我，不留遗憾”。

“重犯监室年年平安，而自己的生命还要经历更多风险。他抖擞精神，让阳光驱散铁窗里的冰冷，他用微笑诠释着什么是工作。”这是 2010 年度《感动中国》组委会授予孙炎明的颁奖词，让我们真切体味到生命不息，风险不止的深切含义。

敬业爱岗、甘于奉献是人类最伟大的情操之一。不惜一切代价和甘冒一切风险地遵从职业的召唤，这是最高尚的文明生活的本质体现。人类史上涌现过很多背负使命感而默默前行的人，他们的使命感让他们全身心地投入工作，直至离开人世的那一天。在工作中遇到困难的时候，每个人都应该想到他们的职业精神。

二、爱岗敬业的途径

（一）树立职业理想是爱岗敬业的前提

想从事什么样的职业，想在职业生涯中成为一个什么样的人，想达到什么样的职业境界，想实现什么样的人生价值和生活的意义……这就是一个人的职业理想。只有拥有了自

己的职业理想，才会有具体的奋斗目标，才能调动自己的潜能，克服种种困难，努力去实现这个目标。

刘玉莲，女，58岁，中共党员，现为新疆哈密市二堡镇二堡村乡村医生。1971年，刘玉莲在驻地空军航校医院参加培训，掌握了针灸技术。回村后，刘玉莲很快用这门新技术治好了一名疑难病患者。村民玉素甫•买买提患支气管哮喘多年，脖子上还有一个很大的甲状腺瘤，多年求医问药无果。刘玉莲用针灸疗法结合药物给他治疗，两个月后，玉素甫•买买提的病好了。老人逢人便伸出大拇指说："丫头，神医啊!"从此，"丫头"这个名字就叫开了。

1986年4月的一天深夜，村民毛沙·尼牙孜上气不接下气地敲响了刘玉莲的门："丫头，我老婆快生了。"刘玉莲赶紧收拾好接生用具，往3公里外的孕妇家跑去。赶到孕妇家，刘玉莲检测发现孕妇严重贫血，血压很低，脉搏微弱。经过刘玉莲精心护理救治，一名男婴降生了，产妇也从昏迷中苏醒了过来。这时天已经亮了，刘玉莲要走时，产妇拉着她的手哽咽着说："丫头，我的命是你给的，你是我的'夏帕艾且'（维吾尔语，救命女神）。"

刘玉莲在41年的艰辛工作中，医治患者30余万人次，累计为贫困患者垫付医药费3.5万多元，为村里的贫困学生捐助学习用品价值6000多元。这个数字放在40年漫长的时间里也许不算太多，但是对刘玉莲微薄的收入来说，却是一个了不起的数字。几十年来，刘玉莲一直是一个没有正式编制的"临时工"医生，工资非常低，就连刚从护校毕业给她打下手的护士，每月工资也比她高不少。同许多乡村医生一样，她至今也没有社保、养老、医疗保险等"三金"。对于这些，刘玉莲想法很单纯，"每天看到那么多病人信赖的目光，听到村里无论大人小孩见到自己都会尊敬地问一声'丫头好'，就满足了。"就是这样一位平凡的乡村医生，挑起了二堡村1000多口人41年横跨两三代人健康的重担，使"小病不出村"的基本医疗目标在这个全镇最穷的村子里成为现实。

刘玉莲多次被评为地、县级民族团结先进个人；2002年，被哈密市评为十佳卫生工作者；2005年，荣获自治区劳动模范称号。

人活在世上，总要有个人生目标，总要有个发展方向。说得朴实点，就是要有个谋生的依托。正所谓"不爱岗就会下岗，不敬业就会失业"。

（二）敬业爱岗需要执著的工作态度

只要往前走，就会有阻力；不管哪个岗位，都会有困难。但只要我们有正确的态度和解决困难的办法，就一定能排除万难，取得成功。

心系税收

陈辉钦是汕头市潮阳区关埠税务分局一名税收管理员，负责西胪片400多户市场个体户的税源管理征收工作。他没有惊天动地的光辉事迹，但二十多年如一日，在税收征管第一线上勤奋工作，默默耕耘，以实际行动践行着心中的赤诚信念，以平凡的方式诠释着自己的人生价值；他爱岗敬业，无私奉献，用辛勤的汗水为税收事业添砖加瓦，奉献光热。

个体税收管理是税务工作中任务最重、日常工作最繁琐，也是最吃力不讨好、让人望而生畏的工作，税收总量少、征管难度大。但是，他并没有因此而退缩。他常说：“不管干哪一行，肯定都会碰到一些困难，可本职工作一定得做好，不能白拿政府给的工资。”通过多年的实践，他始终坚持勤征细管，多磨嘴皮做耐心细致的宣传说服工作，多调查了解业户的经营情况，从而掌握了一套有效的管理方法。陈辉钦同志始终着眼于“磨”的功夫，耐心引导，以理服人，以情感人。有时纳税人以“早上刚开铺门，生意还没做，没钱”为理由拖欠应缴税款，他便跑第二次、第三次，使纳税人感到不好意思，主动交上了应纳税款。

凭着对税收事业的热爱和责任感，陈辉钦在工作中总是勇挑重担，时时刻刻以大局为重，从不计较个人得失。由于分局人手缺乏，分局领导找他谈话，要求他一个人负责原来由两个人分担的工作，他欣然接受了组织的安排。并在此后的时间里，独自承担起400多户市场个体户的税收征管工作。看到他经常没日没夜地加班加点、忙里忙外，同志们问他累不累，他说：“累也值得。”陈辉钦每天骑着他那辆破旧的摩托车奔波忙碌于各集贸市场之间，付出了大量的汗水和心血，但他从不向领导诉苦，也从不在待遇上向领导提要求。有些人笑他傻，他却说：“大道理我不会讲，领导把那么重要的工作交给我来做，就是对我的信任，没有价钱可讲。我能做的就是加倍努力工作，来回报组织的信任。”

就如小草，没有花香，没有树高，陈辉钦所做的只是最普通、最平凡的基层税收征管工作，但他以自己的实际行动，书写了一页基层税务工作者笃诚执著、爱岗敬业的精彩篇章。

陈辉钦用实际行动告诉我们：一个爱岗敬业的人，无论多么困难，都会热衷于自己的岗位，在自己的岗位上辛勤劳动，不畏辛苦，不畏劳累，勤勤恳恳地做好每一天的工作；只有付出才有收获。

其实，无论我们做什么，只要是公司企业的一员，就应当抛开任何借口，投入自己的忠诚和责任，一荣俱荣，一损俱损！当你把身心彻底融入公司，尽职尽责，处处为公司着想，那么，任何一个老板都会视你为公司的支柱。忠诚带来信任，你将被委以重任，获得梦寐以求的广阔舞台。

（三）敬业爱岗往往以奉献为基础

如果你是一滴水，你是否滋润了一寸土地？如果你是一线阳光，你是否照亮了一分黑暗？如果你是一颗螺丝钉，你是否永远坚守你的岗位？这是雷锋日记里的一段话，它告诉我们：无论在什么样的岗位上都要发挥最大潜能，作出最大奉献。爱岗敬业是人类社会最为普遍的奉献精神，它看似平凡，实则伟大。一份职业、一个工作岗位，都是一个人赖以生存和发展的基础保障；同时，每个工作岗位往往都是人类社会存在和发展的需要。所以，爱岗敬业不仅是个人生存和发展的需要，也是社会存在和发展的需要。

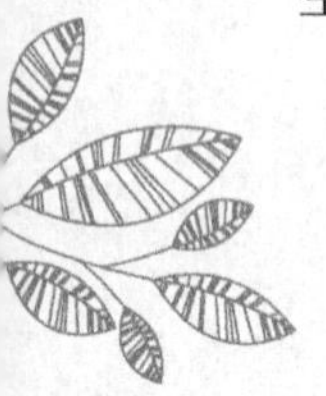

姜万富，男，60岁，中共党员，新疆生产建设兵团农三师叶城二牧场卫生所所长。

叶城二牧场是国家级贫困牧场，地处昆仑山海拔2200米～4850米的高原上。1966年，姜万富从上海支边来到了二牧场。他开过荒、放过羊、采过矿，先后担任过叶城二牧场连队卫生员、场卫生院医生、院长等职。多年来，姜万富有好几次离开的机会，但他最终选择了留下。这一留，就是43年。

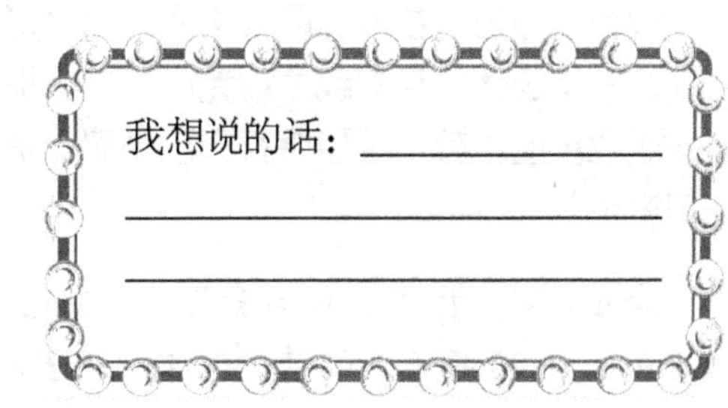

1980年，支边青年按政策陆续回城。姜万富也曾想过回到上海，回到家人身边。可是，看着脚下的这片土地，想着这里的各族群众多么需要有人送医送药，他心中又充满了眷恋，最终还是决定留了下来。

43年里，姜万富走遍了牧场的沟沟梁梁、草场毡房，走遍了这里的170多个放牧点，为各族患者送医送药，解决了牧工和地方牧民就医难的问题，并与当地各族群众结下了深厚的感情。

1974年，姜万富在地方乡镇的苦那洪大队刚诊治完几十位流行性感冒患者，有人跑来告诉他矿区一位女职工得了重病。由于当时山上发生雪崩，加之洪水暴涨，到矿区已无路可走，但如果绕道，要一整天才能到达。为了赶时间，姜万富在村民的指引下，踏上了一条平时只有黄羊才走的便道。走出不到1公里，姜万富就只能在悬崖峭壁上攀援前行。他一手护着药箱，一手紧抠石缝，身子慢慢向前移动。下面就是汹涌奔流的洪水。虽然前行极为困难，但一想到病人急等着抢救，他干劲倍增，咬紧牙关，越过险境，以最快的速度赶到目的地。由于救治及时，女工终于保住了性命。

43年间，像这样冒着生命危险去抢救病人的情况，姜万富自己也说不清有多少次了。几十年里，他成功实施了肠梗阻、剖腹产、膀胱结石、附件切除等各种手术2000多例，无一例失败。他牢固地树立了扎根边疆、服务群众的思想，用生动的实践诠释着兵团人的精神。在大山深谷中，姜万富的身影虽显孤单，可是他的话却温暖着每个人的心灵：山里的职工太不容易了，我总觉得我对他们的生命负有一种使命，使我无法离开。热心周到、至真至诚的服务使姜万富成为当地各族患者心目中的“救星”，各族群众称赞他是“神医”、“好医生”。

姜万富先后荣获了全国优秀乡村医生、全国农村优秀人才称号、计划生育荣誉勋章、新疆生产建设兵团开发建设新疆奖章等。

社会上的绝大多数人都是平凡的，他们可能从来没有想过要成为什么英雄。姜万富正是这些人中的一员，用自己43年的坚守诠释了他爱岗敬业的最高境界——奉献。

对一个城市来说，没有人当市长是不行的；可如果没有人扫地、清除垃圾，也是不行的。想当市长的人多的是，想扫地的人肯定不多。但在一个城市里，市长只需要一人，清洁工人却需要几百人、几千人，甚至几万人。无论是心甘情愿的，还是不得已而为之的，只要是在自己的工作岗位上认真负责，尽心尽力，遵守职业道德，就是一种奉献精神。

（四）爱岗敬业离不开职业技能

职业技能也称职业能力，是人们进行职业活动、履行职业责任的能力和手段。它包括从业人员的实际操作能力、业务处理能力、技术技能以及与职业有关的理论知识等。职业技能由体力、智力、知识、技术等因素构成，它的形成是一个长期的过程，通常要经过相当长时间的学习以及一定的体验与实践才能完成。努力提高自己的职业技能是爱岗敬业的重要内容。没有相应的职业技能，就不可能履行自己的职业责任，实现自己的职业理想，“爱岗敬业”也就成了一句空话。

李斌，男，49岁，中共党员，上海电气液压气动有限公司液压泵厂数控工段工人。李斌进厂工作29年来，怀着“做工人理当敬业，当主人理应尽责”的朴实信念，刻苦钻研，勇于创新，潜心于技术，专心于岗位，安心于一线，从一名技校生成长为一位专家型的技术工人，成为新一代智能型工人的楷模，拥有高级技师、工程师职称。

他始终保持工人阶级的本色，不断学习数控技术知识，努力掌握当今数控科技领域的新技术，成为企业技术创新的领头人。他依托过硬的技术本领，为企业创造了可观的经济效益，多年来先后完成新产品开发55项，工艺攻关201项，加工工艺编程1500多条，直接创造经济效益830多万元。他自主设计了刀具184把，技术革新、自制改进工装夹具82副，为企业节约支出110多万元，并获得多项专利。他为企业进行4项数控机床重大故障排除和改进，节约维修费用30多万元。

近年来，李斌的工作重心从原先的数控编程、工艺改进、刀具革新转向产品能级的提升，尤其是自担任公司总工艺师及李斌工作室组建以来，组织了斜轴泵质量攻关，使企业研制开发大大提速，近两年间已获得或申报的专利就达20余项，其中对斜轴泵柱塞环的质量攻关的成功，使A2F6.1系列产品工作转速由1500转/分上升到3000转/分以上，产品性能接近德国某名牌产品水平，对国产泵的能级提升具有重要意义。

为了发挥李斌的示范带动作用，上海电气公司命名了“李斌班组”，建立了“李斌师徒网站”和“李斌技师学院”，积极推广“李斌班组工作四法”，在全厂大力开展岗位练兵活动。李斌带领自己的班组通过结对帮教，先后培养了中级数控机床调试工12名，并与行业内外50余家班组结对互帮互学。他为李斌技师学院无偿授课1950小时，使大批技术工人快速成长起来。2008年6月，李斌带领由中华全国总工会组织的“劳模技术服务队李斌分队”赴四川地震灾区，在余震不断的“东汽”灾区，为抢修数控机床，使之恢复运行并重新投入生产作出了重要贡献。

人的职业技能的形成通常要具备三个条件，即人的先天生理条件、人的职业活动实践和职业教育。人的先天生理条件在一定意义上奠定了一个人职业能力的基础，而人的职业活动实践使得人的职业技能得以确立和进一步发挥。

从业人员的职业技能水平如何，直接关系到其职业活动的质量和效率，关系到对国家和人民贡献的大小，决定着自己人生价值实现的程度。因此说，职业技能是发展自己和服务人民的基本条件，提高自己的职业技能是爱岗敬业的具体表现。从业人员仅有为人民服务的认识和热情是远远不够的，只有在此基础上掌握熟练的职业技能才能胜任自己的工作，更好地为人民服务。

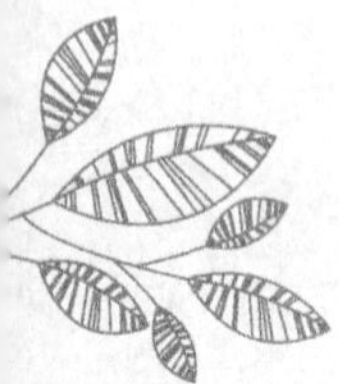

（五）敬业爱岗需要履行职业责任

职业责任是企业和从业人员安身立命的根本，无论是企业还是从业者本人，都应该有较强的职业责任。

一名刚毕业的年轻护士跟随一名德高望重的医生实习。在一次手术中，医生做完了手术，准备缝合伤口，年轻的护士说："老师，还差一块纱布。刚才用了12块，现在只收回11块，还有一块一定在病人的腹中。"老师若无其事地说："哎，算了，纱布没什么影响，我们必须立即缝合伤口。"护士大声地说道："不行！我们要对病人负责！"这时，医生笑了，他挪开脚，露出踩在脚下的纱布，十分欣慰地对年轻的护士说："你将成为一名优秀的护士！"

我想说的话：________________

____

____

从业人员的职业责任修养活动包括以下两个方面的内容：一是熟知与自己工作有关的各项岗位责任规章制度，理解它们存在的合理性和正确性，并领会它们的精神实质，在内心形成一定的责任目标；二是在职业实践中不断比照特定的责任规定，对自己的思想和行为进行反省和检查，进行自我剖析和自我批评，不断矫正自己的职业行为偏差，排除一切干扰，将正确的尽职尽责的行为不懈地坚持下去，使之变成一种职业道德行为习惯，最终转化为内在的、稳定的、长期起作用的职业道德品质。

（六）爱岗敬业需要干一行爱一行

首先，提倡爱岗敬业，并不是要求人们终身只能干"一"行、爱"一"行，也不排斥人的全面发展。它要求工作者通过本职活动，在一定程度上和范围内做到全面发展，不断增长知识，增长才干，努力成为多面手。我们不能把忠于职守、爱岗敬业片面地理解为绝对地、终生地只能从事某个职业，而应理解为选定一行就爱一行。合理的人才流动和双向选择可以增强优胜劣汰的人才竞争意识，促使大多数人更加自觉地忠于职守、爱岗敬业。实行双向选择，开展人才的合理流动，既使用人单位有用人的自主权，可以择优录用，实现劳动力、生产资源的最佳配置，又使劳动者可以根据社会的需要和个人的专业、特长、兴趣和爱好选择职业，真正做到人尽其才，充分发挥积极性和创造性。这与我们所强调的爱岗敬业的根本目的是一致的。

其次，求职者是不是具有爱岗敬业的精神，是用人单位挑选人才的一项非常重要的标准。用人单位往往录用那些具有爱岗敬业精神的人。因为只有那些干一行、爱一行的人，才能专心致志地搞好工作。如果只从兴趣出发，见异思迁，"干一行，厌一行"，不但自己的聪明才智得不到充分发挥，甚至会给工作带来损失。

另外，现实生活中能够找到理想职业的人毕竟只是一部分人，对于多数人来说，必须面对现实，去从事社会所需要、自己内心不太愿意干的工作。 在这种情况下，如果没有"干一行，爱一行"的精神，那么你就很难干好工作，很难做到爱岗敬业。

1. 给"公司的事就是自己的事"这一事例续尾。

李伟高中毕业后随哥哥到南方打工，在码头的一个露天仓库给人家缝补篷布。李伟很能干，做得活儿也很精细，就连被人丢弃的线头碎布也会随手拾起来，留做备用。一天夜里，暴风雨骤起，李伟从床头爬起来，拿起手电筒就冲到大雨中。哥哥劝不住他，骂他是个傻瓜。在仓库里，李伟查完了一个又一个货堆，加固被风掀起来的篷布。恰巧此时，老板开车过来……

2. 谈谈你对“把公司当成自己的家”的人的看法。

3. 有的人认为“给别人打工不要那么卖力”，你觉得对吗？

4. 搜集本校（最好是本专业）爱岗敬业的优秀校友的先进事迹，并与大家一起分享该校友是怎样做到“爱岗敬业”与“干一行、爱一行、专一行、成一行”的。

5. 作为中职学生，要做到“干一行、爱一行、专一行、成一行”，要热爱专业，努力学习专业技能。请结合专业，谈谈如何搞好专业学习、学好专业技能？

实践与体验

1. 联系实际，搜集本校（最好是本专业）爱岗敬业的优秀校友的先进事迹或当代爱岗敬业的榜样人物的事迹，以他们为榜样，查找自身存在的问题，及时整改。

2. 争做“爱岗敬业”职业人宣誓，以增强责任意识，弘扬奉献精神。

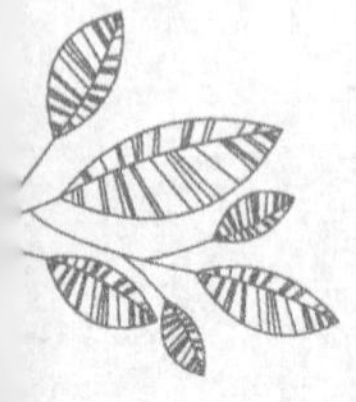

第17课

开拓创新

Chapter 17

创新打造中国装备

地处西南腹地的东方电机股份有限公司在三峡工程建设中，自行成功设计了三峡右岸机组，使我国水电设备拥有了自己的核心技术，实现了中国几代水电设备制造人的用中国装备装备中国的夙愿。

长期以来，由于缺乏自己的核心技术，我国数控机床、水轮机等关键设备一直依赖进口。处于逆境中的中国装备制造企业经过艰苦努力，终于冲破了国外的技术封锁，成功赶超了竞争对手，实现了质的飞跃。

在装备制造业界，机床被誉为“工作母机”，而数控系统又是机床的“大脑中枢神经”。一直以来，我国机床制造业的控制系统基本依靠进口，成为我国装备制造业发展的瓶颈。2007 年 8 月 29 日，由沈阳机床和沈阳高精数控公司联合攻关的“国产数控机床应用国产数控系统示范工程”顺利通过鉴定。这标志着我国终于实现了用具有自主知识产权的国产五轴数控系统装备国产高档数控机床的梦想。

据了解，现在沈阳机床每年投入的研发费用近 6 亿元，把研发的触角扩展到北京、上海乃至德国、意大利，几年来自主研发了 230 多种中高档数控机床。沈阳机床在世界机床的排位也由名不见经传跃升到了 2006 年的第九位。

沈阳机床通过不断增强企业核心竞争力，以优良的数控机床设备赢得了市场；同样，东方电机通过不懈努力，提升了企业的自主创新能力，能够和国际水力发电设备制造商同台竞技。但要让装备制造业为我国工业奠定坚实的基础，还需要在自主创新的道路上继续前行和不断探索。

科学研究需要有效的方法来支撑，需要大胆的想象，需要开拓和创新的思维。无论个人还是国家，能够提升价值，一定是通过创新提高了自己的核心竞争力。只要具有核心竞争力，特别是创新的行动能力，你将是社会最需要的！

1. 什么是创新？你如何理解创新？
2. 为什么要创新？创新有什么社会价值和个人价值？
3. 你认为哪些因素能阻碍人的创新能力的发展？
4. 搜一搜哪些企业或个人是通过创新在同行业中脱颖而出的？
5. 谈一谈哪些途径可以提升人的创新能力？

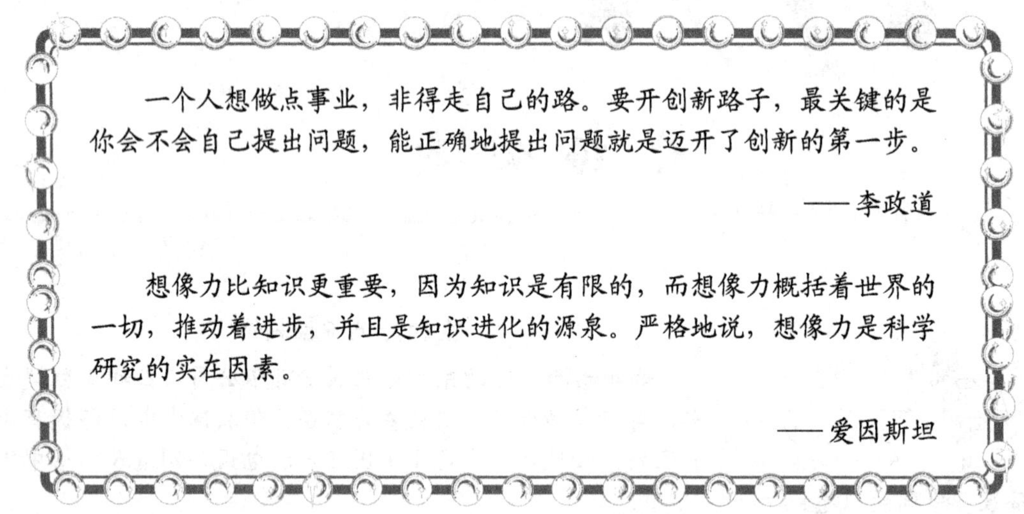

一个人想做点事业，非得走自己的路。要开创新路子，最关键的是你会不会自己提出问题，能正确地提出问题就是迈开了创新的第一步。

——李政道

想像力比知识更重要，因为知识是有限的，而想像力概括着世界的一切，推动着进步，并且是知识进化的源泉。严格地说，想像力是科学研究的实在因素。

——爱因斯坦

学习目标

开拓创新有益于推动人类发展和社会进步，我们要明确开拓创新的概念及本质；理解开拓创新在现时代的必要性和重要性；要确立思路决定出路的理念，树立坚定信心和顽强意志，在创新实践中自觉培养创造意识和科学思维；要抓住机遇，审时度势，锐意改革，力求创新。

在职业生活中要学会变通，学会观察与思考；要敢于标新立异，争做社会的弄潮儿；要善于大胆设想、具有创造冲动，敢于创造；要依靠突破，不断发现与开拓，促进人的可持续发展。

一、开拓创新的含义

创新起源于拉丁语，原意有三层含义：第一，更新；第二，创造新东西；第三，改变。也就是说，创新并不神秘，也不是高不可攀的。改变落后的模式，想出一个绝妙的主意，构思一个新颖的设计，推出一种令人耳目一新的产品，都属于开拓创新。

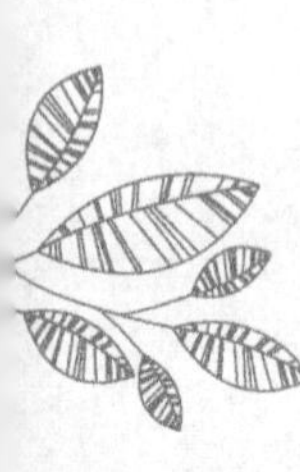

（一）创新是一种思维的改变

那些思维僵化的人是无法实现创新的。例如，一个学生仅仅记住了数学定理与公式，不会转变思维、活学活用，做不到用学到的知识去发现新问题、解决实际问题，学习便失去了意义。因此，创新需要相信自己有能力改变，尝试推陈出新，着力打造一个“变”字。

赚钱的天气

据《香港商报》报道：有一年的初冬，印度大部分地区的气温同往年一样，人们习惯地准备穿着单薄的衣服越冬。一天，官方气象部门预报：“几天后北中部地区将持续降大雪”。当地的许多人不以为然。然而，某服装厂老板却对天气预报非常重视：立即投入力量组织越冬棉衣、棉被的生产。尽管工厂里的许多人都怀疑老板是否精神有问题，但老板坚持让工人们加班生产热带地区人们见也未见过的产品。一周之后，官方的天气预报应验了！北中部地区普降大雪，且持续不止。人们毫无准备，冻死、冻伤者人数持续上升。见此情景，该厂老板迅速与当地政府取得联系，将早已准备好的越冬棉衣送到了饱受风雪侵袭的人们手中。自然，这位精明的商人在受到当地政府和市民感谢的同时，也获得丰厚的利润，真可谓名利双收。

一个敢于创新的人需要具备丰富的经验、超群的才干、过人的胆识，才能运用新思路，抓住新机遇，创造出新成果。当然，创新并不全是“一分耕耘一分收获”，会存在风险；创新的付出有可能得到的是失败的回报。因此，创新往往与“勇于”、“大胆”和“开拓”这类词连在一起。

（二）创新是对常规的不断突破

创新是人们为提高个人价值或社会价值，运用已知的信息进行的“破旧出新”活动，它追求的是“新异”、“独特”、“最佳”、“强势”，有益于推动人类发展和社会进步。

早期自行车用的是实心轮，骑得很费力。有一次，英国医生邓禄普一边在花园用胶皮水管浇花，一边担心在卵石路上骑车的儿子会颠簸摔倒。医生突然下意识地看了看手中的水管，心想若用胶质空心管制作自行车轮胎不是更好吗？后来，他果然用胶管制成了第一只空心充气轮胎。

（三）创新是不断发现和拓宽人类新的活动领域

对于创新主体来讲，应具有思想解放、头脑灵活、敢于批评、勇于挑战的开拓精神。对于一个企业来说，创新就是产品的结构、性能和外部特征的变革，或者是造型设计、内容的表现形式和手段的创造，或者是内容的丰富和完善。

根据美国经济学家熊彼特的说法，“创新”是指企业实行对生产要素的新组合，它包括5种情况：引入一种新产品，就是消费者还不熟悉的产品，或提供一种产品新的质量；采用一种新的生产方法，就是在有关的制造部门中未曾采用过的方法；开辟一个新的市场，就是使产品进入以前不曾进入的市场，不管这个市场以前是否存在过；获得一种原料或半成品新的供给来源，不管这种来源是已经存在的还是第一次创造出来的；实行一种新的企业组织形式，如建立一种垄断地位或打破一种垄断。

当今社会的发展离不开开拓创新，没有创新意识的人是没有前途的人，没有创新精神的企业是没有希望的企业。

二、开拓创新的意义

（一）创新能促进个人事业的成功

每个人都有自己的理想目标和人生意义。实现理想和人生价值的因素很多，如环境、条件、设施、机遇、意志、情感、学识、思维方式等，而创新活动是实现人生理想和价值的具体表现和重要途径。创新是推动社会发展的强大动力，更是个人获得社会认可并使事业成功的关键因素。

45岁的玫琳凯从直销岗位上退休后，梦想建立一个能帮助更多的人实现梦想的公司。为了实现这个愿望，1963年9月13日，玫琳凯投入了全部积蓄5000美元，在儿子理查德·罗杰斯的帮助下创建了新公司，并把“有爱、有生活、有美丽”作为经营理念。

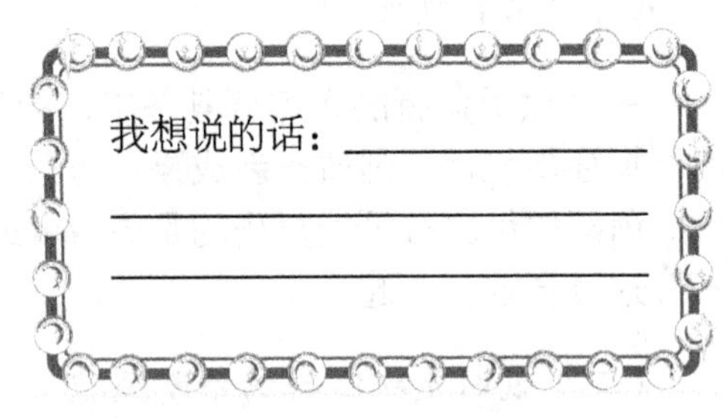

在公司成立伊始，玫琳凯把“丰富女性人生”作为公司的使命，致力于创建一个“全球女性共享的事业”。她想给妇女提供一个不论在收入、事业及个人抱负等方面都能无限发展的机会。社会各个阶层的女性，不论是谁，都能在玫琳凯公司找到自己的新天地，尽享个人成就和职业成功。

玫琳凯信奉这样一条黄金法则——“你希望别人怎样待你，你也要怎样待别人”，她认真实践“以人为本”的管理思想。公司的每位美容顾问也努力贯彻玫琳凯的“乐施精神”和“你能做到”的积极思想，决不放弃任何一个机会。这些思想和做法在玫琳凯的大力倡导下，随着她和50万名美容顾问的影响迅速传遍全世界，使得玫琳凯化妆品公司显得与众不同。

玫琳凯信守一个崭新的承诺——“一个比化妆更美丽的改变，一个比成功更精彩的创造，一个比自信更丰富的提升”。1995年，玫琳凯公司投资2000万美元把事业扩展到了中国。在中国，玫琳凯公司的目标同样也不仅仅是为了赚钱，其目标是帮助中国妇女致力于形象改善和个人发展，帮助她们培养信心，实现个人梦想和自我价值。为实践这一承诺，玫琳凯中国公司为它的每一位美容顾问提供不同层次的培训，提供灵活的时间和更具潜力的收入方式，以帮助她们提高素质。她们通过从事玫琳凯美容顾问的工作，学到许多职业技能，从普通的妇女变成美丽、自信、自强、自立的新时代职业女性。一位加入“玫琳凯”已有三年的美容顾问这样总结她的“玫琳凯”生活：“‘玫琳凯’使我的生活更丰富，使我的天空布满了彩虹。”

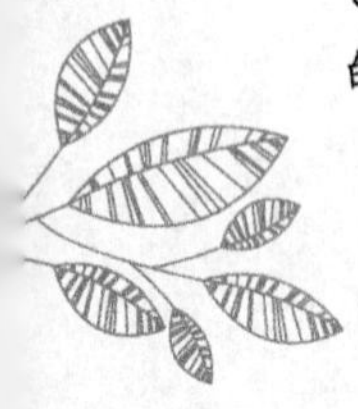

秉持这些全新的理念，玫琳凯以5000美元起家，创造了年销售额超过20亿美元、拥

有50万美容顾问、业务发展到33个国家的跨国集团。

创新不息，发展不止，这就是创新的魅力！没有连续不断的创新，玫琳凯公司就无法在激烈的竞争中取得这样大的成功。正所谓没有创新就没有进步，没有创新就没有出路。

（二）创新能提升企业的竞争力

市场经济存在竞争，优胜劣汰、适者生存是竞争过程中不变的法则。作为竞争者想脱颖而出，必须把握的最佳手段是开拓创新，也就是根据市场需要及时进行商品调节，改变进销渠道和方式，改进设备技术、培训人员，提高科技含量，降低消耗，提高信誉度，只有这样才能增强竞争的实力，在竞争中取胜。

创业的奇迹——“巨人”集团

曾经创造“一年百万富翁，两年千万富翁，三年亿万富翁”这一神话，被称为“中国比尔·盖茨”的“巨人”总裁史玉柱，靠4000元起家，勇敢地背水一战，创立了巨人品牌，创造了巨人奇迹。

史玉柱创业之初靠的是大胆的设想，他要开发中国计算机文字处理市场。经过9个月的艰苦努力，史玉柱研制出了M-6401桌面排版印刷系统，不到4个月时间，就实现利润近400万元。

史玉柱坚信高科技能带来高技术和高效益。他通过不断的研发使产品更新换代，M-6402、M-6403相继推出，M-6403汉卡销售量居全国同类产品销量之首，“巨人”成为中国电脑业和高科技行业中的一颗耀眼的新星。1993年，“巨人”推出M-6405、中文笔记本电脑、中文手写电脑等多种产品，其中仅中文手写电脑和软件的当年销售额就达3.6亿。“巨人”成为位居“四通”之后的中国第二大民营高科技企业，史玉柱被视为高科技行业成功的创业家典型。

个人创新能挖掘和开发出自身的潜力，实现自己的理想和价值，企业创新能有效地推动技术进步和革新。

（三）创新能够推动发展

创新是企业加速新技术、新材料和新工艺的应用，降低产品成本，提高生产效率和企业竞争力的有效途径。改进产品或工程设计，开发或推广新工艺、新技术，改进和更新服务，在相等的时间内生产出更多更好的产品，这种创新会直接推动企业生产和社会科技的发展。

女性眼光发展组

洗衣机诞生之后，日本夏普公司别出心裁地从公司各部门抽调女性员工，组成“女性眼光发展组”，负责从女性消费者的角度衡量生产品怎样适合女性消费者“口味”。经调查得知，国内大约有50%的主妇有全职或兼职工作，其中70%的主妇是在清晨洗衣服，而这一刻又是主妇们非常渴望多睡一会儿的时间。公司根据信息反馈，在原机型基础上，迅速改进出一种新型的“早晨”全自动洗衣机，受到广大日本主妇的青睐。

其实，除了“早晨”全自动洗衣机是借女性眼光开发出来的之外，在日常生活中还有许多产品也是请了女士做“市场顾问”而开发出来的。例如，日本松下电器公司的三通插座、内衣烘干机，三洋公司的双门冰箱，美国服装设计师玛丽设计的迷你裙等许多新产品，都是听取了女性的意见才开发出来的。由此可见，企业在经营中应特别注重不同性别、年龄等各类人群的心理特点，开发迎合“上帝”口味的产品，以占领市场。

21世纪的创新速度在不断加快，谁能在特定时间抓住机遇审时度势、锐意改革，谁就是社会的弄潮儿。无论企业还是员工，要想发展必须突破，不断提出新的见解，开拓新的领域，解决新的问题，创造新的事物。离开了创新，就不可能继续发展和进步；只有创新，才能将事业不断推向新的境界。

三、培养开拓创新能力的途径

（一）需要付出艰辛的劳动，要有勇气和毅力

善于思考、勤于思考，才会发现别人没有发现的理论；善于质疑、勤于质疑，才会有所创新。牛顿根据苹果从树上掉下来的启示发现万有引力定律的事例，就是善于思考和质疑的结果。我们要抱着一种思考的态度学习，收获才会更大，才会有所突破。

物理学家丁肇中对学习一丝不苟，读书专心致志，遇到疑难问题时会找遍书本，务必得到答案才肯罢休。一次物理老师出了一道思考题，很多同学想了想觉得很难就放弃了，等着老师讲解。但丁肇中不是这样，他吃饭想、走路想，别的同学都出去活动了，只有他还对着那道题苦苦思索，一个小时过去了，两个小时过去了……丁肇中终于想到了解决问题的方法，他马上跑到图书馆查找资料验证自己的方法是否正确，直到确认自己的解题方法没有错误，他才满意而去。正是因为他从小培养的这种好学精神，后来他才能发现丁粒子并获得诺贝尔物理学奖。

（二）学会现代思维方式

现代思维方式的表现形式主要有相似联想、发散思维、逆向思维、侧向思维、动态思维、超前思维等。一个只有常规思维的人不可能形成创新性思想，创新能力在很大程度上与思维方式有关。

两个推销人员到一个岛屿上去推销鞋。第一个推销员到了岛上之后，气得不得了，因为这个岛上的居民都是赤脚。他气馁了。马上通知厂家：鞋不要运来了，鞋在这个岛上没有销路，因为，每个人都是不穿鞋的。

第二个推销员来了，看到岛上的居民不穿鞋，高兴得不得了。这个岛上的鞋的销售市

场太大了，要是一个人买一双鞋，那要销多少双鞋啊！他马上要求厂家赶快空运鞋。同样一个问题，不同的思维得出的结论是不同的。

生活在现代社会的人，无疑时刻都受到现代社会的客观存在和精神文化的潜移默化的影响，在思想观念和思维方式上带有时代的气息。但是仅靠外界环境的造就是不够的，为了更可靠、更迅速地养成现代思维方式，需要进行经常性的自觉思维训练和培养。

目前国内外学者提出了许多有关思维训练的方法和技巧，下面选择11种简易的方法推荐给大家。（1）看看坏的艺术作品。如果不知道好的艺术作品究竟好在哪儿，那么坏的艺术作品常常会提供一些线索。（2）读些参考书。每天在睡觉前看看科普读物，是增加知识的有效方法。（3）光顾工艺品商店。从日新月异的文具、五金百货等造型上，会获得灵感或得到某些启示。（4）培养想象力。找一篇从未读过的短篇小说，读完第一段后，试着自己续写，你会发现自己也有文学想象力。（5）重新安排你的日常生活。把那些原来不相连的事物安排在一起，如午餐中不放在一起吃的食物、房间里的物品，以及每天发生的事情。（6）抬头看看你每天经过的那些建筑物。沿着通常去商店、学校或办公室的路线走一次，途中仔细观察所有建筑物，仔细体味内心的不同感受。（7）玩一玩连字游戏。让朋友先说一个字，你马上补一个字，接着你的朋友也补一个字，然后又轮到你补。（8）少睡觉，多躺着思考。可以漫不经心地看着某些使人安详的景物，如蓝天白云，龙飞凤舞的书法，帆布上的油彩，风格鲜明的东方地毯，绿色的植物或金色的阳光。（9）和不同年龄层次的人交往。孩子和老人的宝贵的洞察力往往被我们忽略，而这种洞察力可能会激起更大的创造力。（10）从一个新的角度观察、考虑。用望远镜或者放大镜重新观察和发现你周围的环境或事物，从一个高建筑物上观察你生活或工作的地方将特别有益。我们是谁？我们正在做什么？换一个角度看待这些问题，会使我们有一个更新和更广的认识。（11）随时准备好。你最好随身带一个笔记本、一支钢笔或铅笔，如果有条件的话，最好带一支录音笔。新的念头一出现，便把它写在纸上或录下来。

（三）开拓创新需要大胆设想

在创造领域，想比做更重要，想是第一步，做是第二步，只有想到了，才有可能去做。因此，做事过程中一要敢想，二要会想。敢想不是乱想，不能想违反自然规律或科学规律的事情，如“长生不老药”、“永动机”等；会想，就是要实事求是，遵循客观规律。胡思乱想的东西是肯定做不到的。

化腐朽为神奇

美国已有百年历史的自由女神铜像翻新后，清理出200吨废料难以处理。一个名叫斯塔克的人自告奋勇，主动承包清理工作。他将废料分类整理，用废铜皮铸成纪念塔、废铅改成纪念币，把水泥碎块做成小石碑，装在玲珑透明的小盒子里，让大家选购。结果，本来无人问津的难以处理的一堆垃圾，顿时化腐朽为神奇，身价百倍，人们争相购买。斯塔克正是由于不拘泥于传统方法，思维方式标新立异，才能别出心裁地想出了多种处理办法，由此获得丰厚的利润。

（四）创新需要标新立异

人要有创新精神，有敏锐的发现问题的能力，有敢于提出问题的勇气。要学会寻找规律，学会调用以往的知识和经验对事物进行重新设计和规划。一个人如果因循守旧、墨守成规，老是跟在别人后面，不想标新立异，就不会有“新”和“异”。不断创新才会有新的气象；不去创新，活力就会丧失，就会落后。

固步自封的后果

胜家公司是美国一家大型跨国企业，它生产的“胜家”牌缝纫机曾是风靡世界的名牌产品。1940年，世界每三部缝纫机中有两部是胜家的。然而到了1986年，胜家公司不得不宣布停产。原来，胜家公司在取得成功后，过分依赖传统产品，不注意世界大市场的变化，直至1985年，胜家出品的仍是19世纪设计的产品。而此时其他竞争者已纷纷开发出适应时代潮流的新产品，如日本厂商开发出“会说话”的缝纫机，英国推出“音乐”缝纫机，瑞典设计出“电脑”缝纫机。由于胜家产品不敌其他竞争者，最终被挤出了市场。

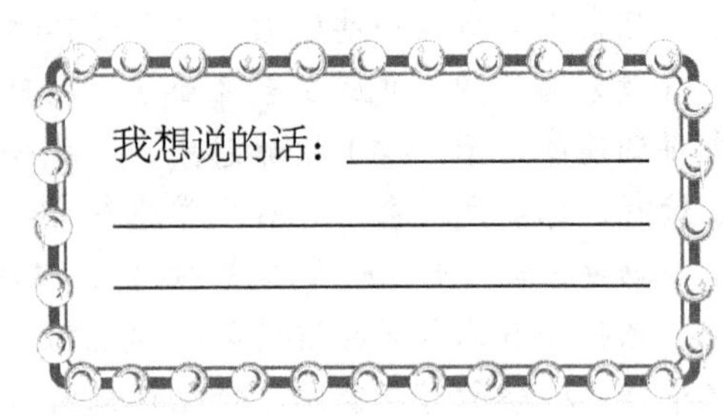

“成也萧何，败也萧何”，胜家公司的兴衰都源于创新的力量。创新滞后就会跟不上时代的步伐，被淘汰在所难免。其实，人类社会的发展过程就是新事物代替旧事物的过程。胜家公司作为旧技术的拥有者因为已经获得市场优势，是旧技术的受益者，因此，拒绝推广新技术，成为标新立异、推陈出新的障碍。

百事可乐公司的“妙招”

某可乐公司作的一份调查显示，每逢喜庆节日或大宴宾朋时，人们总希望能有物美价廉的软饮料。于是，百事公司提出一个明确的宗旨：以主动服务的方式赢得多层次效应，并提出一个相当响亮的口号——“百事好运到你家”。公司为消费者设计了系列的“优惠”，即只要消费者一次买下8罐百事可乐或七喜汽水，就可获得一张“百事好运卡”；凭此卡，消费者不仅能方便地在家门口随时换买汽水，而且还将享受百事可乐公司不断举办的各类商品优惠酬宾活动；持卡者及其家庭在发卡后一年内享受百事可乐公司为之所作的千元家庭财产防盗窃保险。这种经营创意活动在上海一推出，很快就产生了轰动效应。在试点街道推出的第一天，就有40多户居民排队办卡，公司设立的热线电话铃声不断。在整个活动期间，百事可乐的销售量直线上升，当年利润更是成倍增长。更绝的是，他们还与街道劳动服务公司取得联系，大量聘请下岗职工或待业青年当“百事好运到你家”的推销员，既解决了下岗职工的就业问题，又为政府分了忧，还通过那些待业青年和下岗人员把温暖和友情送进了千家万户，真可谓“一箭三雕”。百事公司的成功的关键在于公司的一系列开拓创新的行为。

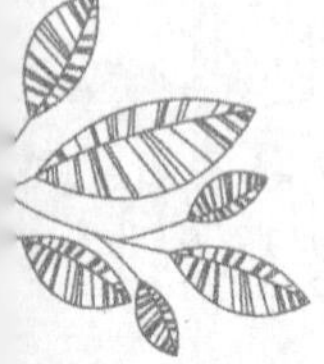

创新并不神秘，也并非高不可攀，任何一个人只要能潜心思考、认真对待问题，都能打破

常规，有所创新。

读下面的故事回答问题。

从前，有一个卖草帽的人，每一天他都很努力地卖帽子。有一天，他卖得很累，刚好旁边有一棵大树，他就把帽子放在树下，坐在树下打起盹来。等他醒来时，发现身旁的帽子都不见了。他抬头一看，树上有很多猴子，每个猴子的头上都有一顶草帽。他很惊慌，因为如果帽子没有了，他无法养家糊口。突然，他想到猴子很爱模仿别人，他就试着举左手，果然猴子也跟他举手；他拍拍手，猴子也拍手。机会来了！他赶紧把头上的帽子拿下来丢在地上，猴子效仿他把也将帽子纷纷仍在地上。卖帽人高高兴兴地捡起帽子回家去了。回家之后，他将这件奇特的事告诉了他的儿子和孙子。

多年后，卖帽人的孙子继承了爷爷的职业。有一天，在他卖帽时，也跟爷爷一样在大树下睡着了，帽子被猴子拿走了。孙子想到爷爷曾经告诉他的方法。于是，举起左手，猴子果然也举左手；他拍拍手，猴子果然也跟着拍拍手。

看来，爷爷的话是真的，于是，他脱下帽子丢在地上。可是，奇怪了，猴子竟然没有跟着他做，还瞪着他看。不久，猴王出现了，把他丢在地上的帽子捡起来，还很用力地打了他一巴掌，说："骗谁啊！你以为只有你有爷爷吗？"

看到这里大家都笑了，笑那个卖帽人的孙子的滑稽举动，叹猴王的智慧。大家有没有去思考：故事中的孙子为什么没有像当年他的爷爷一样重新拿回被猴子拿走的帽子呢？他有没有正确地对待经验？在今天这个瞬息万变的时代里，过去的成功经验能适应时代的变化吗？你从中受到什么启发？

1. "开拓创新"美文评选活动。

活动要求：利用业余时间走访与本专业相关的邻近企业，调查其发展的有利条件和弊端，结合本节课所学知识，为其开拓创新和发展方向提出合理化的建议，并撰写一篇500～1000字的文章，在全校进行评选。

2. "美丽景观"创意活动。

人数：不限。

道具：（每组一套）A4纸50张，胶带一卷，剪刀一把，彩笔一盒。

程序：将游戏者分为10人一组，然后发给每一组一套材料，要求他们在30分钟内，建造出优雅美景的景观来，要求景色美观、创意第一。每一个组选出一个人来解释他们的景观的建立过程，比如，创意、实施方法等。由大家选出最有创意的、最具有美学价值的、最简单实用的景观，胜出组可以得到一份小礼物。

点评：创意好不好关系到景观的成败。如果一开始的思路就错了，或者根本没有明确目标，在以后的工作会中面临越来越多的问题，比如时间管理、审核标准、资源分析等。当想出足够好的创意以后，每个人根据自己不同的特长选择不同的任务。比如，空间感好的人可以搭建模型、手巧的人可以进行实际操作；但是最重要的是一定要有一个领导者，他要纵观全局，对创意进行可行性评估，以及进行最后总结。

参 考 文 献

[1] 李仁贤. 中国人的智慧. 北京：朝华出版社，2010.

[2] 林昊. 决定你一生的人格魅力. 北京：中国华侨出版社，2008.

[3] 李世正. 低成本做事 高层次做人. 北京：新世界出版社，2010.

[4] 李志敏. 18 岁以后要懂得的 100 条人生经验. 北京：中国纺织出版社，2009.

[5] 马苏等. 创业赢家. 广州：中山大学出版社，2005.

[6] 张保文. 感悟做人睿智成长. 北京：石油工业出版社，2009.

[7] 张玉辉. 成功的资本. 北京：新世界出版社，2010.

[8] 胡建文. 金饭碗是这样炼成的. 北京：中国民航出版社，2004.

[9] 梁涛等. 学会感恩 担当责任. 北京：石油工业出版社，2008.

[10] 联合国教科文组织国际教育和价值观教育亚太地区. 学会做事. 北京：人民教育出版社，2006.